U0829630

**权威·前沿·原创**

皮书系列为
“十二五”“十三五”国家重点图书出版规划项目

未来媒体蓝皮书

BLUE BOOK OF FUTURE MEDIA

# 中国未来媒体研究报告（2019）

ANNUAL REPORT ON THE DEVELOPMENT OF FUTURE MEDIA IN CHINA(2019)

主　编／林小勇

社会科学文献出版社
SOCIAL SCIENCES ACADEMIC PRESS (CHINA)

图书在版编目（CIP）数据

中国未来媒体研究报告.2019／林小勇主编.--北京：社会科学文献出版社，2019.12
（未来媒体蓝皮书）
ISBN 978-7-5201-5880-0

Ⅰ.①中… Ⅱ.①林… Ⅲ.①新技术应用-传播媒介-发展-研究报告-中国-2019 Ⅳ.①G219.2

中国版本图书馆CIP数据核字（2019）第278851号

未来媒体蓝皮书
中国未来媒体研究报告（2019）

主　　编／林小勇

出 版 人／谢寿光
责任编辑／周　琼
文稿编辑／韩欣楠

出　　版／社会科学文献出版社·社会政法分社（010）59367156
地址：北京市北三环中路甲29号院华龙大厦　邮编：100029
网址：www.ssap.com.cn
发　　行／市场营销中心（010）59367081　59367083
印　　装／天津千鹤文化传播有限公司

规　　格／开 本：787mm×1092mm　1/16
印 张：22.5　字 数：338千字
版　　次／2019年12月第1版　2019年12月第1次印刷
书　　号／ISBN 978-7-5201-5880-0
定　　价／138.00元

本书如有印装质量问题，请与读者服务中心（010-59367028）联系

#《中国未来媒体研究报告（2019）》
# 编　委　会

# 主要编撰者简介

**林小勇** 厦门理工学院文化产业与旅游学院教授/高级编辑，福建省高校人文社科研究基地未来媒体发展研究中心主任，厦门市“五个一批”人才。曾先后任中央人民广播电台编辑/记者、中国广播影视集团主任科员、厦门广播电视集团编委兼新媒体中心主任，2016 年调入厦门理工学院从事教学研究工作至今。主要研究方向为未来媒体、广播电视与互联网等。作品曾获中国新闻奖特别奖、中国广播电视新闻奖一等奖、福建省电视艺术奖一等奖等国家级、省部级奖项 30 多项。曾创办“看厦门”App、厦门广电网（台海网络广播电视台）；曾主持国家广电总局部级社科研究重大、重点项目，特别委托项目多项，主持福建省社科规划重大项目、福建省社科研究基地重大项目等多项，出版论著 3 部，在《中国电视》《中国广播电视学刊》等核心期刊发表学术论文 30 多篇，多篇被《人大复印报刊资料》《新闻与传播》全文转载。论文论著曾获全国广播影视优秀学术论文（学术论著）二等奖、福建省电视艺术奖影视论文奖一等奖等。多篇研究报告被国家广播电视总局采纳。研究成果曾获国家新闻出版广电总局 2016 年度网络视听年度优秀案例（优秀研究成果）。

**林朝霞** 博士，教授，厦门理工学院文化产业与旅游学院副院长，福建省高校人文社科研究基地未来媒体发展研究中心副主任。主要从事互联网与文化产业研究。在《东南学术》《福建师范大学学报》等核心刊物上发表学术论文 30 多篇。出版《当文化遇上经济：福建文化产业发展思维与路径》《现代性与中国启蒙主义文学思潮》等专著。多次参与国家社科基金项目，主持福建省社科研究基地重大课题 1 项、福建省社科规划项目 4 项。研究成果曾获第十届厦门市优秀社科成果三等奖。

**贺　莹**　博士，厦门理工学院文化产业与旅游学院副教授，福建省高校人文社科研究基地未来媒体发展研究中心未来媒体产业研究方向负责人。2007～2012年留学韩国期间，荣获“韩国未来100年人文奖”，连续五年获“留韩全额奖学金”。2016年入选福建省高校杰出青年科研人才培育计划。主要从事文化产业国际竞争力、媒体智能化应用等领域研究。主持福建省社科研究基地重大课题1项、福建省社科规划项目3项、福建省教育厅项目2项。独立撰写学术专著《中韩广播电视行业国际竞争力比较研究》1部，在国内外核心期刊发表论文10余篇、研究报告8篇。

**冷莹莹**　厦门工学院文化与传播学院讲师。曾担任厦门广播电视集团新媒体中心责编，主要从事新媒体研究，曾参与创办“看厦门”App（获国家广电总局2015年网络视听优秀案例），多次参与重大主题和重大活动策划报道。在《中国电视》等核心期刊发表学术论文多篇，曾主持和参与多项省部级以上课题。

# 摘 要

2018年，新一代信息技术与未来媒体不断深度融合，未来媒体的边界不断扩大，未来媒体在网络化、数字化、移动化、社交化、智能化、场景化和平台化等方面继续保持活跃的创新发展态势。

《中国未来媒体研究报告（2019）》由“总报告”“发展篇”“热点篇”“环球视野篇”“调查篇”“案例篇”六大部分构成。“总报告”提纲挈领地展现了2018年我国未来媒体在融合发展、智能创新发展、场景创新发展和监管等热点方面的新进展、新亮点，重点探讨了未来媒体安全与风险防化、手机依赖与信息过载、数字鸿沟与人口老龄化三大挑战，并预测未来媒体发展的六大发展趋势。“发展篇”重点从短视频、智能音频、机器新闻、移动新闻客户端产品、大数据应用和“VR/AR + 内容”产业等方面，分析了2018年前后中国未来媒体发展现状与特点。“热点篇”围绕“智能”对智能视听、智慧广电、智能驾舱、智能预测模型在未来媒体中的应用和县级融媒体中心的建设与探索等热点问题进行深入研究，兼具实践指导和理论参考意义。“环球视野篇”聚焦英国和日本两个国家的智慧媒体和人工智能应用发展情况。“调查篇”通过对大量一手调研数据的实证分析，研究新媒体环境下厦门社会居民新闻接触的基本使用情况、使用行为以及内容类型偏好等，力求客观、公正地反映厦门居民新闻接触的概况。“案例篇”精选央视网、咪咕、哔哩哔哩、华数等本年度行业发展的部分典型案例，试图从不同的侧面、不同视角来分析其发展经验与发展路径，以期带来借鉴和启示价值。

本报告指出，2018年，未来媒体发展主要有三大热点：一是未来媒体融合发展不断推向纵深。媒体融合进入深水区和关键期，媒体机构的合并与分家现象并存，媒体融合亟须从相“加”迈向相“融”；媒体融合向县区基层纵深如火如荼推进，“新闻 + 政务 + 服务”理念已成县级融媒体中心建设的共识，各地因地制宜，结合各自实际建设不同模式的县级融媒体中心；媒体融合中 TMT 产业融合趋势明显加快。二是未来媒体智能创新发展不断加速。报告提出，智能媒体是未来媒体智能化的初级阶段，智慧媒体则是未来媒体智能化的高级阶段；2018 年智能音箱继续保持快速增长；智能技术在媒体创新发展中呈现常态化竞争，人工智能主播竞相争艳；未来媒体创新发展逐步从单一智能产品到生产平台再到智能编辑部，人工智能技术正在重构新闻信息生产与传播的全流程。三是未来媒体场景创新发展日益丰富。移动场景依然是最大场景应用。2018 年，我国移动通信手持机和微型计算机设备产量分别达到 18.0 亿台和 3.1 亿台，居全球第一；移动宽带用户达 13.1 亿户，增加 17413 万户，全年移动互联网用户接入流量 711 亿 GB，比上年增长 189.1%。家庭智联网生态场景正逐渐成为未来媒体应用的主战场之一；同时，未来媒体正积极参与智慧乡村、智慧城市、智慧社区和智慧家庭建设。

本报告认为，在人工智能、5G 和媒体融合三大重要力量推动下，未来媒体发展将呈现六大发展趋势：一是未来媒体融合发展进入新阶段，产业融合成重点趋势；二是“5G + 未来媒体”发展时代到来，视听产业迎来新一轮爆发；三是有所为有所不为，未来媒体伦理治理体系构建势在必行；四是未来媒体将逐步分化为平台型媒体和服务垂直型媒体；五是追求更自然的交互方式是无止境的，直至“人机合一”；六是未来媒体发展的“零概念创新”将成为追求愿景。

“媒介即生活”。未来媒体正在深刻改变着我们的生活，或者说，未来媒体就是我们生活本身。

《中国未来媒体研究报告（2019）》由厦门理工学院、福建省高校人文社科研究基地未来媒体发展研究中心、福建省社会科学研究基地文化产业研究中心、福建省高校新型特色智库两岸文创研究院联合编撰。

# 目 录

## Ⅰ 总报告

B.1 中国未来媒体发展报告（2019）……………… 林小勇 林朝霞 / 001

## Ⅱ 发展篇

B.2 短视频发展报告（2018～2019）…………………………… 孙 璐 / 037
B.3 智能音频发展报告（2018～2019）
……………………………………… 陈 曦 孙 宇 宫承波 / 053
B.4 机器新闻发展报告（2018～2019）……………………… 贺 莹 / 072
B.5 移动新闻客户端产品发展报告（2018～2019）………… 冷莹莹 / 087
B.6 未来媒体大数据应用发展报告（2018～2019）………… 罗 惠 / 102
B.7 “VR/AR＋内容”产业发展报告（2018～2019） …… 余海箭 / 119

## Ⅲ 热点篇

B.8 智能视听：AI 技术在内容制作领域的应用 …………… 唐存琛 / 145
B.9 智慧广电的发展与趋势………………………………… 王明轩 / 168
B.10 智能驾驶舱：面向无人驾驶场景的未来媒体应用 …… 李 珊 / 183

**B.11** 智能预测模型在未来媒体中的应用模式 ………………… 李建勋 / 198
**B.12** 县级融媒体中心的建设与探索 ……………………………… 刘晓敏 / 213

## Ⅳ 环球视野篇

**B.13** 英国智慧媒体发展报告（2018～2019） ………………… 李 昂 / 230
**B.14** 日本人工智能应用发展报告（2018～2019） …………… 杨 阳 / 243

## Ⅴ 调查篇

**B.15** 新媒体环境下厦门社会居民新闻接触习惯调查报告
（2018～2019） ………………………………………………… 课题组 / 253

## Ⅵ 案例篇

**B.16** 央视网：融媒体数据中台实践 …… 韩 嫣 展祎萌 李义彪 / 286
**B.17** 咪咕：5G 新技术、新应用、新机遇 ………………………… 李锦枝 / 299
**B.18** 哔哩哔哩：立足新时代，构建未来传播新型媒体 …… 邓博仁 / 308
**B.19** 华数集团："智慧广电 融合媒体"实践研究 ……… 王夏斐 / 318

Abstract ……………………………………………………………… / 329
Contents ……………………………………………………………… / 332

皮书数据库阅读**使用指南**

# 总 报 告

**General Report**

## B.1
# 中国未来媒体发展报告（2019）

林小勇　林朝霞*

**摘　要：** 全球信息技术进入新一轮高度活跃创新期。2018年，移动互联网、大数据、人工智能、虚拟现实、区块链、5G等新一代信息技术与未来媒体不断深度融合，未来媒体的边界不断扩大，未来媒体在网络化、数字化、移动化、社交化、智能化、场景化和平台化等方面继续保持活跃的创新发展态势。未来媒体发展将呈现六大发展趋势：一是产业融合成未来媒体融合发展重点趋势；二是“5G+”背景下的视听产业迎来新一轮爆发；三是未来媒体伦理治理体系构建势在必行；四是未来媒

* 林小勇，厦门理工学院文化产业与旅游学院教授/高级编辑，福建省高校人文社科研究基地未来媒体发展研究中心主任，主要研究方向为未来媒体、互联网与广播电视等；林朝霞，博士，厦门理工学院文化产业与旅游学院副院长、教授，福建省高校人文社科研究基地未来媒体发展研究中心副主任，主要研究方向为互联网与文化产业、未来媒体文化创意等。

体将逐步分化为平台型媒体和服务垂直型媒体；五是交互方式日趋自然直至“人机合一”；六是未来媒体发展的“零概念创新”将成为追求愿景。

**关键词：** 未来媒体　媒体融合　智能媒体

当前，全球信息技术进入新一轮高度活跃创新期。2018 年，移动互联网、大数据、云计算、物联网、人工智能、虚拟现实、区块链、5G 等新一代信息技术与未来媒体不断深度融合，未来媒体的边界不断扩大，未来媒体在网络化、数字化、移动化、社交化、智能化、场景化和平台化等方面继续保持活跃的创新发展态势，融合发展、智能创新发展和场景创新发展成为未来媒体发展的亮点和热点。未来已来，未来媒体发展已经站在了新时代的新起点上。

## 一　未来媒体发展的热点创新

2018 年，未来媒体发展主要有三大热点：一是未来媒体融合发展不断推向纵深；二是未来媒体智能创新发展不断加速；三是未来媒体场景创新发展日益丰富。具体表现如下所述。

### （一）未来媒体融合发展不断推向纵深

“融合”是未来媒体发展最鲜明的特征之一。主要包括七大方面：一是资源融合。有效整合各类媒体资源及其相关资源（包括内容资源、文化公共资源、社会治理数据资源、政策导向资源和其他社会资源等）是媒体融合发展的基础环节之一，而且，资源融合正越发呈现跨界趋向特点，不仅需要融合媒体内部各部门单位之间的资源，而且需要融合媒体外的相关资源。二是渠道融合。用户所接触的媒介渠道已几乎涵盖了手机、PC、PAD、穿戴式设备、其他互联网终端以及传统媒介终端等全渠道，且呈现功能聚合的特点。三是技术融合。任何与媒体有关的技术变革，都是对未来媒体的开启和发展。尤其是传统媒体，如何通过技术融合创新来实现自身的转型升级？如何在技术融合的基础上“吐故纳新”并充分发挥自身优势实现自身的迭代升级？对这些问题的思考深度决定了其还能走多远。四是场景融合。绝大多数用户是在多种不同场景下交替使用不同的媒介终端，而且随着既有传统场景与新应用结合、传统应用与新的应用场景结合等，场景呈现不断融合多样迭变现象。五是组织融合。组织融合涉及体制机制融合，是整个媒体融合的关键和难点，既包括媒体内部新媒体部门与传统媒体业务部门的融合，也包括不同媒体组织机构的合并融合，还包括媒体与其他行业组织机构的融合，当然，组织融合中最为关键的是人的融合。六是运营融合。即从用户需求出发，以产品运营为导向，由原先以“采编”为单一导向变为以“采编 + 产品运营”为导向，进行内容、技术、推广和营销为一体的垂直化融合创新。七是产业融合。一方面，传媒产业边界为适应产业增长而正在不断收缩或消失；另一方面，在“互联网 +”“数字经济”大潮下，传媒产业广泛采用相关新技术后原本各自独立的产品不断整合。产业融合已广泛影响传媒产业的发展，甚至正在重塑传媒产业的结构形态。

2018 年 8 月 21 日，习近平总书记出席全国宣传思想工作会议并发表重要讲话，其中就“媒体融合发展”强调，“要加强传播手段和话语方式创新，让党的创新理论‘飞入寻常百姓家’”；“要扎实抓好县级融媒体中心建设，更好引导群众、服务群众”。2019 年 1 月 25 日，习近平总书记主持中共中央政治局第十二次集体学习时再次强调，推动媒体融合发展、建设全媒体是我们面临的一项紧迫课题。2019 年 2 月 25 日，媒体深度融合工作推进会随后召开，中共中央政治局委员、中宣部部长黄坤明强调指出，媒体融合是一场不容回避的自我革命，要紧紧抓住发展机遇，积极回应时代挑战，坚持守正创新，锐意攻坚克难，加快从相加阶段迈向相融阶段。

1. 媒体融合进入深水区和关键期

一方面，传统媒体与新兴媒体的融合发展不断深入，逐步进入深水区，尤其是央媒和省级媒体融合发展进入关键时期；另一方面，传统主流媒体仍亟须提升新闻舆论的传播力、引导力、影响力、公信力，巩固壮大主流思想舆论，巩固全党全国人民团结奋斗的共同思想基础。

一是融合改革进入“自我革命”的深化阶段。互联网在媒体领域催发一场前所未有的变革。习近平总书记指出，“全媒体不断发展，出现了全程媒体、全息媒体、全员媒体、全效媒体，信息无处不在、无所不及、无人不用，导致舆论生态、媒体格局、传播方式发生深刻变化，新闻舆论工作面临新的挑战”。因此，媒体融合其实就是一场意义重大、影响深远的自我革命。当媒体融合发展进入深水区，进入需要刀口向内进一步进行自我革命的深化阶段，特别需要勇气胆量和战略担当，既要有时不我待的冲劲，也要有久久为功的韧劲。比如，媒体融合中涉及机构重组、人员重置等问题，部门优化整合与人员核减已成必然趋势。天津海河传媒中心组建中撤销了天津日报社、天津广播电视台、今晚报社、天津广电传媒集团等 4 个正局级和 2 个副局级机构，整合成为一个机构、一套班子、一个法人。局级领导职数由 8 正、32 副削减为 2 正、11 副，内设机构由 117 个压缩至 57 个，处级干部职数由 433 名压缩至 197 名。如此大力度的机构重组与人员整合必然触及利益的核心环节，属融合改革的“深水区”。媒体融合不仅是个系统工程，而且没有先例可循，融媒整合的道路注定是条充满艰辛的道路，面临融合中的诸多困难、挑战，如何尽快解决媒体融合中的最大痛点和堵点，如何在乱麻中理出一条线索，如何在这场媒体自我革命中“杀出一条血路”，打造具有强大影响力和竞争力的新型主流媒体，无疑是个紧迫而现实的课题。

二是媒体机构的合并与分家现象并存。2018 年媒体机构的组织融合也成为媒体推进融合改革的重要一环。2018 年 3 月，中共中央《深化党和国家机构改革方案》提出组建中央广播电视总台。2018 年 4 月 19 日，整合中央三台后的中央广播电视总台正式挂牌成立。中央广电总台的组建，是我国广播电视行业也是整个传媒行业的重要的、具有标志性的篇章，不仅将深刻影响我国的传媒格局，也将对全球传媒格局产生影响。

2018 年，全国各地更深层次的媒体组织融合也拉开了序幕。此次融合有三个鲜明的特点：一是传媒集团的再融合（再集团化）。如报社（报业集团）与广电集团（广播电视台）的再融合（再集团化）。若说原先组建报业集团、广电集团是我国传媒的第一次集团化，此次则是更深层次的全媒体二次集团化。2018 年 11 月，天津海河传媒中心通过整合天津日报社（天津日报报业集团）、天津广播电视台（天津广电传媒集团）等多家单位正式成立，成为全国第一家省级报业、广电合并整合的媒体。再如广电集团与广电网络集团和电影集团的再融合（再集团化）。2018 年 7 月，湖南广播影视集团有限公司与潇影集团、湖南广电网络控股集团整合组建新的湖南广播影视集团，整合产业和市场资源，构建全产业链和全业态融媒集群，强化聚合效应。作为全媒体二次集团化再融合的传媒中心，必定要在新形势下进行结构性的、革命性的、探索性的融合改革。二是城市传媒的再融合（再集团化）。2018 年 8 月，整合原大连报业集团、大连广播电视台等 11 家单位重新组建的大连新闻传媒集团正式挂牌成立。这是全国第一家副省级、计划单列市报业、广电整合的媒体。2018 年 9 月，由芜湖日报报业集团、芜湖广播电视台组建而成的安徽芜湖传媒集团揭牌成立。2019 年 4 月 23 日，绍兴日报社、绍兴广播电视总台整合组建绍兴市新闻传媒中心；同时，绍兴报业传媒集团、绍兴广播电视传媒集团整合组建绍兴市传媒集团有限公司，负责运营市新闻传媒中心所有经营性资产。市新闻传媒中心和市传媒集团实行“两块牌子、一套班子”，全面实行企业化管理、考核、监督。2019 年 4 月 28 日，以原珠海报业集团和珠海广电集团为基础新组建的珠海传媒集团、珠海市新闻中心挂牌成立，采编部门从之前的 18 个融合改革为 7 大中心。三是存在媒体集团重新拆散分家现象。2019 年 5 月，因广告业绩下滑、生存困难，原属于大庆新闻传媒集团的大庆日报社、大庆广播电视台重新“分家”设立。这在媒体组织融合的大潮之下，既因“反其道而行之”显得有些另类，又在无奈中透着理智。“合”只是手段，做强做大主流舆论才是真正目的。在未来媒体的融合发展道路上，组织融合并不是融合发展的唯一途径，根据自身实际情况选择创新发展路径，走出一条适合自己行稳致远的融合之路才是根本。

三是媒体融合亟须从相“加”迈向相“融”。“媒体融合的关键是融为一体，合而为一”，当前，全国媒体融合正处于从“相加”向“相融”加速奔跑的关键阶段，只有抓住历史机遇，突破重点领域，加快业务流程再造，重塑组织架构，重构与用户的关系连接，促进传统媒体转型升级发展，加快媒体融合向纵深推进。一方面，传统主流媒体及其新媒体应重新把自身定位为新时代治国理政新平台，打造集现代传播、政务服务、社区信息及智慧运营等功能于一体的“互联网＋媒体＋智慧政务＋智慧服务运营”的智能媒体新平台，一手抓“融媒体中央厨房”建设龙头工程，突破“策采编发”流程再造关键环节，打通内部壁垒和不同媒介间的平台界限，改变组织结构条块分割、资源分配不合理、责任划分不清等弊端，重塑组织架构，建设由内容生产体系、集成播控体系、内容分发体系、产品应用营销体系及信息安全保障体系等组成的融媒体协同机制，构建“统一指挥、一次采集、多种生成、多元发布、多端呈现、多媒传播”的融媒体运作体系，实现内容全聚合、渠道全共享、平台全覆盖；一手抓包括社会文化公共资源、社会治理大数据等政策资源在内的各类优质资源整合，并尽快转化为治国理政的新能力和新平台，帮助各级政府提升治理能力。另一方面，就是重构用户关系连接，加快移动运用研发。主要就是以用户为中心，以用户的需求为导向，包括新闻资讯、视听娱乐和生活服务等综合信息服务需求，顺应用户的媒介接触行为习惯趋势，根据其媒介接触行为、地理位置、职业年龄等大数据的挖掘、分析进行信息智能匹配，精准定位人群进行传播，重新建立与用户的连接关系。紧盯移动前沿，抓住当前“5G＋4K＋AI”技术发展新引擎，抓住移动化、视频化、智能化主攻方向，积极开展超高清视频（4K、8K）直播、人工智能（AI主播、机器写作等）、VR/AR等领域的移动产品研发及应用，不断发展新的用户，不断提升用户体验，不断提高用户黏性，连接用户、服务用户、引导用户。

2. 媒体融合向县区基层纵深如火如荼推进

县区媒体是最接近基层人民群众的通道之一，也拥有当前移动应用最大的增量群体。县级融媒体中心就是要以信息技术为支撑，以全媒体为方向，以融合创新为手段，以舆论引导为主责，以服务所在辖区人民群众为宗旨，打破资源分散、各自为政的壁垒，实现部门、人员和新闻资源的高度融合，打通三个“最后一公里”，即媒体融合的“最后一公里”、连接群众的“最后一公里”和基层治理的“最后一公里”。

中央关于推进县级融媒体中心建设的部署，是党和国家宣传思想工作的战略任务和新阶段深化文化体制改革的重大举措。习近平总书记在全国宣传思想工作会议（2018 年 8 月 21 ~22 日）上指出，“要扎实抓好县级融媒体中心建设，更好引导群众、服务群众”。随后，中宣部举办县级融媒体中心建设现场推进会，提出 2020 年底基本实现县级融媒体中心在全国全覆盖，2018 年先行启动 600 个县级融媒体中心建设。2019 年 1 月 15 日，中宣部和国家广电总局联合发布《县级融媒体中心建设规范》和《县级融媒体中心省级技术平台规范要求》；2019 年 4 月 9 日，双方再次联合发布《县级融媒体中心网络安全规范》《县级融媒体中心运行维护规范》《县级融媒体中心监测监管规范》等县级融媒体中心建设的标准规范。这 5 项标准规范基本建立起县级融媒体中心标准体系，为指导全国县级融媒体中心建设，提供了关键性、基础性技术支撑。

一是以省级平台推动县级融媒体中心建设已成最可行的方案。从当前实践看，县级融媒体中心建设模式多种多样，既有与其他媒体、高校和专家建立智库联盟的；也有与中央、省、市媒体展开渠道合作的；还有与中央、省、市媒体合作共建的；等等。县级融媒体中心的承建则一般由多方共同完成，目前主要有两种：一种是与更高层级的传统媒体合作或由其负责，包括中央媒体、省级媒体（省级报社集团、省级广电机构等）及部分副省级城市的媒体集团等，如陕西广电网络集团在全省 12 个县（区）试点承建融媒体中心；福建省也已明确由福建广电网络集团搭建统一的省级平台，已自建或依托其他单位建设的统一接入该平台。另一种则是由媒体技术公司负责。媒体技术公司可以分为两类，一类是媒体开办的技术公司，如人民日报社旗下的人民日报媒体技术股份有限公司，另一类是纯技术公司，主要有北大方正、凡闻科技、中科大洋、拓尔思等。这主要与每个县独立建设平台的资源（如数据库、用户量、技术力量）不足有关。而且，若各县独立建设技术平台，一则投入与耗费太大，二则又会造成重复建设的浪费问题，且可能出现“信息孤岛效应”，不利于网络效应发挥。因此，目前比较可行的方案是，以省级平台推动县级融媒体中心建设。其优势是统一规划、统一建设，整体成本低，标准统一，既有利于发挥互联网效应，又便于日后业务接入扩展；其缺点也很明显，某些省级平台可能会把县级融媒体中心建设当作“敛钱”的新渠道，也容易忽视各县级融媒体中心的个性化需求。当然，省级平台须清楚，其与县级融媒体中心的关系是业务上的合作伙伴关系，而不是行政上下级关系。相较而言，目前这种合作共赢模式较有利于县级融媒体中心发展成为区域性生态级新型媒体平台。

二是因地制宜，结合各地实际建设不同模式的县级融媒体中心。根据目前已宣布挂牌成立的县级融媒体中心的情况看，全国各省市在进行县级融媒体建设中心建设过程中，模式不一，广电独建、报业独建、报业广电共建和合作共建等各种模式皆有，仅北京一地，就有“海淀模式”和“延庆模式”等，浙江省也有“长兴模式”和“萧山模式”。但从当前县级融媒体中心建设实践较好的案例看，都有个共同点，皆会在建设中结合各自实际情况，结合本地资源，发挥各自优势，因地制宜进行建设。毕竟县级融媒体中心既是所在区域的主流舆论阵地、综合服务平台和社区信息枢纽，更是传承地域文化特色、展示本地群众风采、服务百姓生活的重要平台，只有结合各自实际、各自优势建设，推出本地群众喜欢的本土化内容和接地气的具有刚性需求的本地化服务功能，才能有效吸引和聚合本地用户。

三是“新闻＋政务＋服务”理念已成县级融媒体中心建设的共识。作为离老百姓最近的融媒体，县级融媒体中心以用户为中心，广泛聚合和有效运营本地区各类媒介资源、生产要素、公共文化资源和社会资源等，既要打通与县区党委政府各级组织部门的联系渠道，也要打通与本县区各企事业单位的联系渠道，推出系列民生服务精品产品，通过各项垂直应用和各类便民惠民服务的聚合，打造融新闻、政务、民生、社区、舆情等为一体的内容生产新领域，发展以“新闻 + 政务 + 服务”为定位的县区级综合服务平台。比如，“北京云融媒体”通过“1 + 4 + 17 + N”的融媒体传播矩阵，提供媒体服务、政务服务、党建服务、公共服务和各种增值服务；上海市首批 10 个区级融媒体客户端也皆以“新闻 + 政务 + 服务”为定位，提供区域内资讯、生活、交通、教育等便民服务；不断强化服务职能，增强群众获得感；广东省的“南粤全媒体智慧云平台”则通过媒体服务、党政服务、公共服务、民生服务和增值服务五大功能，实现省、市、县、镇、村五级贯通。

在“新闻 + 政务 + 服务”理念的指导下，不少县级融媒体中心充分发挥地方政策资源优势，整合地方政务服务资源和社会服务资源，以服务拓展市场资源，已逐步打造形成集新闻资讯、政务、党建、娱乐、社交、民生服务和增值服务等多种综合服务功能于一体的本土化、多元化、多功能平台，不断吸引聚合本地强关系网络用户，不断提升市场化能力和造血功能。而有的县区融媒体中心已经开始进一步探索建设“互联网 + 媒体 + 智慧政务 + 智慧城市运营”的智能媒体新平台。县区融媒体中心倘若与当地智慧城市建设相结合，就绝不再是单纯的媒体机构，而是集结了现代传播功能、政务服务功能、社区信息功能以及智慧城市等诸多功能的新平台，有望真正成为当地党委政府治国理政的平台抓手。

3. 媒体融合中 TMT 产业融合趋势明显加快

产业融合，是指为了适应产业增长而发生的产业边界的收缩或消失（Greenstein & Khanna），是采用数字技术后原本各自独立的产品的整合（Yoffie）。产业融合已广泛影响未来媒体产业的发展，甚至正在重塑未来媒体产业的结构形态。TMT，是科技（Technology）、媒体（Media）和电信（Telecom）三个单词的首字母缩写，代表未来互联网（科技）、媒体和通信以及信息技术相互融合趋势下催生的新产业。TMT 产业融合，已经成为全球性大趋势。越来越多的学界、业界人士逐渐形成共识，实现 TMT 产业融合发展，既是传统主流媒体融合发展的新兴形态，也是媒体融合发展的趋势方向。国际上，互联网公司和电信企业向传媒进军已成主流发展趋势，如苹果公司、谷歌公司、Facebook 等互联网巨头已由互联网行业向媒体和通信行业拓展，美国有线电视运营商康卡斯特公司由有线电视行业向媒体和互联网行业拓展，而 AT&T 则由通信行业向媒体和互联网行业拓展……在世界媒体实验室 2018 年底发布的世界媒体 500 强排行榜中，谷歌、康卡斯特和 Facebook 分列第一、第二和第五（见表 1），成为 TMT 产业融合的经典案例。国内也是如此，以 BAT（百度、阿里巴巴、腾讯）为代表的互联网企业，也早早涉足传媒业，腾讯的微信，阿里巴巴的钉钉、优酷土豆，百度的爱奇艺等，都是媒体属性极强的产品。而中国移动、中国电信和中国联通等三大运营商近些年来一直致力于从通信行业向媒体和互联网行业拓展，分别推出了咪咕视频、天翼视讯、沃视频等系列产品。同时，传媒与电信、互联网之间的合作融合趋势也

**表 1　2018 年度《世界媒体 500 强》排行榜前 10 名**

单位：亿美元

| 排名 | 公司中文名称 | 公司英文名称 | 子行业 | 所在国 | 营业收入 | 净利润 |
|---|---|---|---|---|---|---|
| 1 | 谷歌公司 | Google Inc | 互联网新媒体 | 美国 | 1108.00 | 126.00 |
| 2 | 康卡斯特公司 | Comcast Corp | 有线宽频或卫星 | 美国 | 845.26 | 229.00 |
| 3 | 沃尔特·迪斯尼公司 | The Walt Disney Co | 综合媒体 | 美国 | 594.35 | 125.98 |
| 4 | 查特通信公司 | Charter Communications Inc | 有线宽频或卫星 | 美国 | 415.81 | 98.95 |
| 5 | 脸书公司 | Facebook Inc | 互联网新媒体 | 美国 | 406.53 | 159.43 |
| 6 | 腾讯控股有限公司 | Tencent Holdings Limited | 互联网新媒体 | 中国 | 366.39 | 110.20 |
| 7 | NBC 环球媒体有限责任公司 | NBC Universal Media. LLC | 综合媒体 | 美国 | 329.97 | 25.60 |
| 8 | 时代华纳公司 | Time Warner Inc | 综合媒体 | 美国 | 312.71 | 52.44 |
| 9 | 21 世纪福克斯公司 | Twenty-First Century Fox Inc | 综合媒体 | 美国 | 304.00 | 44.64 |
| 10 | WPP 集团 | WPP Plc | 媒体公关传播 | 英国 | 216.07 | 27.08 |

资料来源：世界媒体实验室，2018 年度《世界媒体 500 强》排行榜。

日益明显，比如，2018 年 12 月，中央广电总台联合中国电信、中国移动、中国联通和华为公司共同建设首个国家级 5G 新媒体平台。此外，中央广电总台与阿里巴巴、腾讯、百度、新浪等企业在人工智能、云计算、大数据等诸多领域深入合作，在融合发展中赢得新优势、开辟新空间。这种 TMT“跨界产业融合”已从个别案例“小试牛刀”成为行业发展潮流。未来媒体发展需要考虑 TMT“跨界产业融合”的思路来重新规划今后的发展战略。

科技是不断进步发展的，未来互联网（科技）、未来媒体和未来通信之间的产业融合趋势会伴随科技的不断创新发展而日益明显和加速，且这种动力在不断推动 TMT 产业融合发展，加上我国正在推动工业互联网发展，这都可能促使新型产业融合出现。

## （二）未来媒体智能创新发展不断加速

2018 年，中共中央总书记习近平先后出席全国网络安全和信息化工作会议（2018 年 4 月 20 日）和主持中共中央政治局第九次集体学习（2018 年 10 月 31 日）并分别做重要讲话，就推动我国新一代人工智能健康发展提出了重大要求，这为加快发展新一代人工智能指明了方向。2019 年 3 月，“智能 +”首次出现在李克强总理《政府工作报告》中。从 2016 年的“互联网 +”再到 2019 年的“智能 +”，政府工作报告表述的变化，意味着“智能 +”将正式接棒“互联网 +”，成为互联网发展的新动力，也成为赋能传统行业的新动力，这是技术发展的必然结果，也是一次升级迭代。

“人工智能是引领这一轮科技革命和产业变革的战略性技术，具有溢出带动性很强的‘头雁’效应。”人工智能正在对未来媒体发展产生重大而深远的影响。加快发展新一代人工智能，既是未来媒体赢得竞争主动权的重要战略抓手，也是推动我国传统主流媒体转型发展、跨越升级的重要战略资源。从国际上看，全球各国对人工智能的战略影响日益重视，人工智能战略已从少数国家关注部署步入全球加紧布局的新阶段。从国内看，自 2017 年 7 月国务院正式发布《新一代人工智能发展规划》以来，全国已有 19 个省份先后发布人工智能专项政策；科技部于 2018 年 5 月组建成立新一代人工智能发展研究中心；全国高校科研机构的人工智能学科和专业建设也加快推进，先后有 30 多所高校成立人工智能学院，75 所高校开设与人工智能相关的二级学科或交叉学科。

1. 智能媒体是未来媒体智能化的初级阶段

当前，学界、业界对未来媒体的智能化尚未形成比较明确且统一的定义，智能媒体、智慧媒体等提法皆有。本报告采用“智能媒体”的概念。智能，智慧和能力，是智力和能力的总称，是心智的唤醒与执行。智慧，辨析判断、发明创造的能力，是心智的感悟与创造。人工智能界一般均认为，人工智能暂无法模拟复制人类心灵层次的“智慧”。因此，某种意义上说，智慧是比智能更高层次的理念。智能媒体是未来媒体智能化的初级阶段，智慧媒体则是未来媒体智能化的高级阶段。当下，我们用智能媒体来定义未来媒体的智能化。

2. 智能技术创新呈现常态化竞争

智能媒体技术的创新和应用是 2018 年至 2019 年上半年未来媒体的一大亮点。尤其在重大新闻事件报道中，各种智能媒体技术的比拼已然成为各媒体的比武场。如 2019 年全国两会期间，各大媒体在广播、电视、报纸、新媒体等全平台推出特色报道，采用 H5、VR、AR、评论、动漫、短视频等手段，推出各种互动式、服务式、体验式新闻信息，比拼的重点就是智能技术如何参与内容生产、制作和发布。从新华社的“AI 合成主播”到中央广电总台的“5G +4K”集成制作，从《全景沉浸看报告》的 VR 体验到智能设备的高速传输，各种技术创新和应用不一而足。各大媒体同时努力探索实践“全程、全息、全员、全效”目标，传统媒体逐步转变其话语形态，进一步提升网感，适应新生态生存。

各大互联网公司也在 2018 年陆续推出自家人工智能新技术、新产品。2018 年 9 月 19 日，阿里巴巴在云栖大会正式发布杭州城市大脑 2.0，杭州力图打造成为中国未来智慧城市建设的典范。2018 年 11 月 1 日，百度在百度世界大会上与红旗合作推出首款 L4 级别的无人驾驶乘用车，并将在 2020 年正式全面投入量产。李彦宏更是在此次大会上发布百度 AI 城市“ACE 王牌计划”，将在智能交通领域对“聪明的车”与“智能的路”双管齐下，让

AI 走进城市的每一个角落。同日，由百度参与联合建造的全球首个 AI 公园也正式对外开放。在这个公园里，人们可以乘坐阿波龙 L4 级量产无人驾驶巴士逛公园，借助 AR 打太极，在智能步道上跑步，在智能亭休息，等等。扎根消费互联网、拥抱产业互联网。同日，腾讯在全球合作伙伴大会发布新的战略版图——扎根消费互联网、拥抱产业互联网，将以“智能 +”全面发力产业互联网，连接一个全新的智慧时代。

3. 智能音箱继续保持快速增长

智能音箱是继智能手机之后，互联网与用户场景的又一次结合，且其作为家庭智联网最自然的入口，市场潜力巨大，前景空间无限。如果说 2017 年是 AI 音箱“百箱大战”年，则 2018 年是 AI 音箱普及年。市场研究机构 Strategy Analytics《2018 年第四季度全球智能音箱市场报告》显示，智能音箱 2018 年全年出货量高达 8620 万台，创造了智能音箱诞生以来的全球最高出货量记录，智能音箱成为 2018 年最热门的消费电子产品，预计 2019 年智能音箱出货量将突破 1 亿台。据 eMarketer 估计，2018 年中国有 3420 万人使用智能音箱，2019 年中国将拥有超 8500 万的智能音箱用户，超过美国成为世界第一。

值得注意的是，本年度智能音箱的发展有五个新的特点：一是中国智能音箱市场以本土品牌为主，如阿里巴巴的天猫精灵、小米的小爱、百度的小度、京东的叮咚、喜马拉雅的小雅等。二是智能化水平不断提升。一方面，产品的相关智能软硬件如处理器和操作系统等不断升级，较之前有较大提升；另一方面，随着用户的数据不断累积，智能音箱的“聪明”程度不断提升，用户不仅可以利用智能音箱实现日程提醒、信息查询、休闲聊天等功能，智能音箱的回答也越来越智能、越来越人性化。三是内容功能不断丰富扩容。许多智能音箱不断扩容相关的音乐、新闻、电台等内容提供商，逐步建立内容分发平台；功能也不断扩容，用户可以通过 AI 音箱实现新闻资讯、音乐娱乐、闹钟提醒、休闲聊天甚至购物、外卖等功能。四是带屏智能音箱开始面市并得到市场认可。屏幕支持便捷的视频播放，可以带来更优秀的交互，同时带屏智能音箱具有得天独厚的广告商业价值等，其前景可期。五是智能音箱的网络安全和个人隐私问题引起重视。由于 AI 音箱的智能交互功能的获取性与开放性特点，漏洞频发、窃听用户、隐私泄露、病毒攻击等也成为AI音箱的安全隐患。2019年4月，国家广播电视产品质量监督检验中心与360公司IoT安全研究院联合发布《智能音箱产业发展研究及信息安全评测分析报告》，指出国内外知名厂商的10款AI音箱样品整体信息安全均存在不同程度的风险，个别甚至存在超高风险。

4. 人工智能主播竞相争艳

2018年11月7日，新华社正式推出全球首个“AI合成主播”。虽然面部表情还不够丰富，声调语气等方面也还可进一步提升，但“真人分身”式高度逼真的外形、24小时不知疲惫的播报，给全球带来了一定程度的惊喜。紧随其后，各大媒体纷纷推出各自的AI主播、主持人。央视网在2019年网络春晚推出AI虚拟主持人团队；新华社在2019年全国两会期间推出全球首位AI合成女主播“新小萌”；人民日报推出AI虚拟主播“果果”；北京台在2019年5月1日推出AI虚拟主播“小萌花”“小萌芽”；中央广电总台在央视“五四晚会”推出AI虚拟主播“小灵”……

目前来看，AI主播大致可分为三种：一是“真人分身”模式。新华社的“新小浩”“新小萌”和在央视网络春晚亮相的“小小撒”等就是此模式，其实现方式需要真人配套演绎，前期需要大量数据采集，中期需要捕捉动作配合播报，后期需要视频制作再加工。此模式成本较高，目前仅限于一些大媒体。二是“AR＋AI”模式。其实现方式主要依赖增强现实AR技术，有点像“表演”，AI虚拟主播的回答、动作、表情都需要提前设置好后期再做上去，所以现场真人主播与其互动基本靠“演”来制造真实感。此模式对真人主持和后期制作要求较高，目前难以大范围推广。三是全AI模式。即将虚拟主播的语音语调、情绪表情、动作乃至后期视频制作所需图片、视频等都集成到后台编辑系统中，更多用AI来代替人力，也是更接近全自动化、更节省制作成本、更能提升制作效率的模式。随着自然语言处理技术和语音动画合成技术不断升级，人机交互更自然，虚拟主播也会更鲜活，全AI化的虚拟主播将很快出现。

5. “智能编辑部”建设正在加速

新华社2018年即宣布将建设以智能技术为基础，以人机协作为特征，以大幅提高生产传播效率为重点的智能化编辑部。从“快笔小新”到“媒体大脑”再到“智能编辑部”，这体现了新华社在未来媒体智能化发展中不断创新、不断加速的轨迹。“智能编辑部”概念一经提出，引起了包括人民日报、封面新闻在内的众多媒体共鸣。2018 年 11 月 6 日，人民日报新媒体中心 CTO 张健在“2018 人工智能 + 新媒体论坛”透露，人民日报新媒体中心推出了应用人工智能技术的创作大脑，人民日报编辑中心正在努力打造“智能编辑部”。封面新闻是全国较早提出建设“智媒体”的媒体，其中重点之一就是建设“智能编辑部”。

何为“智能编辑部”？新华社人的回答是，“智能化编辑部的核心就是利用大数据、云计算、人工智能技术实现人机交互和人机协作，从而释放媒体生产力，带来传播形式和手段的变革、传播力和影响力的提升，使媒体连接万物、融于网络、直抵受众”①。封面新闻人的回答是，“智能编辑部是由一系列的智能产品构成，从资讯传播的起点到终点，都赋予人工智能基因，全面改写媒体定义”②。

新华社的“智能编辑部”除具有“媒体大脑”的基本功能（如 2410 智能媒体生产平台、智能会话、人脸核查、用户画像、语音合成等）外，其目的是实现人机交互和人机协作，解放媒体生产力，解放采编人力，使之从简单劳动中解脱出来去从事更多更有创造性的智力劳动。这也意味着人工智能的应用已经突破内容的生产制作和分发层面，媒体的组织架构智能化已经开始。建设“智能化编辑部”已成为媒体推进内容建设深度转型的重要抓手。打个比方，如果说新华社 2017 年底推出的“媒体大脑”人工智能媒体平台是基础设施，那么“智能编辑部”就是大楼；如果说“媒体大脑”更多偏机器软硬件，“智能编辑部”则是人机皆有，更多偏向人机协作，需要人、物与信息的全面连接，需要内容与技术的深度融合。

封面新闻的“智能编辑部”则包含基础产品、内容产品、营销产品、

① 田舒斌、郭奔胜、王宇航、刘冬：《新华网智能化编辑部建设路径探析》，《中国记者》2018 年第 7 期。

② 李鹏：《建设智媒体，重构新闻信息生产与传播》，《新闻战线》2019 年第 5 期。

UGC 产品、智库产品、智识产品和未来产品等七大类，具体有封面 AI 记者、封面 AI 主播、封面云、封面推荐算法、封面数据、封面视频、封面直播、封面 VR 等。这些产品共同形成“智能 +”的产品生态，重新为媒体赋能。

从单一智能产品到生产平台，再到用人工智能技术重构新闻信息生产与传播的全流程，“智能编辑部”，已不再是单一的人工智能媒体产品，不只是“机器新闻写作”，也不只是人工智能媒体平台，它将改变整个媒体生产制作和传播流程和环节，不仅可以帮助媒体进行内容升级，也可以促进提升用户体验，更可以助力传统媒体转型升级。

## （三）未来媒体场景创新发展日益丰富

### 1. 移动场景依然是最大场景应用

CNNIC 最新调查数据显示，截至 2018 年 12 月，网民使用手机上网的比例达 98.6%。移动场景依然是用户最大的应用场景，这个格局不仅现在是，也将在可预见的相当长的一段时间里保持，而且随着 5G 的不断普及商用、无人车的逐渐量产，移动场景还将呈现更多新业态新应用。这主要基于三大因素：一是我国移动手机设备规模及其基础设施已是全球最大规模。2018 年，我国移动通信手持机和微型计算机设备产量分别达到 18.0 亿台和 3.1 亿台，居全球第一；移动电话用户 156610 万户，移动电话普及率上升至 112.2 部/百人，每百户移动电话拥有量为 249.1 部；移动宽带用户达 13.1 亿户，增加 17413 万户，已基本建成全球最大的移动宽带网，全年移动互联网用户接入流量 711 亿 GB，比上年增长 189.1%。大数据、云计算、人工智能等现代信息技术方兴未艾，高速、移动、安全、泛在的新一代信息基础设施加快建设。① 二是网络应用服务向移动端迁移集中。即时通信、网络新闻、网络视频、网络音乐等应用都进一步向移动端迁移和集中。以网络视听为例，2018 年网络视听节目播放总量为 2.66 万亿次，同比增长 63.19%，

① 国家统计局：《新中国成立 70 周年经济社会发展成就系列报告》，2019 年 7 月 1 日。

其中，移动客户端播放总量1.92万亿次，同比增长156.18%，占比超过70%。① 三是我国用户花在移动互联网上的时间越来越长。QuestMobile《中国移动互联网2019春季大报告》显示，截至2019年第一季度，我国用户平均每天花在移动互联网的时间为349.6分钟，将近6个小时，同比增长36.8分钟。

三大因素交互作用，呈现如下移动场景应用特点。

一是短视频高速增长。2018年，各类短视频App在资本加持下如雨后春笋般加速涌现，短视频成为移动互联网应用领域近些年来增长最快的板块之一。主要有四大表现：①互联网巨头全力进军短视频业务。以BAT为代表的互联网巨头悉数进入短视频。腾讯在一年内推出了微视、yoo视频、下饭视频等14款短视频产品。百度先后推出“好看视频”等多款短视频App，并投资上线了全民小视频等多个短视频平台，着力打造短视频内容生态体系。淘宝预测其未来90%的内容都由短视频来承载，相继上线短视频App“鹿刻”“哇哦视频”，并加速布局土豆视频、玩货等短视频业务。此外，新浪、搜狐、网易等平台及多家传统媒体也相继杀入短视频领域，短视频市场一时呈现百舸争流、千帆竞发之景象。②短视频的功能不断完善。短视频已从单纯的视频分享平台发展转变为集视频社交、休闲娱乐、广告营销、电商、游戏直播等功能于一身的平台。③短视频成为互联网第二大应用类型。2018年移动互联网总使用时长增量中，短视频占了33.1%，成为互联网行业的“流量担当”，已超越长视频成为仅次于即时通信的互联网第二大应用类型。② ④竖屏逐渐成为主流使用习惯。这固然有手机移动端使用的技术原因，但更是竖屏图像的表意特征以及手机的媒体属性对现代媒体社会生态的顺应所致。③

二是移动直播稳步增长。尽管移动直播在过去的一年中因行业洗牌不太

① 国家广电智库：《5分钟速览2018年全国广播电视行业发展情况》，2019年4月24日。

② 国家广电总局发展研究中心、中国网络电视台：《短视频行业发展新情况与新特点》，《新媒体动态》2019年第1期（总第175期）。

③ 高贵武、吴奇：《竖屏：移动场景下视频呈现的创造性选择》，《新闻与传播评论》2019年第5期。

平静，但用户仍呈现稳步增长态势，移动直播已成为互联网各平台的标配。市场研究机构比达数据中心监测数据显示，2018 年移动直播用户规模达 3 亿，环比增长 7.1%；2019 年第一季度移动直播用户规模达 3.3 亿，环比增长 10.0%。[①] 其主要表现有：①移动直播因其实时性、互动性和泛娱乐性而受用户喜欢。②移动直播中用户对才艺直播、游戏直播和户外直播等直播类型较偏好。③移动直播因其技术门槛较低，“人人可当主播”，“素人与网红齐飞”，生活场景与才艺表演并存，成为移动场景应用高人气的利器。④“移动直播 + 短视频”协同报道也已成为新闻报道在移动端创新发展中的新模式，新闻生产视频化、社交化趋势明显。

三是 AR 报道日渐成熟。随着增强现实 AR 技术的愈发成熟以及 VR/AR 终端的日趋普及，AR 新闻因其能提供现场感、沉浸感和交互性的新闻内容而逐渐为广大用户所接受。主要通过以下四种方式：①通过 AR 智能眼镜。如在 2019 年全国两会期间，新华网等采用 AR 智能眼镜以现场记者的第一视角进行现场采访报道。且该 AR 眼镜带人脸识别技术，可进行资料数据库比对找人。②通过虚拟植入。如 CGTN 在“一带一路”高峰论坛期间通过 RealSet 虚拟系统，在直播或录播中运用 AR 技术植入包括地图、数据、中欧班列、石油开采、港口、特别节目 Logo 等在内的虚拟前景，给报道带来更直观生动、更身临其境的感觉。③通过客户端 AR 相机扫描。如人民日报 2019 年推出的“AR 看两会”，用户只要通过人民视频客户端的 AR 相机扫描报纸上的图片，即可对新闻进行全方位的实况了解。④通过普通二维码扫描。如央视网运用“VR + AR”技术对李克强总理 2019 年《政府工作报告》进行了可视化呈现，还有“VR VLOG”对会议的全景式呈现，提升了用户的“沉浸感”。AR 报道既增强用户的交互式体验，也提升了内容传播力和影响力。

### 2. 家庭智联网生态场景正逐渐成为未来媒体应用的主战场之一

以互联网、人工智能为代表的全新技术革命已经成为未来媒体融合发展

① 比达咨询（BigData-Research）：《2019 年第 1 季度中国移动直播市场研究报告》，比达网，http：//www.bigdata-research.cn/content/201906/979.html。

大趋势的核心驱动力，其中一个典型表现就是“万物皆媒”。将人和物都连接起来的超级物联网正以其强大的生命力、渗透力和扩散力深刻地影响着未来媒体的生产方式、产品形态、传播方式、消费方式、商业模式和行业生态，也极大地扩展了未来媒体的互动传播场景。一是“媒介即生活”。家中本就是生活气息最浓的地方，当智能物联生态进入家中，让智能音箱、智能电视等成为智能家居的重要构成时，媒介不再只是生活的延伸，而是生活本身。家庭智联网中无处不在的智能媒体节点不仅可以收集用户碎片化注意力，而且可以让用户摆脱传统媒体对其注意力进行收集与消耗的束缚。“媒介即生活”，未来媒体的边界正在进一步消失。二是科技巨头不断进入。近期华为开始涉足智能音箱、智能电视，当然华为并非单纯为做音箱或电视，正如智能电视团队归属在其 IoT（物联网）部门下的智能家居业务中，其实质是为了抢占家庭互联网入口。作为家中屏幕最大、交互性最强的介质，小米董事长雷军当年就是较早看到了智能电视在智能家居领域的重要地位，因此将小米电视定位为未来小米整个 AIoT 战略中的枢纽产品。三是智能家居场景越来越生态化。随着“AI（人工智能）+IoT（物联网）”的应用时代到来，房地产业、建材家装业和相关传统制造业等传统行业都在以智能家居为切入点积极进行智能化转型探索，加上 TMT 产业的快速融合发展，智能家居应用场景越来越生态化，智能音箱、智能电视、智能摄影头等与智能家居其他设备逐步共同形成一个家庭智能网生态场景。随着“5G+AIoT”不断发展，智能家居生态应用场景也正逐步成为未来媒体应用的主战场之一。

3. 未来媒体积极参与智慧建设

党中央陆续出台的一系列重要文件中明确提出，媒体要积极参与智慧乡村、智慧城市、智慧社区和智慧家庭建设。无论是媒体融合发展攻坚克难，还是当下正在进行的县区级融媒体中心建设，把智慧乡村、智慧城市、智慧社区和智慧家庭的建设与新媒体、新技术、新平台完美结合在一起，既是建设新时代治国能力新平台的要求，也是未来媒体的商业模式和盈利模式创新的要求，必将是一场领先全球的颠覆性基层革命。主要包括三个方面：一是数据信息共享。在智慧乡村、智慧城市、智慧社区和智慧家庭建设过程中，各相关部门单位将可以开放的数据、信息、服务，向主流媒体和县区级融媒体中心开放，共享智慧城市大数据，这改变了传统媒体的桥梁纽带的价值分量。未来媒体利用大数据技术对这些数据资源进行处理、分析和挖掘，不仅可以第一时间准确了解事件的发生、发展过程，也可利用大数据丰富的信息材料进一步丰富报道内容。同时可以依据这些大数据，分析用户需求，预测、评估行业发展趋势等，也可以拓展智库媒体，为相关政府部门提供决策参谋。二是重新定义媒体。媒体参与智慧乡村、智慧城市、智慧社区等建设和运营，有利于对其从新时代治国理政平台角度进行重新定义而不再只是单纯媒体，从而转型升级为集现代传播、政务服务、社区信息及智慧城市等功能于一体的新型媒体平台。三是商业模式和盈利模式创新。未来媒体产业与整体社会经济将更紧密联系在一起，不断与数字经济、智能经济跨界融合，产业融合发展趋势明显，在以媒体喉舌、治国理政平台为主业的基础上不断创新商业模式和盈利模式。

因此，推进未来媒体智能化创新发展，既是传媒业贯彻落实党中央决策部署的实际行动，又是推动媒体宣传平台、渠道、手段创新升级、做强做优的重要抓手；既有利于加快形成中国未来媒体智能创新发展新格局，又有利于更深融入、更有力地服务经济社会发展全局。

### （四）未来媒体监管逐步进入健康良性有序轨道

随着互联网、移动互联网发展逐渐成熟，政府对互联网、移动互联网的健康有序发展日益重视。2018 年，媒体监管总体趋于严格规范，媒体发展逐步进入健康良性有序轨道。

1. 视听监管方面

2018 年 10 月 31 日，国家广播电视总局发布《关于进一步加强广播电视和网络视听文艺节目管理的通知》（广电发〔2018〕60 号），明确“广播与电视、上星频道与地面频道、网上与网下要坚持统筹管理、统一标准”，坚持同一标准、同一尺度，维护广播电视与网络视听节目的健康有序发展。在此之前，国家广电总局办公厅已下发《关于做好暑期网络视听节目播出工作的通知》（广电办发〔2018〕44 号）（2018 年 7 月 6 日），要求制作传播正能量鲜明的青少年网络视听节目，保护青少年身心健康，让青少年在天朗气清的网络空间欢度暑假。短视频方面，由于短视频近年来广受用户喜欢，但不少短视频平台屡屡出现侵权、违规等内容监管问题，内容把控总体趋严，部分短视频平台、直播平台直接被下架，一批违规主播被直接纳入禁播名单，平台开始承担“连带责任”。针对近年来部分面向未成年人的广播电视节目和网络视听节目中出现“商业化、成人化和过度娱乐化”倾向，以及“炫富、炒作明星子女、包装童星、成人化表演、低俗调侃、侵犯隐私权等未成年人合法权益”等现象，2019 年 3 月 29 日，国家广播电视总局正式公布《未成年人节目管理规定》，将未成年人视听节目管理工作纳入法治化轨道，从而引导和规范视听节目创作、制作和传播健康有序发展，保护未成年人合法权益，给未成年人一个健康成长的视听环境。

2. 内容监管方面

在 2018 年 2 月 2 日，国家网信办公布《微博客信息服务管理规定》，对平台方和开设微博账号的各类组织机构及个人等明确了责任，旨在促进微博客信息服务健康有序发展，维护国家安全和公共利益。而随后一些不具备相关互联网新闻信息服务资质许可的新闻资讯类 App 直接被下架。随着众多自媒体不断从个人、个体单位发展为文化传媒公司等新型媒介组织，但自媒体领域存在散布谣言、低俗色情、黑公关、标题党、刷量、伪原创等问题，国家有关机构对自媒体的内容监管进一步严格，并自 2018 年 11 月 20 日起开展集中清理整顿专项行动，力保行业健康有序发展。2018 年 12 月 7 日，国务院办公厅印发《关于推进政务新媒体健康有序发展的意见》，一是加强内容整合建设，强化发布、传播、互动、引导、办事等功能，通过政务新媒体推进政务公开，为广大企业和人民群众提供更加便捷实用的移动服务。二是清理整合，集约建设，健康有序发展。“一个单位原则上在同一个第三方平台只开设一个政务新媒体账号”，既避免“一哄而上、一事一端、一单位一应用”，也避免广大企业和人民群众无所适从，在互联网上继续多走弯路。三是加强发布引导、舆情应对、网络安全等工作。

3. 信息安全方面

国家网信办和公安部联合发布政策性文件《具有舆论属性或社会动员能力的互联网信息服务安全评估规定》（2018 年 11 月 15 日），旨在督促指导具有舆论属性或社会动员能力的信息服务（包括开办论坛、博客、微博客、聊天室、通讯群组、公众账号、短视频、网络直播、信息分享、小程序等信息服务或者附设相应功能，或开办提供公众舆论表达渠道或者具有发动社会公众从事特定活动能力的其他互联网信息服务）提供者履行法定义务，维护网络信息安全。之后，国家网信办就连续约谈约见“微信”“多闪”“聊天宝”“马桶 MT”等负责人，责成其依法开展安全评估工作。2019 年 1 月起，针对 App 过度索权、强制授权、超范围收集个人信息等现象和违法违规使用个人信息问题，中央网信办、工信部、公安部、市场监管总局联合开展 App 违法违规收集使用个人信息专项治理，保障个人信息安全，维护广大网民合法权益。

## 二　未来媒体发展的困难挑战

习近平总书记强调，“全媒体不断发展，出现了全程媒体、全息媒体、全员媒体、全效媒体，信息无处不在、无所不及、无人不用，导致舆论生态、媒体格局、传播方式发生深刻变化，新闻舆论工作面临新的挑战”。未来媒体发展面临的挑战可以说是多方面、全方位的，既有媒体生存挑战，也有转型升级挑战，又有媒体安全挑战等等，本报告重点探讨下面三大挑战。

### （一）未来媒体安全与风险防化

党的十九大将防范化解重大风险列为三大攻坚战之首。2019 年 1 月 21 日，习近平总书记出席省部级主要领导干部坚持底线思维着力防范化解重大风险专题研讨班开班式并发表重要讲话。习总书记将意识形态安全放在政治安全中重点论述，突出强调意识形态斗争的主阵地在网络，而网络的主体受众是青年人，要确保青年一代成为社会主义建设者和接班人。这是意识形态安全，也是事关执政地位的政治安全。因此，要从维护国家政治安全、文化安全、意识形态安全的高度，认识和把握未来媒体安全。

2018 年，网络安全漏洞、数据泄露、勒索病毒的出现以及其他类型的危害网络安全事件时常发生，这使得未来媒体安全问题逐渐成为热门话题。一是网络安全漏洞。2018 年 3 月，多款华为、小米、OPPO、ViVo 等手机厂商的安卓手机感染了恶意广告病毒 RottenSys，导致每天约有上述厂商生产的 35 万部手机接收到恶意广告推送。2018 年 4 月，WiFi 万能钥匙等“免费上网”类 App，涉嫌窃取个人信息及入侵他人 WiFi 网络。随着用户使用智能设备日益增多，IoT 智能设备安全隐患也日益凸显，主要包括智能摄像机、电视盒子、智能打印机等，涵盖对 IoT 设备危害最大也最为普遍的三大类安全漏洞：远程弱口令漏洞（Telnet 弱口令、HTTP 弱口令、FTP 弱口令）、预置后门漏洞和敏感信息泄露漏洞。二是数据泄露。2018 年 3 月，Facebook 遭遇史上最大数据泄露事件。2018 年 6 月，AcFun 弹幕视频网站对外公告声称近千万条用户数据（包括用户 ID、昵称、加密储存的密码等）遭黑客攻击导致外泄。数据泄露事件频发有诸多原因，其中，移动设备尤其是智能手机、平板电脑等老化、软件更新不及时是增加数据泄露事件的主要原因之一。这也再次给广大用户敲响警钟，联网设备一定要具有安全防护措施，且要及时更新相关软件。不然待 5G 大规模商用后，无安全防护措施的物联网设备将大大增加数据大量泄露的风险，而这个风险将可能是灾难性的。三是勒索病毒。2018 年可谓勒索病毒猖狂发作的一年。从攻击情况和威胁程度看，勒索病毒已成为当前国内最令人担忧的网络安全问题之一。360 互联网安全中心在 2018 年共监测到约 430 万台计算机受到勒索病毒攻击，平均每天约有 1.2 万台国内计算机遭受攻击。① 而且 2019 年上半年与 2018 年同期相比又有小幅上升，总体态势依然严峻。仅以 GandCrab 勒索病毒为例，在近一年的时间内，就更新迭代了五个大版本、无数个小版本，传播途径和新技术升级简直是花样百出，可谓“野火烧不尽，春风吹又生”。勒索病毒攻击中，“80 后”“90 后”用户受害占比最高，尤其是“80 后”，高达 56.6%。这

① 360 互联网安全中心：《2018 年中国互联网安全报告（个人安全篇）》，2019 年 4 月。

与“80后”“90后”用户接触互联网的时间明显高于其他年龄层用户有关。四是网络电信骚扰诈骗。主要包括网络电信诈骗、钓鱼网站、骚扰电话、垃圾短信等多种形式。网络电信诈骗中，主要有手机恶意程序、金融理财、虚假兼职、身份冒充和赌博博彩等；钓鱼网站中，主要有彩票类钓鱼网站、虚假购物、虚假招聘、金融证券和模仿登录等。据360手机卫士统计，2018年平均每天识别和拦截骚扰电话约1.2亿次，总量较2017年（380.9亿次）上升了15.2%。[①]

面对风云变幻的媒体环境和网络环境，媒体急需把安全运营作为一项重点工作来抓，在网络安全法等法律法规和技术标准的指导下，建立起集预警、防护、检测和响应于一体的未来媒体安全运营体系，保障国家网络空间安全与互联网和媒体业务健康稳定运营。

### （二）手机依赖与信息过载

正如麦克卢汉所言，媒介是人的延伸。桑德拉·鲍尔－洛基奇和梅尔文·德弗勒则从“媒介作为受众—媒介—社会这一系统中的一个有机的组成部分”出发提出了“媒介依赖理论”，并认为在个人与媒介的依赖关系上，“理解、定向和娱乐”（即对知识和信息的需求、对认同和规范的需求和对娱乐的需求）这三种动机促使个人依赖媒介。

随着计算机信息技术、互联网、移动互联网和社会经济的发展，互联网、移动互联网不仅整合了原来分属不同媒介的功能，而且增添了传统媒体所缺少的交互性等特质，同时也改变了舆论生态、媒体格局和传播方式。智能手机集通信、信息技术和媒体部分功能等于一体，是一个综合性媒体，它既满足了人们的社交需求，也满足了人们获取知识、信息和娱乐等方面的需求，越来越被视为“人体器官的延伸”。互联网、移动互联网已全面进入人们的工作、学习和生活等方方面面，互联网依赖、手机依赖等也就成为媒介依赖理论的重要分支和研究重点。一方面，互联网、移动互联网尤其是手机已经成为广大用户各种信息来源最为倚重的媒介，用户对手机的依赖程度不

---

① 360互联网安全中心：《2018年中国互联网安全报告（个人安全篇）》，2019年4月。

断加深；另一方面，信息过载现象日益突出，由信息过载引发的信息迷航、信息噪音、信息平庸等问题不断凸显。

根据 CNNIC 2019 年 2 月发布的第 43 次《中国互联网络发展状况统计报告》，我国网民的人均周上网时长为 27.6 小时，换言之，平均每天上网 3.94 小时。许多网友看到这个数据后，大呼“还好没拖后腿”，有网友戏言“我还以为是日上网时长达 27.6 小时”“除了睡觉，包括上班、吃饭、开车（地图导航）、坐电梯、坐地铁等等时间，真的是无时无刻不在上网”……虽说每天上网 4 个小时并未达到网瘾标准——“每天非工作学习目的持续上网 6～12 小时，连续 3 个月”，但我们不得不正视的事实是，许多人对手机、网络的依赖日益严重，尤其是青少年。“出门什么都可以不带，手机必须寸步不离”已成为许多人共同的心声。德国数据统计互联网公司曾调查发现，中国人花在手机上的时间是平均每天 3 小时，仅次于巴西，排名全球第二，排名第三位到第五位的分别是美国、意大利和西班牙。① 另据北京大学心理与认知科学学院 2019 年 4 月发布的白皮书，当前中国“95 后”每天使用手机的时间为 8.33 小时，若扣除平均睡觉时间 8 小时，这意味着“95 后”年轻网民在现实世界的生活时间将少于在网络世界的时间，移动网络世界已经接替现实世界成为“95 后”的主世界。形势日益严峻，2018 年 8 月 30 日国家多部门联合发文的《综合防控儿童青少年近视实施方案》中提出的重要举措之一就是“控制电子产品使用”，这里“电子产品”自然包括手机、Pad 等。

手机依赖的背后，其实质是信息过载。信息过载并不是现在才有，而是到了现在问题更为突出，矛盾更为多样。阿尔温·托夫勒（Alvin Toffler）1970 年就意识到信息过载危机将是“未来的冲击”，将出现“社会信息超过了个人或系统所能接受、处理或有效利用的范围，并导致故障的状况”。信息过载主要包括三种：一是信息资源过载。即伴随着新技术的发展，信息生产供给越来越多，信息供给总量超过了人们的需求，各种载体和各种形式的

① 《中国人每天玩手机时间全球第二，第一是这个拉美国家》，凤凰网，http：//phtv.ifeng.com/a/20170627/44643971_0.shtml。

信息都存在过载现象，导致人们在选择和利用时出现困难。随着人工智能、VR/AR/MR 及生物技术等新技术的发展，越来越多新的信息表现形式和媒介载体将会出现，信息资源过载将是必然。二是信息渠道过载。从过去的报刊、广播、电视等传统媒体到互联网、移动互联网，再到 5G、物联网，万物互联，万物皆媒，从某种意义上说，用户获取信息的渠道将趋于无限。三是信息利用过载。即对于信息综合利用能力，之前人们的关注点更多在于信息使用者的信息素养，而很少关注用户到底需要多少信息。

信息过载导致的问题主要包括：一是信息迷航。即在信息收集浏览过程中，用户经常被网络超链接链接到并非自己所需的地方去，经常被其他信息所吸引以至于多次跳转后已难以回到最初位置，迷失在网络或众多信息之中。如以前的百度搜索、现在的抖音等等，许多用户都曾在手指一划一划中迷航。①二是信息噪音。即在信息传播过程中失真了，甚至混入了有害信息元素，给信息接收者甚至整个信息生态造成损害。如虚假信息、不良信息、恶意病毒信息等等。三是信息平庸。平庸化其实是一种信息损失，用户在信息过载下不仅难以深入、提升反而因信息损失而显得平庸肤浅，往往通过简单重复、扩大试图得到更多一些，但并无新意，忽略了多样性和可用性。四是信息焦虑。由于大脑长期大量接受和处理信息，抑制了大脑皮层活动，如信息消化不良、信息恐惧和信息干扰等。埃森哲在新近发布的《Fjord 趋势 2019》报告中指出“信息过载令用户不堪重负，消费者渴望在纷扰不堪的世界中，获得清静和价值”。

如何加强防范手机依赖与信息过载的风险危机，不断降低其所带来的各种负面影响，无疑是我们今后不可回避的现实课题。主要应对措施可以有：一是国家加大立法和管理力度，不断为网络清朗空间环境提供保障；二是各相关单位媒体或个人，尤其是主流媒体要进一步加强责任担当，做好信息把关人和舆论引导者的角色；三是进一步加强社会主义核心价值观导向，在全社会营造“做自律健康人”的文化氛围；四是在全社会范围内尤其是对青少年群体加强媒介素养教育；等等。

---

① 顾犇：《信息过载问题及其研究》，《中国图书馆学报》2000 年第 5 期。

## （三）数字鸿沟与人口老龄化

截至2018年12月底，我国50岁以上的网民占比为12.5%，其中，60岁及以上网民占比6.6%，50~59岁网民占比5.9%。[①] 虽然这比2017年的10.5%有所增长，但在所有年龄层网络用户中，依然是占比偏低人群，仅比10岁以下用户占比稍高些。据联合国《人口老龄化及其社会经济后果》的划分标准，“当一个国家或地区60岁以上老年人口比例达10%，或65岁以上老年人口比例达7%，这个国家或地区的人口即处于老龄化社会”；当65岁以上老年人口比例达到14%即进入深度老龄化，比例达到20%则进入超老龄化。我国早已在2000年就进入了老龄化社会。截至2018年底，我国60周岁及以上人口达24949万人，占总人口比重为17.9%，其中，65周岁及以上16658万人，占比11.9%。[②] 这也意味着我国已经接近深度老龄化社会。全国已有辽宁、山东、上海、四川、江苏和重庆等6个省份在2018年跨过14%的标准线，进入深度老龄化。

目前，媒体的数字化、网络化、移动化、智能化发展与人口老龄化进程并未实现供给与需求的真正匹配，“银发族”与互联网移动传播之间的数字鸿沟已经显现。相关调查数据也已反复证明，不同年龄层群体在智能媒体使用上存在显著差异，年轻群体拥有新媒体的比例、使用新媒体的程度、借助新媒体获取的知识显著多于年长群体。[③] 技术的不断升级与信息的获得的公平公正之间的矛盾正在显现，用户总体体验的不断优化升级与不同用户越来越不平等之间的矛盾也逐步显现。一方面，我国人口老龄化趋势正在加速，并正在进入或接近深度老龄化社会，未来媒体的用户增长的最大潜在空间无疑将存在于60岁以上的中老年群体中。另一方面，未来媒体的发展，尤其是数字化、网络化、移动化、智能化等进程不断加快，却让老年人越来越赶不上时

① 第43次《中国互联网络发展状况统计报告》，中国互联网络信息中心，2019年2月28日。

② 国家统计局：《2018年国民经济和社会发展统计公报》。

③ W. E. Loges, J. Jung, “Exploring the digital divide: Internet connectedness and age,” *Communication Research*, 28 (4), 2001.

代变革的潮流。“银发族”可能成为智媒时代里的“信息孤岛”“利益孤岛”，成为被新媒体浪潮边缘化的数字弱势群体，急需对之进行“信息扶贫”。

一是媒体对老年人的供给与老年用户对媒体的需求不对称、不平衡。老年用户对媒体的需求包括资讯信息需求、生活服务信息需求、社交情感需求、保健养生需求、娱乐休闲需求和其他需求等，但满足这些需求的适合老年人的专业化频道、专业化节目栏目或新媒体产品奇缺，除中央人民广播电台《老年之声》外，全国广播电视开办专业化的老年频道频率的少之又少；而除《夕阳红》《养生堂》等栏目外，优质的老年栏目也为数不多。媒体供给与老年用户的需求不匹配。必须承认，我们绝大多数主流媒体在产品供给尤其是新媒体产品供给上更多地聚焦在具有较强消费力的年轻用户上，对老年用户的需求关注严重不足。

二是对老年用户转化为网络用户存在较大误解。很长一段时间以来，许多媒体认为老年群体用户不太具备“上网条件和技能”，认为其在移动端新产品推广应用上会拖后腿。但简单易学易用的微信为老年人实现数字突围打开了“口子”。腾讯《2018 微信数据年度报告》显示，老年人已经成为微信的主要新增用户，每个月有 6300 万 55 岁以上的老年用户保持活跃；他们白天主要刷朋友圈、阅读和购物，晚餐后则习惯与子女视频。微信将老年群体用户成功转化为网络用户的原因很多，但其中界面交互简单易操作和社交娱乐等功能适合老年人这两点功不可没。

三是数字反哺既需要媒体也需要家庭。从某种意义上说，数字鸿沟就是传统代沟在新媒体时代的延伸。占我国总人口 17.9% 且比例正在不断上升的庞大老年群体的数字融入，不仅关乎每个家庭的幸福和睦，而且关乎社会和谐和国家发展。因此，对老年群体用户进行数字反哺，不仅是媒体理所应当的责任，更需要家庭内部子女等亲人的反哺，当然，逐步建立全社会的数字反哺机制更是长久之计。

## 三 未来媒体发展的前景趋势

2018 年 10 月 31 日，习近平总书记主持中共中央政治局就人工智能发展现状和趋势举行的第九次集体学习，强调将加快发展新一代人工智能提升至事关我国能否抓住新一轮科技革命和产业变革机遇的战略高度。时隔不到三个月，习总书记于2019年1月25日主持中共中央政治局就全媒体时代和媒体融合发展举行的第十二次集体学习，强调“推动媒体融合发展、建设全媒体成为我们面临的一项紧迫课题”。2019年6月6日，工信部正式发放5G商用牌照，开启5G从试验向试商用阶段的迈进，意味着我国正式进入5G商用元年。在人工智能、5G和媒体融合三大重要力量推动下，未来媒体发展将呈现以下六大发展趋势。

1. 趋势一：未来媒体融合发展进入新阶段，产业融合成重点趋势

这主要是基于以下三大因素的推动：一是互联网的战略升级。互联网正在从消费互联网向“消费互联网 + 产业互联网”迈进。若说之前互联网的影响和进步主要集中在人们的生活方面，即消费者互联网（ToC），那么“互联网 +”“智能 +”等国家战略陆续出台都意味着未来互联网的发展重点将集中在产业互联网（ToB）。产业互联网可以实现跨产业数字生态的联动，一方面以互联网的进步技术提高传统产业的效率，另一方面以传统产业的市场规模带动互联网的发展规模，从而更好地实现双方的转型升级。在此大趋势背景下，未来媒体的融合发展必将进入以产业融合为重点的崭新阶段，既深耕内容，继续扎根消费互联网，同时将拓延产业互联网，探索共同打造新平台。二是新一代信息技术的推动。随着新一代信息新技术不断发展，互联与智能两大特征日益明显。互联，尤其是5G时代，逐步形成实体联网、数据联网和服务联网的三重联网；智能，则从深度互联开始，正如尤瓦尔·赫拉利所言“工业革命的核心，其实就是能源转换的革命”，我们面对的能源也正从石油、天然气逐步变为无穷无尽的数据信息。在智能产品、智能服务中，看不见的“数据信息”部分的价值将反超看得见的“工业”部分的价值。[①] 在这场新的革命中，传媒产业能否抓住机遇跨界融合发展，加速转型升级，是决定未来发展的成败之关键。三是产业互联网与TMT产

① 刘云浩：《从互联到新工业革命》，清华大学出版社，2017。

业融合发展推动。随着“智能＋”国家战略的提出，产业互联网与TMT产业必将迎来新一轮的融合发展运动。未来媒体与其他相关行业的融合交互趋势越发明显，彼此间的相互影响也越来越大。若只专注于传统媒体的单一发展趋势而无视社会经济的整体发展趋势是越来越不合逻辑，越来越危险的行为。同时，在未来媒体融合发展中，产业融合才是更可持续的融合发展模式。

未来媒体与科技、电信、文化、旅游等各行各业的产业融合发展将进一步深化，未来媒体产业融合特点不断凸显，产业融合水平将进一步提升，新型未来媒体产业业态将不断显现并不断丰富。

2. 趋势二：“5G＋未来媒体”发展时代到来，视听产业迎来新一轮爆发

随着我国5G商用牌照的正式发放，2019年正式进入5G商用元年。随着5G手机终端的不断成熟，价位逐渐下探至消费者认可的阶段，预计2020年才是5G在全国真正较大规模使用的开始。2018年我们已讨论过5G时代未来媒体将发生五大变化①，2019年我们重点讨论5G在视听产业方面的赋能。5G会让未来媒体的信息传播链条的每一个环节都面临颠覆与重生，如信息已悄然由图文为主要载体过渡到视音频化发展。“信息视频化、视频超高清化”已成为全球信息产业发展的大趋势。

（1）超高清视频将爆发。超高清视频以千兆到户和5G为基本需求，是未来新媒体行业的基础业务。2019年1月13日，中央广播电视总台和中国移动、华为公司在深圳联合进行5G网络4K电视传输测试，实现了我国首次5G网络4K传输。随后在2019年春晚和两会期间都进行了4K超高清视频信号的实时无线传输试验。2019年2月28日，工信部、国家广电总局、中央广电总台联合发布《超高清视频产业发展行动计划（2019－2022年）》，指出“超高清视频是继视频数字化、高清化之后的新一轮重大技术革新，将带动视频采集、制作、传输、呈现、应用等产业链各环节发生深刻

① 林小勇、张苗苗主编《中国未来媒体研究报告（2018）》，社会科学文献出版社，2018。5G时代未来媒体将发生五大变化：一是新兴移动视频应用爆发；二是传输和分发将更加多元；三是VR/AR/MR技术将普及应用；四是可穿戴设备将大大增加；五是媒体融合的维度进一步拓宽。

变革”，具有“促进我国信息产业和文化产业整体实力提升”的双重意义，提出到2022年“我国超高清视频产业总体规模超过4万亿元，4K产业生态体系基本完善，8K关键技术产品研发和产业化取得突破”，“超高清节目制作能力超过3万小时/年，超高清视频用户数达到2亿”的发展目标。工信部部长苗圩在2019世界超高清视频产业发展大会上也表示，作为新一轮重大技术变革，超高清视频有望成为5G商用部署的重要场景和驱动力。从增长和规模来看，到2022年超高清视频占视频直播IP流量的百分比将高达35%；从技术演进来看，视频图像分辨率已经从标清、高清进入4K，即将进入8K时代。[①]“5G+4K/8K”的风口已至，未来媒体发展将重点在超高清视频两大方面展开：一是不断丰富超高清视频内容供给。目前一大挑战与不足就是超高清视频的内容较匮乏。未来媒体发展应抓住机遇，尽快推进超高清视频内容建设，加强影视剧、体育赛事、大型活动和纪录片等方面的超高清视频节目的制作能力建设，不断丰富超高清视频节目内容的供给。二是不断丰富超高清视频的应用场景。“5G+超高清”如何协同发展，“5G+超高清”的业务场景（如超高清直播“5G+4K/8K”、“5G+4K/8K+VR”、智能交通、安防监控等）如何构建，除了更高清的视频、更友好的交互之外，真正直达“用户痛点”的场景才是关键。

（2）“5G+4K/8K”移动直播将常态化。目前媒体已在一些重大活动、重大主题报道过程中采用“5G+4K”标准进行直播。如2019年全国两会期间，央视已经实现了“5G+4K”的新闻移动直播。5G网络的高带宽（传输速度峰值达10G/s）、低延时（网络延时1毫秒）、高稳定等特点使新闻媒体在“5G+4K”新闻直播场景下，压缩损伤大幅降低、色彩饱和逼真、图像清晰细腻、画面连贯流畅，不仅能充分保证信号传输的稳定性和多路直播回传，更能全面提升新闻媒体4K超高清内容的生产能力与效率。可以想象，在超高清场景下，大型演唱会、体育转直播会在现场感、沉浸感上得到很大提升，更有临场感、更加身临其境。未来“5G+4K/8K”直播将会成为一

① IMT-2020（5G）推进组：《5G新媒体行业》白皮书。

种标准常态，广泛运用于各类活动赛事和新闻报道过程中。

（3）虚拟现实掀起风暴。超高清视频除了让用户“看得更清楚”，加上与5G的融合可提供“不卡顿不转圈”的体验外；更可以与5G结合共同通过虚拟/增强现实强调“身临其境”的沉浸式体验，打造高度沉浸感和强交互的应用场景。主要有以下三种：一是VR全景视频。包括360°全景视频类VR和CG类VR。前者如UGC（用户产生内容）的360°视频和PGC（专业内容生成）的360°赛事、音乐会、电影等。后者以计算机图形（CG）处理为关键技术，利用计算机生成模拟环境，专用GPU实时渲染生成图像，主要应用于虚拟教学、培训、游戏、社交等场景。二是VR直播。现场直播中可通过VR预览监看系统选取最优画面，加入虚拟植入与特效制作；用户可以通过手机、PC和VR头显等多种方式体验观看。观看过程中，用户还可以切换不同视角，也可以通过VR头显完全沉浸式观看。在以后的演唱会、体育赛事等直播中将大量运用“5G+4K/8K+VR”直播，为用户提供多视角、沉浸式、实景感强的互动体验。基于“5G+4K/8K”的演唱会、体育赛事、首映式等VR付费直播模式有望成为新的盈利增长点。三是AR视频。更强调在真实场景下增加相关信息，从而让人类感官感知原本在现实时空内难以体验到的实体信息（主要包括视、听觉信息）。以“AR+短视频”为例，主要包括三类：一是短视频应用内置AR，二是原生AR短视频平台，三是AR替身拍摄短视频。其无须佩戴专用VR头显，直接在手机上即可使用，在5G大规模商用后必将会有更多内容和玩法。在不久的将来，扫AR图片或二维码进入相关视频进行沉浸式、全景式观看可能会与现在扫码付款一样成为司空见惯的体验。

当然，在5G时代视听产业新一轮爆发中，近几年风头正劲的短视频风口仍在，但在5G大规模商用后估计会进行新一轮的洗牌。

### 3. 趋势三：有所为有所不为，未来媒体伦理治理体系构建势在必行

互联网、移动互联网、云计算、大数据、虚拟现实、人工智能等与未来媒体的不断融合深入，既为未来媒体发展带来了新动力和新机遇，也带来了一系列的媒体伦理危机和挑战，有偿新闻、陷阱新闻、虚假新闻、泛娱乐化

现象、报道公共危机时传播失范、媒体的越位和错位、微信造谣传谣等媒体伦理失范现象时有发生。这既有由传播失范带来的媒体伦理问题，也有由媒体伦理问题带来的传播失范，不管如何，媒体伦理问题再次成为未来媒体发展中的绝不可忽视的问题。

过去，媒体伦理更多指的是狭义层面，仅涉及媒体和媒体从业人员，是从业者“理应遵守的职业道德和行为规范”。随着媒体的不断发展，尤其是进入互联网传播以来，媒体伦理所涉及的对象不断扩大，广大受众用户早已不再是单一的被传播者，用户参与点赞、分享、留言、评论、跟帖等，加上微信、抖音等自媒体平台的广泛运用，受众用户既是互联网传播的消费者，也是参与者、生产者。为适应这一变化，媒介伦理所涉及的范围进一步扩大，未来媒体伦理不仅包括媒介组织、媒体从业人员的伦理道德，也包括用户以及任何与媒体打交道的组织与个人的伦理道德。这样，媒体伦理也由“业内”拓展至“业外”，由原本只在新闻媒体行业内的伦理范畴变成了全社会的伦理范畴。故构建未来媒体的伦理治理体系也就成为必然。

作为媒体活动必须遵守的价值准则，构建导向明确、覆盖全面、规范有序、协调一致的媒体伦理治理体系，为未来媒体创新发展构建一套全覆盖的价值导向体系，明晰媒体活动中“有所为，有所不为”的伦理边界，不断完善制度规范，强化伦理监管，健全治理机制，逐步细化相关法律法规和伦理审查规则，规范各类媒体活动。媒体伦理治理体系不是对媒体发展的桎梏，而是要为媒体创新发展划定必要的伦理航道和价值底线，为媒体快速、良性发展提供制度保障。

4. 趋势四：未来媒体将逐步分化为平台型媒体和服务垂直型媒体

以 5G 为代表的新一代网络技术、以无人车为代表的智能终端、以虚拟现实等为代表的创新应用浪潮纷至沓来，未来的媒体将面临新一轮洗牌，并逐步分化为两类：一是利用前沿技术和相关资源优势构建起新型竞争壁垒的平台型媒体，即媒体平台化；二是立足在地、深耕本地的服务垂直型媒体，即媒体在地化。一方面凭借技术和资源等优势获得广泛、深刻的传播力、影响力、公信力、引导力，另一方面又主动降低用户内容生产与传播门槛，实现信息多向流动、共享传播。在泛媒体化、泛终端化的未来传播形态中，建立在共生共享思维上的共享传播有望成为未来信息传播中最广泛和最基础的传播形态，甚至超越场景传播、沉浸传播、关系传播、情感传播等，成为最广泛、最基础、最重要的传播形态之一。第一，共享传播是基于未来人与人、人与机器、机器与机器的全面交互，是人、机器和外部环境的互动统一。第二，人与物共生，体验性、平等性、共生性是共享传播的显著特征。第三，共享传播包括三个层次，人物共生是初级形式，情感共融是第二境界，人媒合一是终极追求。

前者可能主要以央媒和省级媒体为主，由融合发展、转型升级而来；后者可能主要以市级媒体和县级融媒体中心为主，以“新闻＋政务＋服务”深耕本地，努力探索在地服务。

一个成功的平台型媒体的精髓在于打造一个美丽的媒体生态圈。其最大的特点就是通过用户之间关系网络的建立逐步变成人们日常工作生活的必需品从而达到无限增值的可能性，即网络效应或网络外部性。而且这种增值不只是媒体平台在增值，与媒体平台相关的每个人都在创造价值，整体价值提升了。这个生态圈一定是多方共赢并维持生态圈利益平衡的。如何避免只满足单边用户需求而导致生态圈失衡的情况发生，无疑是平台型媒体打造建设过程中的一大挑战。

一个成功的地方服务垂直型媒体一定是所在区域的入口。该入口大体可以分为宏观、中观和微观三类：一是打造成为某种意义上的城市的操作系统，这是宏观入口。如与智慧城市建设结合，成为智慧城市的建设方、运营方。二是打造基于区域本地的媒体生态圈，这是中观入口。三是打造超级App产品，这是微观入口。当然，能否成为所在区域的入口，在一定程度上取决于媒体的资源整合能力，即媒体能否有效聚合和运营本地区各类媒介资源、生产要素、公共文化资源和社会资源等。

5. 趋势五：追求更自然的交互方式是无止境的，直至“人机合一”

媒体产品（如有线电视互动点播、网站、新闻客户端产品等等）及媒体本身的发展就是与用户不断交互成长的过程。移动互联网、大数据、人工智能、虚拟现实等应用的发展不断促进了用户交互设计的发展，而用户交互和产品的进步又反过来催生了技术的革新。随着技术、思维和产品的不断发展，用户交互不只关注交互过程，也注重交互的结果即交互的有效性，同时也开始关注用户的情感体验，用户交互将进一步趋于智能化、个性化和情感化。

好的用户交互设计需要在可用性、有效性和体验满意度等层面达到用户的要求。从交互架构和流程看，未来媒体的信息传播效率更高，信息架构和交互流程将变得日益简单，交互形式也将更直接、更精确、更自然。用户交互将从人适应机器、机器适应人以及人机交互阶段发展，人们对更自然的交互方式的追求将是无止境的，直至“人机合一”。

从交互形式看，用户交互将日益智能化、个性化，目前应用较广泛的传统近距离触摸交互形式一方面将根据用户需求不断进行智能化个性化升级，提升交互体验，另一方面可能将被语音交互、眼动交互等远场景非接触的交互形式逐渐取代而淡出。如智能语音交互，智能电视的语音交互将成为标配，智能音箱的语音交互形式将会不断升级，变得“更聪明”“更懂你”，且随着智能驾驶舱的不断发展，车上的语音交互设备也将有更多形态，智能语音交互将得到更广泛应用。

从交互界面看，随着5G大规模商用、智能物联网、虚拟现实和可穿戴等技术的突破，用户交互界面将不再局限于传统的图形交互界面，非屏幕无界面等形式将不断呈现并成为交互的媒介。如多模态人机交互，将计算机视觉、语音技术、自然语言处理等有机结合，赋予虚拟人看、听、想、说的多模态输入和输出能力，从而实现更自然、更逼真，且风格各异、千人千面的人机交互体验。而且近些年来基于用户无意识行为的交互设计研究渐入市场视野，人们因为认知习惯、操作习惯和心理因素等表现出的无意识行为在日常生活中比比皆是，努力洞察用户的真正需求，努力找到更适合用户操作习惯的交互方式，提供可供用户自主选择的不同交互方案，既让最广大用户在使用产品时更自然、更有效率，亦可通过设计避免用户因无意识行为可能产生的不良后果。

6. 趋势六：未来媒体发展的“零概念创新”将成为追求愿景

零概念，如零投诉、零安全漏洞、零事故、零错误、零时差（零延时）、零停休、零容忍……这些都是媒体工作中常见的现象，“至零方休的创新”在未来媒体创新发展中将日益凸显。[①]

零概念创新既是未来媒体竞争的需要，也是满足用户需求的需要。且随着未来媒体融合发展的不断深入，零概念创新在未来媒体发展中涉及的范围也将越来越广。以中央广播电视总台为例，《新闻联播》《新闻和报纸摘要》节目的零时差播出已被大家日益熟悉，这是“零概念创新”发展在传统广播电视中的应用，随着中央广电总台媒体融合发展的不断深化，新媒体产品、融媒体产品不断涌现，客户端产品打开零等待、新闻推送零延误等新领域的零概念创新也不断出现。零概念创新，创新永无止境，未来媒体发展的零概念创新不仅运用越来越广，其也将成为未来媒体文化的一部分。

除此之外，未来媒体发展既要着眼于未来，也要着眼于当下，既要着眼于重大科技革命，也要关注个体用户层面的问题，如针对儿童个人的未来媒体信息网络安全保护、针对老年用户群体和边远山区用户的未来媒体信息扶贫等都将持续走向深入。

总之，“媒介即生活”。未来媒体正在深刻地改变我们的生活，或者说，未来媒体就是我们的生活本身。

---

① “至零方休的创新”是比尔·盖茨最早在 2010 年 TED 演讲中谈及世界能源的未来愿景时提出的，即为避免全球性灾难，努力实现在 2050 年前将碳排放量降至零。之后，弗若斯特沙利文公司合伙人萨旺特·辛格在其《大未来：移动互联网时代的十大趋势》一书中借用这一概念并加以进一步阐述。

# 发展篇

Development Reports

## B.2

# 短视频发展报告（2018～2019）

孙 璐*

**摘 要：** 2018年，短视频产业发展依旧处在风口增长期，无论是行业规模的高速增长，还是用户数量的井喷，都为行业注入了无可限量的活力并提供了增长引擎。短视频产业集中度不断提高，营销价值不断增加，法律环境不断完善，但是MCN机构在内容变现方面还存在障碍。未来，在信息技术、资本和消费行为的推动与牵引下，短视频产业链将不断完善，商业模式不断更新，内容也将不断丰富。

**关键词：** 短视频 互联网 信息技术 融资

* 孙璐，管理学博士，厦门理工学院文化产业与旅游学院教授，主要研究方向为数字创意产业。

## 一 短视频产业发展环境分析

### （一）宏观经济状况

1. 经济增速放缓，进出口贸易增长

2019 年 1 月 21 日，国家统计局发布数据显示，2018 年国内生产总值超过 90 万亿元，GDP 增速为 6.6%，创下自 1990 年以来的新低。2018 年国民经济继续运行在合理区间，实现了经济发展总体平稳、稳中有进。

根据海关总署最新的数据统计："2018 年我国外贸进出口总值 30.51 万亿元人民币，比 2017 年增长 9.7%。其中，出口 16.42 万亿元人民币，增长 7.1%；进口 14.09 万亿元人民币，增长 12.9%；贸易顺差 2.33 万亿元人民币，收窄 18.3%。"①

2018 年我国对外贸易总体平稳，稳中有进，进出口规模创历史新高，有望继续保持全球货物贸易第一大国地位。

2. 产业结构升级，服务业快速增长

根据国家统计局 2018 年数据，我国第三产业占 GDP 的比重为 52.2%。从增量上看，第三产业增加值的增速比第二产业快 1.8%。

2018 年全国服务业生产指数比上年增长 7.7%，保持较快增长。其中，信息传输、软件和信息技术服务业增长 37.0%。2018 年 12 月，全国服务业生产指数同比增长 7.3%，比上月提高 0.1 个百分点。1～11 月，规模以上服务业企业营业收入同比增长 11.5%，其中，战略性新兴服务业、科技服务业和高技术服务业企业营业收入同比分别增长 14.9%、15.0% 和 13.4%。②

① 《2018 年中国外贸进出口总值 30.51 万亿元同比增 9.7%》，人民网－财经频道，http://finance.people.com.cn/n1/2019/0114/c1004-30526349.html。

② 《国家统计局：2018 年全国服务业生产指数比上年增长 7.7%》，新浪财经，http://finance.sina.com.cn/roll/2019-01-21/doc-ihrfqziz9565749.shtml。

3. 居民收支降速，消费升级

2018 年全国居民人均可支配收入名义增速为 8.7%，较 2017 年下降了 0.3 个百分点；全国城镇居民人均可支配收入同比名义增长 7.8%，较 2017 年下降 0.5 个百分点。

消费作为经济增长主动力的作用进一步巩固，根据国家统计局数据："2018 年全国居民恩格尔系数为 28.4%，比上年下降 0.9 个百分点。2018 年全国居民人均消费支出中，服务性消费占比为 44.2%，比上年提高 1.6 个百分点。"中国消费升级将释放经济活力，经济与居民收入水平不断提升，居民对休闲娱乐等服务需求快速增长，消费者更加注重供给质量与个性化体验。

## （二）互联网与信息技术状况

1. 互联网业务增长

2018 年，我国规模以上互联网企业实现营收 9562 亿元人民币，比上年增长 20.3%，营业收入增长率保持两位数，产业集聚发展趋势良好。在电信行业中，网络加速和费用降低的效果显著。网络的加速提高了网络消费的体验，资费下降降低了互联网应用的使用门槛。

互联网业务收入规模保持较快增长，互联网对个人生活方式的影响进一步深化，塑造了全新的社会生活形态，改变着用户的日常生活。

2. 信息技术大发展

目前，我国信息技术产业主要特点为：系统技术的纵深化和融合化、信息处理的泛在化和云集化、信息服务的个性化和共性化，云计算、大数据、"互联网+"等产业区域性布局的发展空间大。新一代信息技术产业同时也是国务院确定的七个战略性新兴产业之一。

在 5G 领域，中国核心技术研发和标准制定取得突破性进展。截至 2018 年 3 月，我国提交的 5G 国际标准文稿占全球的 32%，主导标准化项目占比达 40%，推进速度、推进质量均位居世界前列。①

① 第 43 次《中国互联网络发展状况统计报告》，中国互联网络信息中心，2019 年 2 月 28 日。

2018 年，中国云计算技术呈现良好发展态势。阿里云已成为仅次于亚马逊、微软的全球第三大公有云服务商，业务营收超 213 亿元，同比增长超 90%。腾讯前三季度云计算的业务营收超过 60 亿元，同比增长 100 %。[①]

### （三）泛娱乐产业状况

近几年，以 IP 为核心的泛娱乐产业从内容融合向产业生态融合迈进，新业态、新模式不断涌现，行业发展焕发新活力，这不仅可以满足人民日益增长的美好生活需要，而且可以加快我国数字化进程，推进数字经济发展。根据《2018 年中国泛娱乐产业白皮书》统计："2017 年我国泛娱乐核心产业产值约为 5484 亿元，同比增长 32%，预计占数字经济的比重将会超过 1/5。" 2018 年中国泛娱乐行业市场规模已经接近 7000 亿元人民币，据预测，到 2020 年，中国泛娱乐行业市场规模将接近 9000 亿元。该行业成为我国数字经济的重要支柱和新经济发展的重要引擎，对于推动我国经济高质量发展有着重要的作用。

### （四）网络治理与法律环境

根据《2018 年中国短视频行业发展现状及行业未来发展趋势分析》研究："随着短视频行业形成规模，近两年政府监管力度逐步加大，监管方式主要体现在《信息网络传播视听节目许可证》的限制上，通过'牌照'对短视频平台及其内容进行约束。当前短视频行业的内容生产很大程度来源于 UGC，其个体化、碎片化的特性决定其难以从内容生产环节切入监管审查机制，因此政府监管主要从平台方入手"。2017 年 6 月国家新闻出版广电总局印发《关于进一步加强网络视听节目创作播出管理的通知》，对内容和平台进行监管和规范。约束内容乱象，规范平台运营，为行业的健康生态和可持续发展提供保障。

---

① 第 43 次《中国互联网络发展状况统计报告》，中国互联网络信息中心，2019 年 2 月 28 日。

## 二　短视频产业分析

### （一）短视频产业发展概况

1. 短视频的风口依旧强劲

2018年是短视频行业空前火爆的一年，2018上半年短视频App多达127个；而下半年腾讯、爱奇艺、百度等平台不断加码短视频，在上半年的基础上，新增了至少15款短视频产品。美拍、秒拍、快手、抖音等短视频App的出现，降低了视频制作门槛，带动了新一代的人人参与热潮。实时、互动的视频模式带来了全新的行业格局和用户规模、升级的户体验和黏性，广告市场和客户的投入也不断飙升。

到2019年为止，短视频的使用时长已经超越在线视频，成为仅次于即时通信的第二大产业，总使用时长占比在不断上升。短视频因创作门槛较低，从而极大地提高了用户的参与度，相较于长视频，更具社交互动性和传播性，现已经成为碎片化时代下用户新的内容消费形式。据悉目前市场上的短视频产品已有100多个，而用户也在2018年达到5.78亿人，占国内网民总数的46%。[①]

短视频月活跃用户数量（MAU）增长突飞猛进，仅仅用了半年时间，用户规模就增长1亿，截至2018年4月，MAU已经达到3.6亿。

自2018年春节以来，短视频日活跃用户数量（DAU）增长势如破竹。到2月15日，就追上了综合视频，至4月，已经强势反超，DAU峰值居然达到了1.6亿。2018年短视频行业各类App日均启动次数最高达8次，远高于综合视频及视频直播。

在短视频产业发展势头愈足的时代，抖音、VUE、快手、西瓜视频在全球战略的布局上也取得不小成绩，其中抖音海外版进入2018年11月全

① 《2018年短视频市场研究报告》，速途网，http：//www.sootoo.com/content/678836.shtml。

球移动应用下载量 Top10，海外布局已达 19 个国家，堪称全球布局最大赢家。

虽然目前短视频领域仍然处于一个高速发展的阶段，但是从流量入口和平台方面来看，竞争格局已经基本显现，快手和抖音已成为短视频领域的“优爱腾”，未来的主要竞争方向将是在内容生产方面。

2. 短视频市场集中度高

最为强大的短视频阵容当属“今日头条系”和“腾讯系”。今日头条系短视频产品主要是抖音、火山小视频和西瓜视频三款，以及 2018 年下半年推出的“皮皮虾”组成的短视频矩阵。虽然产品不多，但人气个个都足以傲视大部分同行。易观千帆发布的《2018 年 5 月短视频平台类 APP》报告显示：“抖音、火山和西瓜三个 APP 的月活用户总数为 4.2 亿。”

与头条不同，腾讯采用以量取胜的包围式打法。在 2018 年一年间，腾讯先后推出了微视、yoo 视频等 14 款短视频产品。这种竞争手法被戏称为“乱拳打死老师傅”式战略。尽管腾讯流量庞大，且进行了明星、高额补贴等多个方式引流，但暂时没能出现爆款，在数据上仍与巨头们有一定差距。如今腾讯转变打法，重点加码 yoo 视频，集中力量或许能为这个庞大的“家族”打造出一个人气爆款。

除了头条、腾讯两大巨头外，百度、爱奇艺、新浪等互联网巨头纷纷入局，网易云音乐、知乎、陌陌也没有错过。今日头条系产品后来居上，短视频产业一梯队中今日头条系占三席，面向不同定位人群，全面吸收流量。抖音 App 自上线起，iOS 平台累计下载量已反超快手，稳居第一。西瓜视频、火山小视频均排在 iOS 下载量榜单前十。

统计显示，在 2018 年 12 月，短视频行业月度活跃设备中，抖音以 3.02 亿的月活跃设备数保持第一，自 6 月抖音月活跃用户数超过快手后，持续保持领先地位。目前今日头条系已经形成以抖音、西瓜视频和火山小视频为主的短视频矩阵，并依靠精准的定位，吸引了不同的人群，最大化地占领了市场。

曾经的明星产品美拍2018年12月的月活跃设备数仅为2140万台，已经下跌到了第三梯队。经过调整后的美拍也于2018年7月以“在美拍，每天都有新收获”的全新定位面向用户，深耕泛知识类社区，为用户提供更具实用价值和欣赏价值的内容。

3. 短视频营销价值日益凸显

随着短视频的持续火爆，它的营销价值也越发凸显，品牌搭载短视频内容的广告形式被普遍认可。丰富的内容及形式、高效的传播速度以及明显的转化效果更是被品牌主和营销界追捧。

《2019年短视频营销白皮书》调查显示，有67%的数字营销决策者已经开始使用短视频进行品牌营销。同时，在品牌的数字营销矩阵中，有40.5%的数字营销决策者开始选择短视频作为品牌营销的重要组成部分；44.9%的数字营销决策者认为短视频营销能够提升品牌知名度；31.6%的数字营销决策者认为短视频营销可以拉近与用户的距离；36.1%的数字营销决策者认为短视频营销能够有效提升产品销量。

目前，短视频业务盈利模式仍以广告变现为主，然而研究表明：“目前短视频营销尚处于起步阶段，应用实践和理论需要成熟规范，可见短视频营销仍有很大的发展空间。首先，从广告理念的角度看，未来行业将形成一个更健康的短视频营销认知理念；其次，从广告创意的角度看，未来短视频中会出现越来越多的营销形式和创新；再次，从广告传播的角度来看，未来的短视频将形成大规模的传播机制；最后，从广告效果来看，未来短视频行业将形成标准化的评价标准和体系。”

4. 内容变现仍是MCN机构面临的普遍难题

艾媒咨询数据显示，2018年有29.5%的短视频MCN机构实现盈利，而有近一半的MCN机构尚未盈利（见图1）。艾媒咨询分析师认为，众多中小MCN机构依赖平台补贴，而当平台资源抢夺战进入下半场，补贴力度逐渐缩减，MCN机构变现困难的问题会越发凸显，生存压力进一步加大。

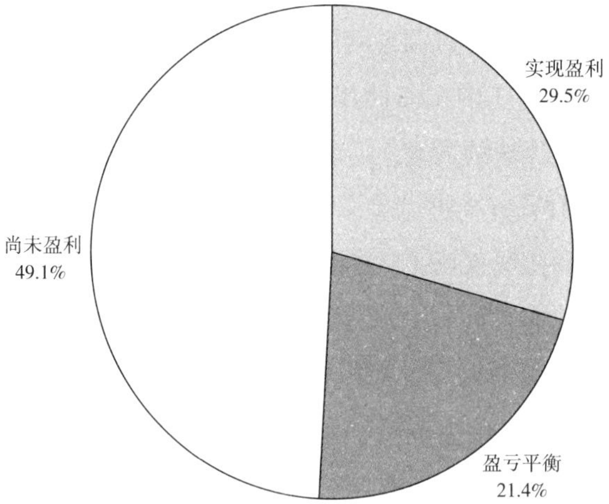


**图 1　2018 年中国短视频 MCN 机构盈利状况**

资料来源：《艾媒报告丨2017～2018 年中国短视频产业趋势与用户行为研究报告》。

## （二）产业背后的资本格局

艾瑞数据显示，截至 2018 年 9 月，抖音、快手、西瓜视频盘踞行业前三名，与 1 月相比，腾讯微视、好看视频、抖音等平台增幅较为明显，其中抖音表现抢眼，成为行业龙头。

BAT 等互联网巨头陆续加入短视频行业，各路玩家纷纷入局，不足一年内行业新增了 250 余款短视频 App，目前已有 651 款。

在资本助推方面，也可以看得非常清楚，资本助推其实大大提升了整个行业的发展水平和竞争的水准。那么进入下半场之后我们可以看到整个风口的进驻情况，巨头布局，还有企业单兵突破，逆袭突围，市场竞争进入非常复杂多变的局面。

短视频作为长视频的补充，已经成为碎片化、移动化、娱乐化的环境下重要的内容表现形式。在 2018 年这个资本寒冬里，短视频的融资仍然火热，随着掌握大量流量的 BAT 的加入，短视频行业也逐渐进入内容竞争的阶段，网红、KOL、自媒体、MCN 机构成为资本投资的重要方向之一。

2018 年 1 月 MCN 机构网星梦工厂获得由广发信德和广远众和联合投资的新一轮 3000 万元融资。2018 年 6 月短视频 IP“毒角 SHOW”运营方二咖传媒完成4000 万元人民币 A 轮融资，由红杉资本中国基金独家投资。梨视频也在 4 月完成了腾讯领投、百度跟投的 6.17 亿元的 A 轮融资，梨视频的产品定位为热点新闻资讯和社会故事的短视频。

其中，快手在 2018 年 1 月完成 10 亿美元的 E 轮融资后，又于 6 月完成由腾讯投资的 4 亿美元的“E +”轮融资。相较于抖音的纯内容化消费，快手更强调用户的参与度和用户个人影响力的打造，因此用户黏性较强。2018 年 7 月，快手“E +”轮融资 10 亿美元，投后估值在 180 亿美元。快手的本轮融资也是中国流媒体视频应用领域的最新较量。

截至 2018 年 12 月初，短视频与直播领域共完成 41 起投融资，基本上每周都会有该领域的公司成功获得融资。从投资阶段来看，目前短视频领域的多数公司仍处于早期阶段，天使轮、A 轮的数量较多。虽然入局较晚，但加入战局的“大佬”太多，谁能打赢这场仗依然是未知数。

## 三　短视频2018年度发展特点

### （一）产业生态与产品的发展特点

#### 1. 产业链日益完善

2017 年短视频用户达到 2.42 亿人，增长率达 58.2%。随着行业的快速发展，直播的产业链日益完善，分工明确，提高了行业经营效率。直播产业链中除了经营主体（直播平台）、内容提供商（经纪公司、主播艺人、制作公司、音乐公司）外，还出现了各类技术服务提供商，包括服务器、IDC 加速服务商、大数据分析服务商、人工智能图像识别技术的内容审核服务提供商、内容反欺诈服务提供商，一个更健康的直播生态正在形成。①

① 工业和信息化部《2018 年中国泛娱乐产业白皮书》，2018 年 3 月 7 日。

“未来短视频行业的产业链条逐步成熟，更多MCN机构加入产业中，帮助广大内容创作者进行内容分发。随着短视频的普及和用户对于短视频消费习惯的养成，未来将有更多的短视频终端，进而短视频内容的渠道和分发机制也将变得更加精细化。随着内容创作方和平台、终端越来越多，他们之间的连接渠道需求量也开始增大，也决定了未来MCN机构在数量和质量上的不断发展与成熟，MCN将成为短视频内容分发的一个重要枢纽。”①

2.“短视频+”三种模式

短视频是一种符合移动互联背景下用户消费习惯的视频形式，在内容和功能上有很大的拓展空间。根据不同网络平台上的产品功能、用户群和短视频嵌入需求的差异，派生出三种“短视频+”的模式。

（1）内容嵌入模式

将短视频作为一种用户导流的内容入口嵌入平台，是嵌入程度相对较浅的一种形式，通常表现为在平台上设置独立的短视频板块以及短视频拍摄和上传功能，以内容社区的逻辑进行用户拉新和盘活，提高用户在平台上的活跃度和留存时长。内容嵌入模式通常和平台核心功能相关性较弱，社交属性较强。

（2）功能嵌入模式

结合平台自身特性，将短视频作为一种平台功能的补充和增值形式进行嵌入，进而实现产品优化，增强用户体验，提高用户的平台忠诚度。功能嵌入模式通常和平台相关性较大，更加注重借助短视频的内容形式提高产品自身优势，如在线租赁App上线的短视频看房功能。

（3）战略嵌入模式

借助短视频在内容形式、触媒习惯和行业热度上的优势，在平台上嵌入区别于产品核心业务的短视频功能，以达到平台战略扩张或转型的目

① 《2018年中国短视频行业发展现状及行业未来发展趋势分析》，中国产业信息网，http://www.chyxx.com/industry/201802/614693.html。

的。战略嵌入模式更多应用于平台核心业务向其他相关业务的辐射，如钉钉作为办公平台借助短视频招聘的功能开发，向招聘领域进行业务上的战略扩张。

无论是内容嵌入、功能嵌入，还是战略嵌入，找到短视频和平台的相关性和突破口，用最合适的方式完成短视频的平台嵌入，才是成功的关键。

首先，对内容嵌入来说，突破口在于平台和短视频内容的相关性，即平台发布内容应与产品功能定位、品牌调性及用户偏好保持一致，才能触发用户拉新、盘活的效果。

其次，对功能嵌入来说，突破口在于平台和短视频形式的相关性，即短视频形式可以对平台在功能和服务上产生补充和增值的作用，并且能够让用户获得更加优质的体验。

最后，对战略嵌入来说，突破口在于平台战略方向和短视频的相关性。具体可以分为两种情况，一是平台希望通过平台转型或推出新产品的方式入局短视频行业，预先通过“平台＋短视频”的模式试水；二是平台希望转型或扩张的方向，在内容和功能上刚好可以借助短视频作为着力点和创新点。结合平台和短视频的相关性理智入局，方是长期发展之道。①

3. MCN机构仍保持快速增长态势

根据易观公布的《2017年中国短视频MCN行业发展白皮书》数据，2017年短视频MCN呈400%的速度增长。2018年中国短视频MCN机构数量超过3000家，预计到2020年将超过5000家。MCN机构模式在内容制作以及运营管理方面的突出表现获得了多方认可，持续的热度和巨大的发展前景让短视频行业成为资本的新宠，推动MCN机构持续增长。

像国内每一个热门领域一样，MCN行业也吸引了各种各样的机构和

① 《2018年，“短视频＋”该怎么玩?》，保利威云，https：//www.polyv.net/news/2018/08/hy0327/。

创业者。白皮书披露，在2019年，短视频MCN有望发展至6800家，其中包括视频创业者、经纪人公司、广告公司、视频平台、投资人等，一时间鱼龙混杂，泥沙俱下。经过早期的野蛮生长之后，整个行业正在洗牌。①

## （二）消费行为与短视频发展的相互影响

2018年，中国网民人数再创新高，网络普及率近60%。由于“网络覆盖工程”加速实施，互联网提速降费、智能手机的普及和网络基础设施“最后一公里”逐步打通，居民入网门槛进一步降低。

中国移动互联进一步深化。手机网民规模目前达8.17亿，网民通过手机接入互联网的比例高达98.6%。移动互联网接入流量从2011年的5.4亿GB增至2018年的超711亿GB。2018年，网民平均周上网时长达27.6小时。

我国网民以中青年群体为主，消费观念前卫、消费能力高的“95后”“00后”正逐渐成长为消费主力，品牌营销也需要适时改变以拥抱年轻人。而短视频已成为年轻用户的聚集地，拿抖音来说，平台主力用户90%小于35岁。品牌营销与时俱进，运用现代短视频平台进行传播，获得了更多年轻消费者的关注。

但中高龄人群网民也在增长。截至2018年12月，10~39岁群体占67.8%，其中20~29岁的占比最高，达26.8%；40~49岁的占比由2017年底的13.2%扩大至15.6%，50岁及以上的网民比例由2017年底的10.5%提升至12.5%，短视频应用正逐渐成为一种互联网生活方式。

在2018年以前，短视频用户的年龄构成中，25~35岁的占比为41%；从2019年开始，短视频用户的年龄构成中，25~35岁的占比为48%，同比增加7%。

① 《抖音火了，但MCN却在毁掉整个行业》，创业邦，https://www.cyzone.cn/article/187037.html。

短视频目标群体用户的十大特征中，拍照美图、年轻女性、海淘、旅游休闲、游戏、汽车和运动健康，成为排名前七的特征，这显示短视频用户的消费层次为中等消费者和中高等消费者。年轻时尚、活力动感、丰富多彩、旅游越野，成为2018年短视频内容的主要标签。

### （三）技术发展特点

人工智能等技术在短视频领域的应用愈加广泛深入，目前已经融合渗透到短视频产业链的各个环节。

未来，内容生产将实现智能化、产业化。智能编辑应用还可以实现编辑环节的自动化和智能化。短视频的审核效率可以被图像识别技术大大提高。人脸识别技术可以为用户提供美化和AR效果等。① 在商业变现上实现程序化购买等功能。智能化技术可以帮助内容更加精准地呈现在用户面前，实现去中心化的内容推荐方式。

然而，智能内容推荐需要依靠算法和用户数据，因此，建设更多成熟的推荐算法和获得更多的综合用户数据将是未来平台的发展方向。

## 四　短视频产业发展趋势

### （一）国际视野下的产业趋势

用户规模的增长和广告商的关注推动了短视频市场的整体规模的扩大。短视频产品具有碎片化、传播广和低门槛的特点。目前，短视频移动互联网用户普及率较低，用户红利仍然存在，行业内用户发展空间较大。

根据《2018年中国短视频营销市场研究报告》统计：“2018年短视频营销市场规模达到140.1亿元，同比增长率达520.7%，预计2020年该市

① 《中国短视频行业发展现状及前景分析》，搜狐科技，http：//www.sohu.com/a/243372083_476021。

场规模将达 550 亿元。”2025 年我国短视频产业规模有望增长至 1050.5 亿元。

目前，短视频平台仍处于快速增长期，新平台大量涌入市场，同质性较高。大多数平台在定位、内容和目标用户方面仍然存在差异竞争。但是用户红利期将在未来两年逐渐消失，而且，市场渗透接近上限，短视频平台的市场格局将发生大变化。

未来平台发展将会呈现三大趋势。第一，是整合淘汰，用户流量逐渐涌入垂直细分区域的少量头部和腰部平台，大量中长尾平台面临整合甚至淘汰；第二，是拓展海外市场，在国内市场饱和前，提早布局海外市场，把市场推进蓝海；第三，业务下沉，在市场容量增加、资源闲置的情况下，市场中胜出平台方将逐步进入 MCN 业务，建立直接的与内容方接触的关系，抢占高质量的内容资源，掌控内容供应源，巩固竞争壁垒。

## （二）技术与消费下的产品趋势

视频行业近几年经历了飞速的发展，一些新的视频用语和应用逐步进入我们的生活中，例如 VR、短视频、视频云、智能视频等。这些炫酷的词语可能让你眼花缭乱。

视频技术的发展主要随着“互联网 +”和人工智能 AI 等新技术的发展而不断往前推进，它与云计算和人工智能等技术不断渗透和交叉，从视频软件应用到芯片系统，近几年都有较大的发展。可以预见，视频的未来在于内容创作技术，包括：视频的编码、转码，视频云应用，视频分析技术及基于机器学习的图形和视频应用。

### 1. 云计算将推动视频云蓬勃发展

视频云计算是基于云计算技术的理念，采用视频作为云计算方案，呈现从“云端”到“终端”的处理结果。应用程序在云服务器上运行，运行的显示输出和声音输出编码通过网络实时传输到终端，终端实时解码后显示输出。终端同时可以进行操作，经过网络将操作控制信息实时传送给云端应用运行平台进行应用控制，终端“精简”为仅具备网络能力、视频解码能力和人机交互能力。

视频云计算是基于云计算技术的概念。视频作为云计算解决方案，将“云端”处理结果呈现给“终端”。应用程序运行在云服务器上，通过网络将运行的显示输出、语音输出编码后实时传输到终端。

终端实时解码并显示输出。终端可以同时运行，并通过网络将运行控制信息实时传输到云应用平台进行应用控制。该终端经过“简化”，只具备网络功能、视频解码功能和人机交互功能。

2. 人工智能将持续推动视频分析技术发展

人工智能在视频的特征提取、内容理解方面有着技术上的优势。在市场与政策双轮驱动的大背景下，人工智能技术将逐步全面落地，而视频分析技术将是人工智能技术大发展的引爆点。①

人工智能其实对于内容分发已经产生了颠覆性的影响，也就是说这个算法推荐、精准推荐对于过去中心化分发模式产生巨大冲击。现在已经延伸到广告领域，就是在商业化的领域能够更精准地进行信息流的变现。

### （三）短视频内容趋势

从当前主流短视频内容来看，仍集中表现为泛娱乐内容，而未来两年内垂直领域内容将得到大力发展。一方面是资本对短视频内容生态的扶持，使更多垂直领域的内容创作者可以提供高质量的短视频内容；另一方面，消费者在养成短视频的消费习惯后，在消费升级的背景下，会对垂直细分领域的内容产生更多的需求。因此，未来两年短视频在内容上的变化主要表现在三个方面：一是垂直内容的细分类型不断被探索，产生更多更细的内容维度，如地域方言类等；二是垂直领域的内容质量和数量都将得到较大的提升；三

---

① 《关于视频技术发展趋势的一些理解》，CSDN 博客，https：//blog. csdn. net/acs713/article/details/79601271。

是在母婴和美妆领域之后，会有更多的垂直领域内容的商业价值和变现手段被挖掘，比如汽车、家电等。

## 结　语

短视频产业头部已经逐渐形成，资本布局已经开始，目前市场竞争虽然很激烈，但仍有巨大发展空间。借助新 IT 技术，尤其是智能分发技术，短视频能够为用户提供更好的体验。

除了短视频独立平台、综合平台之外，2019 年出现了“短视频 +”的模式，比如“短视频 + 在线租赁”（途家）、“短视频 + 在线音乐”（网易云音乐）等，短视频将进一步推动产业融合与技术融合。

**B**.3

# 智能音频发展报告（2018～2019）

陈 曦 孙 宇 宫承波*

**摘 要：** 在5G时代来临的背景下，智能媒体已逐步发展成型，人工智能技术应用于声音传播促使其走向智能音频新阶段。当前，智能音频传播在内容、设备、平台等方面呈现出多层级发展的特性与变化，同时在内容、技术、安全、法规层面也存在不同程度的问题。智能音频是未来媒体发展的重要领域，未来智能音频发展在内容创新、技术发展、场景构建、经营运作、治理政策等方面仍有极大的提升空间。今后通过打造不同层级、有差异化的音频IP，不断创新AI音频模式，深耕智能收听场景，预判用户多元需求并为其筛选有价值的内容，才能实现智能音频未来的长久发展。

**关键词：** 人工智能技术　智能音频　AI音频内容形态　AI音频生态平台

## 一　移动互联时代智能音频发展的探索与瓶颈

在移动互联时代，智能音频产业呈现出流动性变化，在探索进程中既有发展创新与进步，也有进入瓶颈期的问题与困境。总体而言，可以从横向和

* 陈曦，中国传媒大学新闻学院硕士研究生；孙宇，中国传媒大学新闻学院硕士研究生；宫承波，文学博士，中国传媒大学新闻学院教授，博士生导师。

纵向两条线索总结我国智能音频发展的主要特征：一方面，新技术、新平台带动了横向的智能音频传播发展；另一方面，智能音频内容本身不断进行纵向的深耕与精进。

## （一）技术平台推动下的移动、场景、交互、连接

音频与互联网具有天然联系，特别是移动互联时代的到来，人工智能技术的运用和新媒体平台的构建为声音传播发展注入了新力量，更加突出了智能音频的传播特性。

首先，不断革新的智能技术促使人们媒介使用习惯的改变，由此移动化成为智能音频发展的重要特征。随着 5G 技术投入应用，其高速率、零延时、超大链接等特点进一步推动了物联网、云计算、大数据的发展，促进了 VR、AR、AI 等技术的广泛运用。在智能音频领域，智能语音手环、头戴式语音设备、智能家居语音遥控设备等都高度匹配人们在移动空间使用音频设备的需求。除了可穿戴式语音设备，智能手机音频平台也掀起热潮。数据显示，截至 2018 年底，我国移动端和 PC 端网络视听节目的播放次数分别占播放总量的 45.89% 和 40.95%，表明用户向移动端的转移[①]；近年来，付费音频受到各类用户青睐，蜻蜓 FM、知乎、豆瓣、分答等平台均已推出付费音频项目[②]，用户可在任何时间和环境下收听符合个人兴趣的音频节目。

其次，移动互联时代的音频传播逐步以收听场景为切入点，进一步深挖用户需求，深化用户听觉体验。调查显示，睡觉前、上下班路上、运动、做家务、开车和吃饭等闲暇时段成为在线音频用户的主要使用场景。[③] 不同场景和人群音频的需求差异倒逼音频内容生产和传播方式发生转变：车载收听

① 《2018 年中国网络视听市场分析报告 - 行业运营态势与发展趋势研究》，中国报告网，http://baogao.chinabaogao.com/hulianwang/317211317211.html。

② 《“决战千亿音频市场”——网络音频六大新趋势拿走不谢!》，资讯大咖秀，http://www.360vc.org/vc/5055922/20181107A1E81B00.html。

③ 《在线音频行业崛起，2020 年市场规模将达到 78.3 亿元》，ZAKER 新闻，http://app.myzaker.com/news/article.php?pk=5c79f9c477ac6412ae72f5e2。

场景主要注重营造服务驾驶氛围，凸显车载环境的陪伴功能，音频以直播流、板块式及互动式为主；而移动场景中，音频内容偏重于碎片化的短音频和融媒体产品形式。智能音频将内容与场景整合，通过大数据分析、人群画像等手段，根据用户偏好及收听习惯对其进行精准的内容推送；此外，内容分发不仅发生在智能手机上，还触及用户全天候各类应用场景，融合于汽车、卧室、厨房等场景的智能硬件当中。[①]

再次，物联网与互联网日趋成熟，智能语音交互技术在各大场景中应用广泛：汽车场景中智能语音系统实时播报路况、智能规划导航路线，为安全驾驶提供保障；智能语音助手可以完成日常语音对话，帮助人们获取各类资讯等。传统广播也开始利用新媒体实现实时互动：2018 年两会期间，浙江广播电视集团策划的 H5 产品《两会热点知多少》采用了语音答题模式，24 小时内参与互动人数突破 5 万人次；2018 年中央广播电视总台“CCTV 微视”客户端的聊天室，以竞猜、呐喊、投票、兴趣社群等互动方式，促进用户积极参与。[②] 通过互动平台的整合与重构，打破了传统广播延时交流模式，打造了有声版“朋友圈”社交平台的音频节目，真正实现广播与互联网平台的相通相融，将传统听众转化为新媒体用户，增强了用户的融入感和参与感。

最后，在人工智能技术的支持下，万物互联成为可能，音频传播“新声态”逐步构建，产业链条也在不断完善，单一传播形态竞争力减弱，联合多方媒体平台共同打造音频融媒体矩阵成为趋势。一方面，传统媒体与新媒体平台互融互通。以中央广播电视总台央广为首的广播媒体，联手“荔枝 FM”、“喜马拉雅 FM”和“蜻蜓 FM”等互联网音频客户端，聚合、孵化优质用户原创内容，打造出了集音频、视频、文字、图片等于一体的多元传播形态，构建起以微信、微博、客户端、网络直播为代表的“两微一端

① 《外媒预测谁是下一个滴滴，今日头条、喜马拉雅 FM 等 8 家公司为何上榜?》，搜狐网，https：//www. sohu. com/a/108897710_ 116131。

② 黄楚新、王丹丹：《追智能，玩互联，广电新媒体路在何方?》，《中国广播》2018 年第 8 期。

一直”融媒体传播平台。[①] 另一方面，智能语音设备与人体有机连接，将可穿戴智能音频设备与身体某部位接触，利用技术手段辅助人们加强听觉感受，甚至达到借助耳朵以外的其他器官共通共联的效果，进一步优化用户的听觉体验。

### （二）“内容为王”理念下的专业、创新、个性、伴听

长期以来，媒体都把“内容为王”奉为圭臬。从音频内容纵深发展的角度考虑，智能音频发展呈现出内容丰富专业化、细分受众个性化、内容形态创新性、音频内容陪伴性的特征。

首先，音频内容专业化体现在丰富性与体系化上。一方面，音频平台或智能语音设备专注于头部生产者的内容运营，在经济、政治、文化、音乐、情感等分类基础上，深度丰富资讯、娱乐和生活等音频内容，增添了商业、外语、亲子、有声书等新类型，赋予了内容产品灵魂和热度，打造了专业化、立体化的声音生态系统。另一方面，移动音频平台为提升内容的专业性，鼓励 UGC 生产者入驻音频平台。2018 年，喜马拉雅 App 推出“万人十亿新声计划”，从资金、流量和创业孵化三个层面全面扶持音频内容生产者，积累了庞大生产者后，平台内部形成主播等级制度，对“草根”主播进一步过滤和沉淀。

其次，音频传播个性细分化，以调适用户心理及行为特征为目的，在细分受众的基础上，生产“适销对路”的垂直化音频内容。以亲子类音频内容为例，“凯叔讲故事”以为少年儿童定制的音频故事为切入点，又细分为哄睡故事、唤醒故事、传统故事等。与此同时，用户碎片化的媒介使用习惯逐步形成，为适应“在 15 秒之内必须吸引用户”的“互联网铁律”，音频内容也呈现碎片化趋势：不仅重视短小精悍、可听性强的精品微广播剧、有声读物等，还增加了知识资讯类播报迷你小插件，比如定时播报新闻等。

---

① 尼尔森网联媒介研究：《大音频时代，越来越“广”的广播如何做到“无痕嵌入”?》，2019 年 1 月 23 日。

再次，内容的多元创新不断展现声音的传播魅力。其一，“互联网＋”在音频传播领域逐步衍生出多重形式：“音频＋体育”“音频＋睡眠”“音频＋旅行”“音频＋演出”等，通过声音与多种元素的结合，不断在内容创新方面碰撞出火花；其二，双向传播环境下主流、传受者趋于一体，“草根”用户获得一定的内容生产主导权，进一步带来创意音频内容的策划、集成、分发等流程的高速发展，而内容传播后产生的分享、交流和反馈，又反过来成为新的声音创作素材，从而形成内容创新的良性循环；其三，随着场景化声音服务的兴起，诸如本属于声音生态学、声音景观等理论的“声环境中的声事件”开始被关注，人们将声音元素置于社会、历史、环境、文化等视野中考察，并将音频与美学、物理声学、文化人类学、文艺学等进行跨学科融合渗透，具备多元声音生态的听觉媒体逐步建立起来。①

最后，智能语音产品入驻生活各个场景和时段，首要功能就是提供便利的生活服务，满足人们的伴听性需求。在户外场景中，语音助手和智能音箱可以时刻伴随用户、填补寂寞的旅途时光；在车载空间中，双手需要协调工作，双眼必须集中注意力，唯有耳朵通道始终空闲，此时声音的伴随性就尤为重要，各类智能车载语音产品与“滴滴出行”“喜马拉雅 FM”“饿了么”“KEEP”“高德地图”等平台的融合，实现了汽车空间内新闻、音乐、出行、健身、导航等领域的多功能聚合，此类多领域、全方位、数字化、生活化的车载智能语音系统，打破了汽车与家庭、饭店、工作地点等空间的界限，构建起基于汽车场景的立体化数字生活服务。②

### （三）智能音频深化变革期的壁垒与瓶颈

任何新事物的发展过程都不是一帆风顺的，智能音频产业也不例外。即使目前我国在音频内容、智能技术应用等方面有了长足的进步，仍然暴露出

① 田园：《从广播媒体到听觉媒体：广播的未来在这里》，央广网，http://ad.cnr.cn/scdt/20190304/t20190304_524528687.shtml。

② 《人工智能＋音频丨传统广播未来的无限可能！》，广播资讯网，http://www.bpes.com.cn/zh-cn/displaynews.php?id=4435。

一些问题，这是智能音频良性发展中必须高度警惕的“陷阱”。

首先，内容提供者在认知层面有一定的局限和误区。当前我国智能音频的发展基本停留在声音与智能技术的简单相加层面上，导致此局限最根本的原因在于内容提供者走入观念误区，思想观念并未完全扭转，没有清晰认识到智能语音市场的巨大潜力。一方面，内容生产者认为声音与人工智能的融合只需渠道与内容简单相加。在媒介融合进程中，传统观念定位狭窄，将声音内容仅仅定义为“内容提供者”，人工智能技术的应用成为“传输渠道”，新媒体音频平台成为“传播终端”，如此简单的相加只是形式上的“嫁接”，没有实现真正意义上的融合革新；最重要的是他们低估了受众，忽略了听众已经转变成用户并掌握着极大程度的自主选择权的现实情况，现阶段单一的相加形式已难以满足智能媒体时代的用户需求。另一方面，他们并未完全认识到音频市场的巨大潜力和长远价值。在智能媒体时代，图形用户界面已经接近极限，语音似乎成了首选项。[①] 当前内容生产者却忽视了智能语音发展对提升社会治理智能化水平、推动国家人工智能战略技术实现突破的重要作用，没有从观念上意识到智能语音输入时代已逐步渗透到全社会的现实，它将使人们的媒体使用习惯、日常生活方式发生深刻变革。在这样的理念指导下，内容层面便无可避免地暴露出音频内容同质化与低俗化问题：创新力不足导致内容同质化；监管规范缺位放任内容低俗化。

其次，智能音频的技术发展与智能音频用户的使用体验息息相关。在技术层面，从2017年开始，智能音箱掀起继智能手表、VR眼镜及共享单车之后新一轮的智能硬件创新风潮，成为人机交互新大陆的下一个风口。但单纯从技术层面来讲，目前智能音频设备发展达到了瓶颈阶段，智能音箱作为其代表，其问题比较突出。一方面，技术普及率低，虽然智能音箱在每年“双11”当天销售量就突破百万，但如此大的销售量是商家用最低价位换来的战果，并未带来较高的使用率；另一方面，用户体验欠佳，智能音箱

① 李晨翀：《新华网融媒体未来研究院院长杨溟：人工智能技术可以提升媒体挖掘真相能力》，开封网，http：//news. kf. cn/2018/0919/340312. shtml。

亟待解决的技术问题比较繁杂，这包括语音交互精准率仍需提升、智能语音识别及解译技术不够完善、智能音箱的移动性较弱、物联网不兼容等问题。

再次，智能音频的普及过程也暴露出安全问题，这是决定智能音频终端发展前景的重要因素。比如，黑客非法侵入亚马逊 Echo 音箱，进行窃听和录音，甚至将录音文件通过网络发送给远程服务器；亚马逊的智能语音助手 Alexa 因为误唤醒而莫名其妙发笑，以最大音量发出了房门嘎吱作响、婴儿啼哭以及玻璃摔碎的声音。[①] 如今，智能家居与智能可穿戴语音设备连接着家庭的人与物，一旦因为安全隐患被非法入侵，将导致整个智能家居系统被破坏，产生不可估计的危险后果。

最后，智能音频发展至今，资金短缺和侵犯版权问题已成为开发者前进拓展的“拦路虎”。在资金方面，资金焦虑拖后产业发展。2015 年是互联网音频竞争最为激烈的阶段，各大音频平台规模不断扩张，头部玩家掌握大部分资源，优胜劣汰成为智能音频领域的常态。在此情形下，音频内容开始了知识付费和有声读物的尝试。然而，垂直细分的音频平台付费频道收益增长缓慢甚至停滞，即使是已完成多轮融资的喜马拉雅都未实现盈利。[②] 行业内的头部平台尚且如此，其他小规模的新公司更是举步维艰。资金焦虑带来的将是最现实、最直接的发展问题，市场萎靡和中小规模公司退场将成为常态。在版权方面，版权之争扰乱正常秩序。我国音频内容的版权问题一直是移动音频行业发展的阻碍，虽然 2018 年该问题的严重程度有了一定缓解：2018 年 2 月，国家版权局推动腾讯音乐与网易云音乐达成版权合作，腾讯、阿里巴巴与网易旗下在线音乐平台之间已经相互达成版权合作[③]，这标志着三大在线音频巨头达成合作。然而，原创音频内容，包括专业生产内容

① 詹新惠：《决定智能音箱发展前景的问题有不少》，《人民日报》2018 年 9 月 14 日，第 22 版。

② 《视频内容当道，绵延百年的音频广播还有多少生存空间?》，站长之家，http：//www.chinaz. com/start/2018/0709/911886. shtml。

③ 黎辉辉：《版权共享对网络音乐传播的意义及其影响》，《传媒》2018 年第 11 期。

（PGC）和用户生产内容（UGC）在内的资源与版权争夺依然有较大可能成为激烈竞争的导火索。

## 二　微观视角下智能音频发展的多维概观①

从微观层面来讲，纵观国内外，当前智能音频发展主要分为三大板块：智能音频内容形态、智能音频接收终端、智能音频交互平台。我国与其他国家在这三方面侧重略有不同：总体而言，国外在技术革新、内容创新层面均在我国前列，值得我们借鉴和学习；而我国在人工智能语音机器人、传统广播媒体向智能音频的转型融合方面较为成功。

### （一）“能者多劳”：智能音频多样形态齐开花

首先，人工主播和记者成为智能音频领域的重点关注对象。2018 年 5 月，科大讯飞“讯飞智声平台”的 AI 语音合成技术依据中央电视台主持人康辉的声音模拟合成了“康晓辉”，通过相芯科技 FaceUnity 虚拟形象生成和驱动技术实现了形象展示和实时互动。② 在 2019 年两会期间，中国之声联合科大讯飞旗下的讯飞有声 App 共同推出“定制你的声音合成新闻主播”功能，只需点开小程序，录制几段语音，用户即可体验用自己的合成声音播报两会新闻。③ 2019 年 3 月，新华社联合搜狗公司发布全新升级的站立式 AI 合成主播，并推出全球首个 AI 合成女主播“新小萌”，这是人工智能与新闻采编深度融合的突破性成果，目前它已参与第五届世界互联网大会、首届进博会等重要报道，并且在声音和图像两大引擎上有了较大的优化，这使

① 本节部分内容选自：宫承波、陈曦《社交场景用户体验再升级——智媒时代音频传播观察之一》，《新闻论坛》2018 年第 3 期；宫承波，陈曦《优质音频内容样态新玩法——智媒时代音频传播观察之二》，《新闻论坛》2018 年第 4 期；宫承波、陈曦《移动智能音频设备新势力——智媒时代音频传播观察之三》，《新闻论坛》2018 年第 5 期。

② 《亮相央视，讯飞与相芯联手打造虚拟主持人“康辉”》，简书，https：//www.jianshu.com/p/efd1695a051d。

③ 《听，专属你的合成声音 AI 主播诞声了!》，“中国之声”微信公众平台，2019 年 3 月 3 日。

得用户的新闻视听体验也进一步增强。①

而在人工智能记者方面，既有方便携带的小巧录音笔，也有高度仿真人类外形的机器人。2019 年两会期间，新华社推出“全能耳”智能记者装备——智能录音笔。功能强大的“全能耳”小巧便捷，可以变身为胸针、领带夹、发夹。这款智能录音笔麻雀虽小，五脏俱全，成为新闻报道的一枚利器。它是集速记、同声传译、对话翻译于一体的便携式智能硬件设备，不仅能在录音的同时将音频转化为文字，且能多语种同步翻译，准确率高达 95%以上，还可自动分段、过滤语气词、优化关键词、在线编辑、标记重点。“全能耳”还可将前方记者的采访文字实时分享给后方编辑，一个小程序二维码解决即时同步问题，使得两会采访省时又省力。②

其次，传播受众观的演变使得单向传播模式成为过去式，更智慧的聊天机器人实现了人们随时随地获取智能声音资讯的理想。放眼全球，国内外在聊天机器人的应用领域侧重点较为不同。华盛顿邮报推出三大聊天机器人，在不同平台发挥不同的功用：Facebook、Messenger 平台为用户提供“头条新闻”及特定主题新闻；“辩论短消息服务”使得用户可实时对新闻事件真实性进行核查，也可通过图表、动画等深入了解事件后续动态；“Feels”聊天机器人每晚都会与用户进行短时间语音交互，大多为陪伴与助眠的功能。③ 我国对于聊天机器人的应用主要集中在社交娱乐领域，最为典型的是具备“陪聊”及“声音社交”功能的语音社交产品，例如“语玩”实时语音交互 App 为同城的陌生年轻人提供了一个声音社交平台，一方面其丰富多样的语聊房间类型适时满足了不同用户的独特需求；另一方面，从情感抚慰角度考虑，秘密树洞、心跳狼人和假面速配等场景化游戏实现了实时用户语音交互，展现出智能语音交互 App 温暖人心的特性。

---

① 《首个 AI 合成女主播今日上岗》，新华网，http：//www. xinhuanet. com/politics/2019－03/03/c_ 1124186591. htm。

② 《“智能眼”已经上线，“全能耳”是时候出道了!》，网易号“新华社新闻”，http：dy. 163. com/v2/article/detail/E9TCACG705346RC6. html。

③ 《聊天机器人是新一代资讯 App？〈华盛顿邮报〉最新开发手记曝光》，搜狐网，http：//www. sohu. com/a/121939061_ 465296。

最后，随着语音转换技术的不断成熟与完善，用户获取资讯越来越主动，AI 音频识别与翻译系统也在逐步开发。目前，国内人工智能语音处理技术可完成高精度的“语音实时转换文本”任务，此功能使得用户可通过无触屏模式语音搜索关键信息或仅用关键词就可获取音频文件，江苏广播电台“大蓝鲸”的 AI 内容编辑系统就运用此技术实现广播音频节目的图形翻译，并为语音交互提供实时翻译服务。[①] 除此之外，国外各大科技公司研发的语音实时翻译功能不断改变人类的交流方式。例如，微软 Skype Translator 可完成八种语言之间的实时翻译任务；谷歌推出 Pixel Buds 蓝牙耳机，可实现 40 多种不同语言之间的即时翻译；在手语翻译领域，美国得克萨斯 A&M 大学研发了一款手语翻译设备，它可识别 40 多个标准手语动作，通过感知用户的肢体动作将手语转换为英语，失误率低于 4%。[②] 类似此类的便携式语音翻译设备将彻底颠覆传统语音交互与翻译形式，在医疗、旅游、商务等行业中跨过国别、语种、感官的障碍。

## （二）“如虎添翼”：智能音频接收终端再升级

在智能音频终端领域，智能音箱、语音助手及可穿戴设备成为提升听觉体验的三大法宝。

其一，智能音箱不断升级重构。关于无线连接方面，蓝牙无线设备依旧是用户关注度最高的类型，高达 74.31%，远远甩开了其他功能。[③] 2019 年智能音箱的主流形态也在更新迭代，WiFi 音箱便具有极强代表性。百度旗下的“小度在家 1S”产品火热上市，不同于传统的只可以收听的智能音箱，其增添了用于观看视频的可触摸屏，是最新的家居智能音箱形态。首先，它与“喜马拉雅”“QQ 音乐”“爱奇艺”等多方合作，通过呼叫“小度小度”

① 《“大蓝鲸”客户端正式上线》，道客巴巴，http：//www.doc88.com/p－8959604745055.html。

② 资本实验室·今日创新观察：《深度：语音技术革命正在改变人类的交流方式》，搜狐网，http：//www.sohu.com/a/274219301_99950936。

③ 《2018 上半年度多媒体音箱市场调研报告出炉》，中关村在线，http：//sound.zol.com.cn/693/6930480_all.html。

指令唤醒音箱，便可进行下一步语音指示，打开各类优质正版的音视频节目；其次，用户在手机端下载“小度”App并配对连接“小度在家1S”，便可设置并绑定家庭成员，随时通过App与音箱屏幕前的家人视频对话，其“儿童保护”模式可实现远程监控家中动态，是保障儿童安全的重要功能，用户也可进入“远程控制”模块，遥控音箱屏幕及其连接的家居产品，为家中老人提供了极大的便利性；最后，此类智能音箱的闹钟提醒、口语学习、体质健康等功能与大众日常生活密切相关，开启了物联网时代人机交互连接的崭新局面。但与此同时，“小度在家1S”的语音识别与交互仍略显生硬，对于复杂语义的解读程度也处于初级阶段。

其二，声音传播广阔空间的拓展，主要得益于智能语音助手的出现。其智能技术与联网功能的结合，将人们从低效重复的工作中解放出来，更为重要的是，移动便携式智能语音设备丰富了声音传播通道，极大地提升了音频信息传输效率。CNBC研发的Alexa语音平台精心钻研智能语音在金融资讯领域的应用，其推出“Marketing Time”“Technology Knowledge”“Clermont's financial hodgepodge”“Finance Asking”四大主题模块，帮助用户了解金融资讯；此外，用户体验方面，Alexa团队注重用户的反馈信息，并基于此衡量其工作成果，适时调整新闻信息，确保用户通过简约界面及时高效地获取金融资讯。

其三，随着音频产业的不断升温，可穿戴语音设备也应运而生。一方面各大科技公司合纵连横，基于各场景的用户需求，致力探索完备的智能音频生活平台以满足不同人群不同场景的多元需求，主动降噪耳机、智能音乐手环、助眠音乐设备等适用于厨房、书房、卧室、公园等空间的各类智能音频设备使用广泛。另一方面，媒体客户端的智能音频可穿戴设备不断革新。2018年6月13日，CCTV5手机移动客户端开发了杜比全景声沉浸式可穿戴音频设备①，其更具包围感的声场可以为受众带来震撼人心的灵动音效；同

① 《CCTV5移动客户端采用杜比全景声沉浸式音频》，天极网，http://dh.yesky.com/hometheater/25/698117525.shtml。

时，当用户在 CCTV5 移动客户端上观看体育赛事时，戴上耳机并切换到“三维声音”，无论在影院、家中还是路途中，都仿佛置身观看现场，体验响度最大化、保真度极高的多层次声音。

## （三）“开疆拓土”：智能音频生态平台强化交互连接

智能音频生态系统的发展，主要表现为以下几个方面：智能语音系统优化车载空间听觉体验，有声读物扎根智能音频平台，语音拟合技术助推智能音频生态化发展。

第一，车载空间智能语音系统不断升级。2018 年，随着车联网、人工智能等技术的落地，智能车载信息系统成为音频领域发展的重要方向，而驾车者对其车载空间收听时段、收听时长、收听内容的需求也产生重要转变。据调查，其内容选择上倾向于新闻资讯、出行信息、音乐精选三大类；在用户体验层面，一方面关注音频系统的智能化程度，对其是否可自主推荐、智能续听有所要求，另一方面，车主追求高质量、保真度和立体化的听觉体验。总体而言，车载音频呈现为场景化智能推送、伴随式个性收听、移动电台流播放的特性。现阶段，我国各大音频厂商推出车载类音频系统，如酷我、听伴等产品，从底层设计到音频内容、从技术应用到用户服务已基本具备完整的车载音频产业链条。①

第二，智能音频平台有声读物发展迅猛。一方面，汇聚海量小说演讲、评书等有声读物的智能终端将音频读物推向移动智能互联这片沃土；另一方面，近 5 年来，我国有声书市场均保持 30% 以上的增长速度，2018 年国民听书率高达 22.8%②，随着大众文化素养的不断提升，具有地方特色的文化类音频节目和妙趣横生的知识型音频节目备受欢迎，这足以表明以音频为主要载体的知识付费模式成为“新风口”。有必要关注的是，智能技术的应用

① 赛立信媒介研究：《2018 年度中国车载音频市场发展现状及趋势专项分析报告》，2019 年 4 月 8 日。

② 前瞻产业研究院：《2018 年中国数字阅读之听书市场现状及发展前景》，前瞻网，https://www.qianzhan.com/analyst/detail/220/190404-975719e5.html#comment。

推动了各类有声书 App 的发展，蜻蜓 FM 作为国内首家在线音频平台，目前已汇聚过万本有声书和超过 1200 万小时的音频产品。2018 年 1 月，蜻蜓 FM 与地方电台合作开发特色文化音频节目①；次月，喜马拉雅 FM 发布“万人十亿新声计划”，这不仅为各类音频内容开发者、创业者搭建了发展平台，也为用户提供了更贴心的音频服务。②

第三，语音拟合技术触发智能音频生态化。人工智能技术与音频结合的多种可能性，主要得益于语音拟合技术的蓬勃发展。2018 年，央视新媒体打造了一款 AI 语音互动产品——“你的生活，AI 为你唱作”。此 H5 互动产品利用最新计算机视觉技术、智能歌词创作系统和定制声音技术，通过 AI 视觉技术分析用户所上传照片的主题、环境、人物、颜色、表情等，并对其内容进行综合理解，随后针对不同的照片内容，呈现不同主题，生成不同的歌词。更值得关注的是，定制声音技术可根据歌词内容，把央视主持人康辉的声音和歌词进行合成，并与配乐伴奏进行混音处理，用户就可得到专属自己的“私人订制”MP3 歌曲。此 H5 产品一方面展现了作为最新科技的 AI 语音技术；另一方面，在细节上出新，抓住年轻群体的喜好，赋予产品灵魂，增添了产品的温度。③

## 三　未来智能音频升级优化的愿景与路径

当前智能音频发展进程中硕果累累，也问题重重，但随着人工智能技术的革新迭代，用户听觉需求逐渐多元化，未来智能音频发展在内容创新、技术发展、场景构建、经营运作、治理政策等方面仍有极大的提升空间。

---

① 张熠：《从有声书到广播剧，谁在争夺你的耳朵?》，《解放日报》2019 年 4 月 10 日。

② 《喜马拉雅 FM 发布“万人十亿新声计划”》，中国出版传媒网，http：//www.cbbr.com.cn/article/119308.html。

③ 梅新茶：《央视新闻春节推新产品：能互动的 AI，才是真的 AI》，央视新闻公众号，2019 年 2 月 12 日。

## （一）创新多层级音频IP，优化智能语音内容侧

从内容创新的层面考虑，只有通过音频IP清除不同边界屏障，打造不同层级、有差异化的音频IP，为用户筛选有价值的内容，才能实现智能音频未来的长久发展。

根据比较优势原理，应抓住智能音频内容原创的优势，将此优点极力放大。比如将音频内容人格化，内容创作者要投入真情实感，并在此基础上，打造多层级、差异化的音频IP：一是有特定兴趣领域的用户内容生产者；二是具有极强专业性、垂直化的专业内容生产者；三是音频平台中具有流量、可实现定制化服务的头部“大咖”。

从优化内容的层面来讲，第一，要提高语音发布的频率，语音内容要深入浅出，拉近内容与用户之间的距离，善于将专业知识转化为故事化、易理解的语音，更便于用户在移动场景中收听历史、文化等领域的有声读物；第二，语音内容要长短结合，专门为智能语音设备设计内容，使用自动化技术将原有的文本内容转换为语音设备适用的内容，或将已有内容重新分发①，为智能语音设备创建专有内容，并且这些内容应比常规播客的语音内容更为简短；第三，要提升语音内容的时效性，保持日更的频率，并全景式、深层次呈现和解读信息内容，拓展音频传播的深度与广度。比如在重大突发灾害和重大活动报道中，进行全天候无间断的语音直播，传达第一时间的信息，在移动技术的支持下，利用智能语音设备让用户“零距离”获取信息。

## （二）突破技术层面壁垒，创新AI音频模式

5G物联网时代到来，智能家居及语音设备将全面升级，硬件产品的技术把关将更为严格，智能技术的进步将成为智能音频发展的基石，而我国在技术革新层面仍显得发力不足。

---

① 《智能语音风口将席卷资讯业？各大媒体开始紧锣密鼓Ready》，全媒派微信公众平台，2018年8月1日。

面对此情境，必须突破当前智能音频技术层面壁垒，实现音频传播从数字化向智能化转变。第一，要加强智能语音交互的准确率，提升智能音箱等语音设备的情绪、情感共鸣能力；第二，要进一步提升智能音频设备的语义识别与理解功能，尽可能实现智能音箱及语音助手对多国外语、各地方言、口语、俚语等的顺畅识别与应答；第三，应重视物联网兼容问题，打通排斥与私有设置，为用户提供便利，实现语音操控设备与智能家居连接化、一体化；第四，智能语音设备形态应有所革新：比如无形态产品，即无须对着具体产品，仅对着空气就可操控的家居设备，还有智能可穿戴设备与其他智能家居的组合形态，不受地点、时间控制，能实现语音及屏幕双交互。

与此同时，智能音频内容资源库也不断被各类媒体库、语音库以及云储存功能等丰富。除了解决技术层面问题，还应重视大数据、云资源的运用，进而实现精准的智能音频分发。当前，运用在车载音频系统与音频平台内容分发领域的大数据技术已逐步成熟，可对用户行为进行记录、分析与预测。但还可更进一步，借助数据了解用户优势，让受众参与语音内容制作，提供更丰富多元的音频产品，真正实现数据服务下双向流动的精准音频内容分发。

有了技术支持及数据服务，就要大力创新 AI 音频形态。目前的很多智能记者助理只能完成辅助性工作，但它没有任何情感与性格特征，也缺乏人性化的语音应答技能。因此，对于 AI 主持人和记者，应在当前基础上进一步完善和提升智能程度，尤其在内容生产层面，实现自动抓取信息、自动写稿、自动播音、自动推送等；在硬件设备层面，借助机器人与可穿戴设备的共通合作，将它们通过语音互通互联，无痕嵌入音频内容生产与传播流程，打造形象鲜明的高智商、高情商、高颜值 AI 智能主持人和记者。

### （三）预判用户多元需求，深耕智能收听场景

移动互联时代，用户收听习惯也随之转变，场景作为万物互联时代的新维度，是移动媒体战略布局的重要元素。而音频作为伴随性媒体，借助场景空间传播，打造适配不同场景的音频传播系统尤为重要，将实现更广范围、更深层级的传播，进而满足用户需求，提升用户听觉体验。

第一，在车载空间中，智能音频系统应实现全覆盖，以此来满足用户对车载音频的期待。当前车载音频系统的发展已逐渐成熟，但为进一步提升车载场景下高精准度音频传播，一方面要从车主使用习惯、内容需求层面出发，充分匹配车主对实时路况、新闻资讯类的伴听需求，优化音频内容形式，充盈驾车者的出行时光，如智能规划线路并进行导航播报；另一方面，当前车载音频内容并未高度细分，应将车载端与其他移动端音频内容进行区别，强调轻点播及个性化智能推送音频，升级优化车载端的语音交互体验。总体而言，要实现车载音频传播的去 App 化、主动推送的无间断性、不干扰驾驶的伴听性、个性推送内容的智能化四大特性，为车主的出行及生活增添便捷性、减少烦忧。

第二，在家庭场景中，要打通音频内容与智能音频设备的接口。室内生活环境中，需借助智能语音设备，根据不同时段的用户心理需求创设声音场景，进而实现特定场景的音频信息服务。于上班族而言，智能音箱应关注用户在不同情境下对新闻信息获取时长的要求差异，比如在早餐时间的厨房中，用户应接受何种资讯、收听多长时间等，根据这些数据，自动推送天气状况、播放早间新闻等，实现睡觉、吃饭、洗浴、护肤等时段的声音陪伴；于儿童而言，应在亲子互动层面加强音频产品的研发，智能推荐教育与情感主题的音频内容，实现高质量陪伴；于老人而言，在语音操控智能家居层面，要做到及时、便捷、准确，成为老人身体健康及便利生活的智能帮手，例如让智能语音设备进入更多智能家居，支持语音购物及家居操控等。此外，还可根据可穿戴设备的感应指数，判断用户的情绪状态，根据不同情况触发相应音频，在焦虑、生病、失眠等不良状况下发挥安抚情绪的作用。此种根据环境对用户进行特色化内容推送的场景化分发机制，能让用户在特定情境、特定时间段内收到特定主题的资讯播报，带来极致体验。

第三，在户外环境中，要开发音频的补偿性媒介①潜能。人的耳朵通道

① 补偿性理论，由保罗·莱文森提出，指的是在媒体演化过程中进行理性选择，任何一种后继的媒体都是一种补救性措施，都是对过去的某一种先天不足的媒体功能的补救和补偿。

一天二十四小时都处于“空闲”状态，而散步、运动、购物、游玩等外出场景中，眼睛需时刻关注各类信息，此时音频可融入特定情境中充盈听觉，比如借助手机端移动音频平台的有声读物，便携式智能音箱、智能语音运动手环等智能音频设备，从陪伴感、趣味性、获得感三个维度做好户外音频场景化传播，强化声音传播的层次感、立体感、可听性。

### （四）探索完善付费模式，拓宽盈利新形式

优质内容的生产最终要落实到商业变现中去，音频平台实现盈利的渠道可从以下两方面入手。

一方面，要注重知识付费形式。2018 年以来，知识付费用户规模持续扩大，用户付费能力也有所提升，与其他产品比较而言，音频产品最受青睐。互联网音频平台应把握优势、抓住机遇，拓展多种内容付费形式。首先，汇聚有一定流量基础的文学“大咖”或艺术名人，推出有品牌影响力的付费音频节目及有声读物产品；其次，平台孵化的主播在直播与互动中实现商业化变现。荔枝 FM 认为“语音直播可以颠覆播客生态”，推出了虚拟礼物与语音直播功能，打造一条更为快捷的变现路径；蜻蜓 FM《矮大紧指北》音频节目中，开发出粉丝与高晓松连线互动的新玩法。[①] 此外，还可打造系列精品课程，从语言学习到各类技能提升，满足不同人群需求。总之，音频平台要发挥用户与内容生产者的桥梁作用，当付费内容产品的量级越大，不仅要满足用户需求，还要让他们感受到声音的魅力与价值，这会吸引更多的用户，为内容生产者及平台带来巨大收益，从而实现双赢。

另一方面，要加强探索广告创收新形式。随着用户媒介使用习惯的变化，移动广告成为新兴模式，音频平台可尝试音频贴片广告的形式，包括 15 秒的广告音频和可点击的广告封面，此类信息流广告将成为拓展盈利渠

---

① 陈苡扬：《音频平台的“机构力”是如何凸显的?》，搜狐网，http://www.sohu.com/a/253976103_809031。

道的必由之路，但值得注意的是，音频贴片广告的收益并不可观，其内容及形式还有待进一步优化。此外，还可借助广告植入形式，类似节目冠名及软广植入、定制原生广告与直播广告都可加以借鉴。

### （五）规范创新治理政策，赋权独家版权运营

近年来，文化产业发展领域版权侵犯、低俗内容泛滥、恶性竞争等情况时有发生，国家广播电视总局、国家互联网信息办公室陆续出台多项规范，强调网络视听节目的治理。智媒时代到来，音频平台也有待进一步规范管理，因此，制定各项法律法规，创新和完善治理政策尤为关键。

第一，在移动互联时代，为顺应时代需求，我国应大力扶持文化创意产业的新媒体发展，促进音频与文学、出版等文化产业合作，基于用户需求及声音优势，创新智能音频内容及模式。第二，我国对图文及短视频领域出台了相关政策来加以整顿管理，音频领域却没有颁布相关治理措施。一方面，平台要提供丰富的版权资源库；另一方面，内容生产者要直接与版权作者达成合作，使其享有独播权[①]，如此可进一步加大版权保护力度，打击侵权转载及盗播行为，保障智能音频产业良性发展，逐步规范行业秩序。第三，传统广电媒体应发展出一套契合新媒体规律的管理制度：不仅要从选题、策划、节目播出等各个流程对音频传播进行创新，还应重视人才发展及引进，为智能音频发展吸纳优质适用的人才。

## 结　语

在传统传播生态中，声音处于被低估和忽略的状态。在5G、大数据、人工智能多元共进的时代，快节奏的生活、碎片化的媒介使用习惯改变了人

① 陈苡扬：《音频平台的“机构力”是如何凸显的?》，搜狐网，http://www.sohu.com/a/253976103_809031。

们的生活方式；听觉解放了双手双眼，为大众获取信息、传递情感、放松休闲提供了新形态。近两年，在智能技术推动下，以智能语音技术为发展动力的音频媒介融合趋势不断增强。

人们把2018年视为“语音变革元年”。在这一年，国外智能音频发展已经较为成熟，普及与使用范围也较为广泛；而我国的智能音频，也在内容创新、技术优化、形态变革等方面取得了长足的进步，但在音频内容原创、智能语音技术精进、政策法规完善等层面还有很长的路要走。

# B.4
# 机器新闻发展报告（2018～2019）

贺　莹*

**摘　要：** 机器新闻是在以人工智能技术为代表的尖端科学技术驱动下，出现的一种新型内容生产方式，它的出现标志着我国新闻行业进入智能化发展的一个新里程。2018年，在国家政策的积极支持下，受技术升级更新、受众多元化发展的影响，机器新闻呈现良好的发展态势，呈现中国五大特点：从单一领域转向多元领域应用、从程式化转向对象化应用、从低感染力转向高感染力应用、从浅层次转向深层次应用、从机械传播转向人机交互应用。未来，机器新闻产业要以保障数据安全、明辨信息真伪为切入点，建立并完善相关的法律法规、制度、机制，更好地推进机器新闻技术的革新、产业的发展及人机的“共融”效应。

**关键词：** 机器新闻　数据安全　新闻事实核查　人机共融

人工智能时代是一个“时不我待，未来已来”的时代，智能科学技术在众多学科领域发生“融合效应”，每天都产生海量的信息，身为用户的我们已经享受到了“AI＋医疗”“AI＋教育”“AI＋工业”“AI＋农业”等带给我们的便利快捷的服务和海量信息。而就在这海量的信息背后，衍

* 贺莹，管理学博士，厦门理工学院文化产业与旅游学院副教授，福建省高校人文社科研究基地未来媒体发展研究中心未来媒体产业研究方向负责人，研究方向为媒体智能应用。

生出了一种新的“媒体人”——写稿机器人。自 2015 年 9 月 10 日腾讯写稿机器人 Dreamwriter 首次在国内发布第一条机器新闻起，在近三年半的时间里，腾讯、百度、阿里巴巴、今日头条等互联网企业、资讯类企业都在积极布局写稿机器人的开发与应用，使我国在机器新闻领域步入世界领先的行列。机器新闻是在以人工智能技术为代表的尖端科学技术驱动下，出现的一种新型内容生产方式，它的出现标志着我国新闻行业进入智能化发展的一个新里程。

目前学术界认为机器新闻这一概念分为广义和狭义两种。所谓广义的机器新闻是指通过人工智能技术和一定的计算机程序对新闻选题、信息采集、编辑加工、生成并分发等环节进行赋能，最终实现新闻内容的自动化及智能化生产的过程。像早期的谷歌新闻（Google News）借助聚合算法自动更新新闻并在首页进行推荐的做法就属于广义机器新闻。还有利用计算机作为新闻工作者的辅助工具，帮助从业者搜集素材、采集信息和完成写作的计算机辅助报道（Computer-Assisted Reporting）也属于广义机器新闻。因为在此类新闻内容生产过程中，从选题、框架到表达都是由工作人员来决定，计算机仅起到辅助工具的作用。而狭义的机器新闻特指当前国内外广泛应用的机器新闻写作及相关技术。本文主要对我国当前狭义的机器新闻的发展情况进行梳理、归纳与分析。

## 一　机器新闻蓬勃发展的要因分析

任何事物从出现到蓬勃发展都有一定的缘由，机器新闻也是如此。在人工智能等新兴科学技术的驱动下，新闻的生产主体逐渐由人向机器转变，以媒体为中心的“一元主体”开始向“多元主体”转变，新闻生产的协作分工越来越趋向智能化。

首先，机器新闻的发展离不开政策的支持。国家将人工智能写入政府报告，确立为国家重点战略，积极鼓励人工智能技术深度融合到各个领域，进而推动相关产业转型升级发展。从这一角度来看，机器新闻的发展也是在国家政策鼓励和推动下传媒业进行的一次有益尝试。

其次，在尖端的信息科学技术推动下，媒体发展的市场竞争日趋激烈，时效性又是新闻业必不可少的竞争法宝，谁第一时间产出新的传媒产品，谁就会抢占更多市场，而机器新闻恰好符合当前新闻业的这一迫切需求。写稿机器人可以在 1 秒内完成自动抓取信息、生成报道并发布，能如此流畅、快速地完成报道任务，自然也就成为各大媒体机构争相开发和应用的对象，进而促进了机器新闻的发展。

再次，以人工智能为代表的新兴信息技术的迅猛发展也成为推动新闻业发展的新动力。大数据、云计算、物联网、区块链、5G 等技术实现了人人之间、人物之间、物物之间的互联互通，导致数据量呈现爆发式增长。而机器新闻不仅需要大量数据作为基础，而且能够以秒的速度处理海量数据，因此各大传媒集团纷纷应用新兴信息技术成果，在一定程度上促进了机器新闻的蓬勃发展。

最后，当前传媒的受众市场明显表现出对个性化和多元化新闻报道的渴望，那么传媒市场为满足受众需求也会要求各大内容资讯分发平台讲究“千人千面”，让每个人看到的内容都不尽相同。写稿机器人恰能通过深度学习、实时更新来为每个用户进行不同的内容推送，进而满足这一市场需求，因此机器新闻的蓬勃发展也就成为一种必然。

### （一）政策支持

党中央、国务院和国家相关部委秉持“扶持推动与引导监管并重”的方针，陆续出台了一系列与新闻媒体发展紧密相关的政策文件，使传媒业发展得到了政策支持，具备了较强的驱动力。国家先后在《关于推动传统媒体和新兴媒体融合发展的指导意见》《国家“十三五”时期文化发展改革规划纲要》《关于促进智慧广电发展的指导意见》等相关文件中指出“要运用云计算、人工智能、物联网等科技成果，催生新型文化业态”，要积极打造“智慧广电”媒体。这些政策积极引导着传媒业向互联网技术、人工智能技术靠拢，同时催生了基于信息技术而产生的一种全新的媒介业态。像写稿机器人、AI 合成主播等无疑就是人工智能技术在新闻领域的现象级应用。“机器＋新闻”不是简单的两个事物相加或拼接，而是新闻业采取尖端科技技术为突破传统新闻生产的局限性而做出的主动选择，且机器新闻应用后带来的效率提升和经济产出恰是构成我国数字经济的重要组成部分。

## （二）市场变化

当前大多信息以海量化、网状化、快速化特点进行传播，各种媒介产品不仅需要第一时间投放于市场，还要做到与众不同并获取广泛关注，这就导致了各类媒体在产出媒介产品时形成激烈竞争。可以说，谁能够更高效、能提供高速度和高质量的媒介产品，谁就会在激烈的市场竞争中处于不败之地。于是如何在海量的信息中提取并加工成被用户广泛关注的新闻、如何提高新闻生产的速度与质量就成为当今媒体都要考虑的问题，而这也正是“写稿机器人”的突出优势。写稿机器人将传统的采访、选题、写作、编辑、排版等步骤相互融合一起，简化了多余的环节，加快了新闻生产的速度，同时优化了新闻生产体系，因此，机器新闻也就在新闻领域中脱颖而出了。

## （三）科技助力

近一两年从中央到地方，以移动互联网、大数据、云计算、物联网、人工智能等为代表的新兴信息技术的相关政策不断发酵，新兴信息技术发展得到了政府的大力支持，处于蓬勃发展中。而媒体与这些技术相融合发展也就促进了媒体进行内容生产与传播方式的革新，加快了传媒产业的发展。在这一背景下，机器新闻的发展恰是得益于人工智能程序与算法、得益于数据挖掘与抓取技术，实现了精准选取新闻点、合理设立写作框架、海量加工新闻数据、全自动化新闻发布。

此外，大数据技术也是对新闻采访、新闻写作、新闻编辑、新闻评论等新闻业务产生重大影响的技术要素。新闻要客观真实，真实从数据中来，因此传媒业的发展离不开大数据，机器新闻的生产更离不开大数据。换言之，写稿机器人是通过抓取海量数据并通过筛选、过滤无效数据的环节后，整合相关联的数据进行深度挖掘，最终合成新闻，因此离开大数据写稿机器将无从写作，一定要依托强大的大数据技术。大数据技术的另一应用就是预测，写稿机器人通过处理海量数据，深度挖掘数据间的相关关系对未来进行预测，及时发现新闻热点、快速推出可视化数据新闻。因此，可以说人工智能技术、大数据技术等技术革新了新闻生产流程、重塑了产业格局，为机器新闻可持续发展提供了坚实的技术基础。

### （四）受众多元

第43次《中国互联网络发展状况统计报告》显示，截至2018年12月，我国网民规模为8.29亿，其中手机网民规模达8.17亿，使用手机上网的比例提升至98.6%。[①] 人们现在随时随地通过智能手机来接收信息，且这些信息以指数函数的速度增长，造成了信息爆炸。人们越来越不希望被眼前过量的垃圾信息围绕，迫切需要能够看到真正对自己有用的、感兴趣的、量身定制的信息，这时个性化和针对性成为受众接收信息的行为特征之一。机器新闻可以运用人工智能技术、大数据技术对受众喜好进行追踪、数据比对，再根据受众真实需求及掌握的数据分析来选择恰当的报道角度，从而实现“一个主题多种风格”的新闻报道，满足各个层级的受众阅读需求。

从“新闻即新近发生的事实的报道”这一定义，我们可以知道受众对新闻时效性的需求。在智媒时代“新近”已经不能说明时效，“即时”才是受众希望获取最新资讯的需求。目前今日头条的“张小明”2秒即可撰写体育赛事，几乎与电视直播同步。南方都市报的“小南”1秒即可完成春运报道，已经做到在最短时间内向受众传达与呈现新闻。对于那些重大的与人们切身利益相关又无法通过实时直播报道的场景，机器新闻就尽显优势了。写

① 《我国网民规模已达8.29亿互联网普及率近6成》，中国政府网，http://www.gov.cn/xinwen/2019-03/01/content_5369476.htm。

稿机器人通过实时数据监测、智能识别筛选海量数据、分析数据的相互关系、输出信息图表完成内容生产，非常精准有效地在几秒内将新闻发布出去。

## 二　2018中国机器新闻发展概况

2018 年，中国机器新闻总体呈现良好发展态势，具体表现为机器新闻的产出数量已规模化、机器新闻的生产技术不断更新换代。

### （一）机器新闻的产出数量已规模化

当前业界和学界较为认可的机器新闻发展元年是 2009 年，当时美国西北大学研发的 StatsMonkey 通过分析美国棒球比赛的比赛数据、总结比赛过程，自动撰写了一篇新闻报道。随后国内外主流媒体、移动互联网媒体纷纷加入这场技术革新的热潮，人工智能科研团队越来越积极地致力于写稿机器人的开发。国外陆续推出了美联社的 WordSmith、华盛顿邮报的 Heliograf 以及纽约时报的 Blossom，国内推出了腾讯的 Dreamwriter、新华社的“快笔小新”、第一财经的“DT 稿王”、今日头条的“张小明”、南都报业的“小南”等写稿机器人。

机器新闻其实就是借助一定程序和海量数据信息，自动生成文本内容的过程。尤其是基于模板写作类的机器人，往往有相对固定格式、多以资讯类为主且报道数量庞大的特点。国外美联社从 2014 年开始使用 WordSmith 撰写财报，2015 年企业财报数量由每季度 300 篇上升到 4400 篇，已经凸显规模效应。纽约时报的 Blossom 每天报送 300 篇以上的文章，华盛顿邮报的 Heliograf 自 2016 年报道里约奥运会开始算起，在过去的一年多时间里写了 850 篇报道，点击量超过 50 万次。①

① 《过去一年，机器人 Heliograf 写了 850 篇新闻》，“IT 之家”搜狐号，http://www.sohu.com/a/192921147_114760。

腾讯研究院 2017 年发布了 Dreamwriter 的一组数据：在体育应用领域中，2016 年里约奥运会期间 Dreamwriter 产出内容 3600 余篇，随后在腾讯体育又开设了名为《小梦战报》的栏目，由 Dreamwriter 对每场赛事进行报道。在“财经 + 科技应用”领域中，Dreamwriter 的发稿效率超过 2000 篇/天，生产体育稿量效率为 500 篇/天，已累计生成了 3 万多篇稿件①，内容主要包含每天证券行情、上市公司公告的简报等。今日头条与北京大学计算机科学技术研究所联合研发的“张小明”，也在里约奥运会期间有不错的表现，通过对接奥组委的数据库，获取了相关的最新比赛数据，13 天撰写了 450 多篇体育新闻，平均日产稿件 30 余篇，发稿速度几乎和电视直播同步。阿里巴巴与第一财经联合研发的“DT 稿王”有着 1900 篇/天的产出速度，相当于 100 位资深证券编辑 1 个小时的产量。② 由以上数据可以看出，写稿机器人在面对格式固定、逻辑简单、前后数据有支撑和对比的时候，在财经、体育甚至在突发性事件的报道上，有着惊人的反应能力和产生海量信息的优势，可以非常轻松地完成相应报道工作。

### （二）机器新闻的生产技术更新换代

2018 年我国人工智能的核心技术不断攻关、数据智能日趋成熟、类脑蓄势待发、实体产业不断落地，为经济社会发展带来了深远影响。在这一背景下，机器新闻的生产技术也从第一阶段迈向了现在的第三阶段。

不论从 2009 年美国首次将机器新闻应用于棒球赛报道，还是从 2015 年我国首次将机器新闻应用于经济报道来看，都有一个规律，即第一个发展阶段的机器新闻往往被应用于相对有固定格式且有数据对比分析的领域，比如体育和财经领域。这类新闻的共性在于其报道的内容大部分依靠数据“说话”，属于以数据分析为主的新闻类型。

作为第二个发展阶段写稿机器人代表的“张小明”是首个基于文字直

① 《人工智能时代：新闻业的谢幕与重生》，腾讯研究院，http://www.tisi.org/4906。

② 《人工智能将歌吟书画出怎样的世界》，“经济日报”搜狐号，http://www.sohu.com/a/229489778_118392。

播数据生产新闻的系统。相较于第一阶段机器新闻中会出现的语言表达生硬、晦涩难懂的情况，该系统综合利用了自然语言处理技术、图像处理技术、机器学习技术，使得信息抓取更加高效，自然语言文本分析更全面。“张小明”能够根据事件内容上下文、数据前后相关性，通过对语言进行数学建模，然后自动调整生产新闻的语气，重新组织语言，完成被认为“最能够贴切表达”的文字内容。又如 2018 年升级版“小南”在新闻中提醒要从深圳前往阜阳、兰州、南宁、青岛、太原的人们，火车票已售完，让大家“赶紧想辙吧”。这么自然的遣词造句，让读者很难发现新闻是机器人所写。

此外，以钱江晚报的“小冰”、封面传媒的“小封”及百度的“度秘”为代表的写稿机器人还在诗歌写作方面有着不错的成绩。写诗被视为人类最后的一个精神文化堡垒，对语言要求很高，需要机器人在艺术上进行创造。但写作诗歌也是人们经过不断学习和语言逻辑反复训练而获得的才能，只要给机器一定的逻辑、提供足够大的数据库，那么机器写诗还是有径可寻的。以“小封”为例，目前选择了大量训练语料（已经学习了古体诗词曲约 20 万首、现代诗约 30 万首）、构建了多个深度学习的算法模型，主要采用自然语言处理、文档自动摘要、知识图谱技术完成写诗的应用。

以蓝色光标集团推出的“妙笔”机器人为代表，其推出的机器新闻更多地表现为基于 1 篇核心稿件，在 1 秒内改编出上千篇核心内容相同但风格表现各异的新闻稿。[①] 对于企业宣传部门或人工记者来说想要针对某一事件为不同平台写作与之风格搭配的稿件，是一件既费时又费力的事情。而“妙笔”恰是针对解决传播生产过程繁复而耗时这一难点，可以帮助人们完成这一迫切需求，为多样性内容得以快速传播提供可能。

机器新闻进入第三个发展阶段的标志是新华社于 2017 年 12 月 26 日通过“媒体大脑”发布了全球首条 MGC（机器生产内容）新闻。2018 年两会期间“媒体大脑”仅用 15 秒便生产出一条两会 MGC 视频新闻，引起了国内外传媒业的广泛关注。“媒体大脑”已不仅是一款写稿软件，是由新华社

---

① 《看妙笔 AI 撰稿机器人如何玩转营销?》，亿欧，https://www.iyiou.com/p/78739.html。

与阿里巴巴共同研发的一款媒体人工智能平台，覆盖信息搜集、策划、采访、生产、分发、监测、互动、反馈等全新闻链路。① 其新闻产品形式也不仅局限于文字、图片，还可以自动分析舆情生产可视化图表，自动录音配音、视频剪辑，最终生成机器视频新闻。此外，更具亮点的是平台建立了新闻自动核查的监控系统，拥有“人脸核查功能”和“版权监测功能”。其中，“人脸核查功能”基于精准的人脸识别系统，可在海量素材中准确定位目标人物，及时有效避免假新闻的出现；“版权监测功能”则是为保护原创内容而特意增设的功能，通过对全网近300万个站点进行监控，有效遏制各类内容侵权的行为出现。

## 三　2018年中国机器新闻的发展特点

机器新闻在我国发展方兴未艾，主要呈现出五大特点：从单一领域转向多元领域应用、从程式化转向对象化应用、从低感染力转向高感染力应用、从浅层次转向深层次应用、从机械传播转向人机交互应用。

### （一）从单一领域转向多元领域应用

经过梳理可以发现一些规律，机器新闻在第一个发展阶段是以模式填充为主的方式完成写作，因此应用领域比较单一，只局限在体育、财经领域，以“快笔小新”“DT稿王”“Dreamwriter”为代表。进入第二阶段开始，主要应用于两个方面，一是应用于时政新闻、民生、灾难新闻方面，以“小融”“小南”“小封”“张小明”为代表；二是应用于商用领域，以“智搜”“妙笔”为代表。进入第三个阶段已经发展成媒体人工智能平台，涵盖了新闻生产的采、编、审、写、发、监测、互动等全过程，应用于更多领域，以新华社“媒体大脑”为代表。基于尖端的人工智能技

① 《“媒体大脑”的主要功能和AI时代的新闻愿景》，新华网，http://www.xinhuanet.com/newmedia/2018-06/20/c_1123007785.htm。

术，机器新闻将逐步扩展至不同的新领域，进而实现对多领域新闻生产的有效对接。

### （二）从程式化转向对象化应用

第一阶段的机器新闻往往会使用预先设计的写稿程序完成新闻的生产，这样的新闻往往难以摆脱格式化、程式化的窠臼，缺乏个性化、对象化的新闻内容，难以给受众带来愉悦的阅读体验。尤其对于“80后”“90后”这类年轻群体，他们已经习惯使用互联网并对智能化和个性化的产品有着天然诉求，所以机器新闻的发展方向势必要及时满足用户体验升级这一需求。目前不管是国外的Custombot还是国内的“媒体大脑”都具备了生产个性化新闻的功能。发展到第三阶段的机器新闻基于文本分割（标记）和自定义标记技术，可以针对不同领域的新闻产品特点以及用户的特定偏好、标准或元素进行个性化研发，最终推断出消费者最喜欢的、最合适的主题，完成真正意义上的定制新闻。2018年12月Twipe公司[①]就推出了“Readers@ Risk”项目，用来向用户推出个性化内容。该工具用来量化读者的兴趣、偏好、习惯，然后根据读者的时间、频率及风格来呈现内容，实时搜集用户对内容的反馈，并深度了解读者对内容的观点，密切追踪并计算用户流失的潜在风险。这种机器新闻工具能生产更有针对性的、定制化的信息，在一定程度上提高了信息传播的效果。

### （三）从低感染力转向高感染力应用

早期机器新闻的作品由于过多依赖固定程序，新闻写作模式主要以数据罗列为主，写作过程也无法像人类一样可以根据具体语境用通俗易懂的词语进行准确表达，只能基于数据库或网上内容进行抓取，然后排列组合，因此会出现生涩拗口、词不达意的状况。这样以罗列数据来呈现新闻事件的报

---

① Twipe是一家总部位于鲁汶的比利时科技公司。该公司是基于数字版的出版领域的创新和技术型公司，提供最先进的数字出版和分析SaaS平台，供欧洲主要报纸使用。参见https：//www.twipemobile.com/publishers-invest-more-engagement-acquisition/。

道，往往忽略了有感情、有温度的语言表达，降低了新闻内容的生动性，最终导致新闻内容可读性差的问题。

进入第三阶段的机器新闻越来越朝向感染能力强的方向发展，内容写作也正在贴近大众的语言习惯，通过深度学习技术、自然语言处理技术（NLG，Natural Language Processing）的不断突破发展，基于大量语料库的写稿机器人能够经过逻辑规划设计，自动生成具有较高的感知力的自然语言文本，具备接近人类常规水平的表达和写作的功能。写稿机器人正努力将新闻写作具有温度、新闻现场具有感知力变为现实，让受众从新闻内容中找到情感的支撑和共鸣。

## （四）从浅层次转向深层次应用

初期阶段，一方面机器新闻通常会追求内容上的全面和广泛或报道上的速度与时效，但无法在短时间内形成详尽的、深度的挖掘式报道；另一方面，写稿机器人生产的新闻内容仅是数据信息的文本化叙述，别无选择地按照预先程序进行新闻生产，无法做到新闻内容的创新从而造成内容的浅表化。但是近些年在一些新闻价值挖掘、凶杀报道等可以视为人类专属领域、高难度领域里，机器新闻自动生成也成为现实。例如，以洛杉矶时报专为报道本地的地震警报和犯罪杀人事件类新闻而编写的撰稿程序Quakebot为例，基于《洛杉矶时报》凶杀报道（Homicide Report）及数据库，系统能自动采写凶杀新闻，在组织规范、报道实践、内容形成、身份识别等方面正在接近独立生产新闻的目标，在报道质量方面也在接近人类生产的标准。[①]

## （五）从机械传播转向人机交互应用

在一般认识里，机器人接收人类向他们发出的单向度的指令，处理着

① 吴锋：《发达国家“算法新闻”的理论缘起、最新进展及行业影响》，《编辑之友》2018年第5期。

海量的数据，面向受众时也只能根据事先设计好的程序进行生硬的机械传播。而随着自然语言识别技术、交换传播技术的发展，弱人工智能逐渐向强人工智能转变，人机交互式体验传播得以实现，写稿机器人不再停留在给记者当助理的阶段，而是与记者一同采访、写稿、主持新闻节目。近两年来国内外推出的Sophia、Totto、Elika、新小浩、新小萌等一系列“AI合成主播”，就是典型的全境化新闻生产的应用，人机协作共同提升了新闻传播的效率。

2018年3月在李克强总理做政府工作报告时，新华社首次把情感交互技术应用于时政新闻领域，通过“Star”生物传感智能机器人，生产出国内首条生理传感新闻。“Star”生物传感机器人与其他写稿机器人不同，它最大的特点是“有感而发”，可以在大会期间实时捕捉、收集观众们的体验信号及情绪变化，通过人机交互等技术转化为数据后再通过算法分析出“最兴奋”的瞬间、画出“情绪曲线”，最终完成新闻报道。[①]“Star”的出现预示机器新闻今后会深入与用户体验相关、人机交互相关的各领域报道中。此外，新闻聊天机器人也在人机交互方面取得了长足发展，采用多媒体互动叙事方式，通过算法精准描绘用户画像，向用户提供多模态的新闻文本，将深浅内容的选择权交给了用户，更好地将内容融入用户的碎片化时间，让用户体验到沉浸式阅读的快乐。

## 四　未来中国机器新闻发展的思考

对于中国机器新闻来说，2018年新闻技术取得了不错的发展，接下来要考虑如何以保障数据安全、明辨信息真伪为切入点，建立并完善相关的法律法规、制度、机制等，以更好地推进机器新闻技术的革新、产业的发展及人机的“共融”效应。

---

① 黄楚新、张露引：《报道技术与手段的再升级——2018两会新媒体报道观察》，《新闻战线》2018年第7期。

### （一）保障数据安全

在“万物互联、万物皆媒”的时代下，万物都可以被“数据化”，每位用户在购物、搜索信息、浏览视频、网上社交、打车等场景下所从事的各种活动都能够被量化、被数据化，然后被传送到云端程序上进行数据化联络。写稿机器人在进行写作时，一个重要环节就是基于海量数据进行精准抓取，因此，数据成为机器新闻的重要基础条件、成为一种重要的生产要素。写稿机器人的写作质量与水平更多地取决于数据的数量和质量，谁掌握了更多的数据、更有质量的数据，谁才能掌握未来发展的主动权。

媒体如果没有了数据就意味着今后发展缺乏基础条件，难以支撑下去，所以对于数据资源的抢夺将会更为激烈，且少数拥有大量资金和强大技术实力的媒体机构有可能形成“数据寡头”，带来数据垄断，不利于数据的开放共享。因此，要促进机器新闻进一步发展，避免数据寡头带来的危害，亟须建立和完善相关法律法规及行业技术标准、开放共享数据库来保障数据的共享与安全，推动数据多维度发展，为机器新闻写作提供丰富而权威性强的数据。

### （二）明辨信息真假

传播学中最重要的理论就是“把关人理论”，不管是人工写稿还是机器写稿，对稿件的把关绝不能放松。机器新闻的广泛应用，在给人们带来便利的同时也在一定程度上存在抓取虚假信息的危险，为虚假消息的传播推波助澜，因此，未来要积极落实新闻事实核查工作。

麻省理工学院 CSAIL（计算机科学与人工智能实验室）和 QRCI（卡塔尔计算研究所）2018 年就开发了一款可以识别虚假新闻来源或将不可信赖的新闻信息自动分类的 AI 系统。主要开发者 Ramy Baly 表示，系统可自动抓取来自 Media Bias/Fact Check（MBFC）的数据，通过查阅 150 篇文章来确定是否可以信任某一新闻来源后，即可在假新闻被广泛传播之前第一时间发现它，并停止其虚假传播。目前该系统在检测新闻来源是否具有高、低或中等水平的“事实性”时准确率可达到65%。[①] 另一款名为“初稿”（First Draft）的系统致力于打击世界各地错误信息的事实核查新闻联盟，目前已开发出一种技术，可以快速、广范围地追踪和发掘媒体上的虚假、误导、混淆的信息。该系统可以通过发布研究报告、面向记者、媒体工作人员提供媒介素养培训，通过让他们了解最新的新闻核查技术等方式来帮助各国政府和民众来识别什么是不可靠的信息，进而抵御虚假新闻的进攻。[②] 英国独立事实核查机构2018年为记者和新闻事实核查人员开发“Live”来实时跟踪并核查电视节目的字幕，开发“Trends”动态追踪核查技术来降低信息源的错误率。

此外，国外科技企业也积极研发将区块链技术应用于新闻事实核查当中。Eyeo公司已经研发了一款浏览器扩充工具“Trusted News”与四个事实核查机构PolitiFact、Snopes、Wikipedia以及Zimdars合作，对网站上新闻来源的真实性与可靠性进行评分。根据内容的可信度分为“可靠、未知、靠不住”三种标示和五种特殊图示，“讽刺”用蓝色来标记、“偏见”用橘色来标记、“恶意网址”用红色X来标记、“标题党”（Click Bait）用红色C来标记、“用户生成内容”用灰色U来标记。

在鼓励多主体参与验证新闻事实核查的任务方面，除了Eyeo公司以民主的方式评估在线新闻来源的可信度，发布MetaCert代币来奖励提供有效反馈的用户之外，Augur公司也会向普通读者支付“REP”代币，来鼓励公众加入新闻事实核查的行列，拥有越多虚拟代币的记者和新闻机构的报道可信度越高，这样有利于每个人都朝着真相的方向努力。在没有权威机构参与的弱环境下，通过非对称加密技术能形成一个去中心化的可靠、透明、安全、不可篡改、可追溯的分布式数据库，各方无须建立信任即可就一个真实来源达成共识，大大降低信用成本，为媒体今后重建受众信任提供了一种新思路。

① 《MIT推出新闻鉴别AI系统》，前瞻网，https://t.qianzhan.com/caijing/detail/181008-9e7221ad.html。

② 《尼日利亚媒体团结一致在2019年选举前打击假新闻》，中华人民共和国商务部，http://www.mofcom.gov.cn/article/i/jyjl/k/201811/20181102810871.shtml。

因此，我国也将会加入打击虚假新闻的全球性战役中，加强对虚假信息的监控和治理。为确保新闻的真实性，整合资源利用区块链技术核实机器写作文章引用数据，调整机器新闻的形式与内容错误、修辞问题，进而对新闻事实进行严格审查。

### （三）人机共融凸显

人工智能技术进入传媒业后，不仅没有取代人工写稿员、记者及其他媒体人员，反而成为一种辅助工具提升了写稿效率和稿件质量，把人们从低水平、单调、重复的工作中解放出来，有时间和精力去深入挖掘和思考事件背后的新闻线索，从而完成更复杂的深度报道。路透社启用的名为“Lynx Insight”的编辑工具就很好地诠释了人机协作、人机共生的工作关系，形成了传媒业全新的业务模式，推动了行业进一步发展。这款工具根据机器与人的擅长领域不同而进行了分工，数据搜集、分析、整理、识别等工作交给机器去做，问题的构想与设置、上下文表达逻辑与润色交给人工来完成。在人工休息、换班或者思考的时候，该工具就可以基于自己深度学习和数据挖掘的技术搜寻有趣的新闻选题提供给人，由人来决定要不要报道、要不要深入分析并采访，系统还可以写出可视化的内容以便对记者所写的稿件补充一些可视化数据或文本。由此，我们看到这种稿件撰写完成的过程，表现出了明显的人机共融，可以极大地提高新闻生产力。有了人工智能的辅助，记者或媒体人员一方面要花精力引导智能技术在新闻实践中的应用，另一方面要积极顺应新闻技术发展带来的时代要求，努力提升自己运用科学技术的素养。

从初期人机分工，即人工与机器界限明显的分工，到人机协作，即计算机辅助人工完成稿件写作，再到人机共融，即两者都基于一个媒体人工智能平台来施展各自才能，在这个平台下可以优化新闻从业者与机器协同工作的生态，激发真正的“融合效应”，我们可以看到机器新闻未来仍会在技术层面上不断突破，人工与机器将逐步朝相融相生的趋向发展，新闻从业者与人工智能的融合与碰撞将在深度、事实核查、情感等维度上创造诸多新的可能。

# B.5 移动新闻客户端产品发展报告（2018～2019）

冷莹莹*

**摘　要：** 2018年，中国移动新闻客户端用户规模接近上限，各大平台深耕存量用户，移动资讯行业继续保持“两超多强”格局，“马太效应”进一步增强。随着媒体融合向纵深推进，传统媒体移动新闻客户端创新升级，成为融合发展的重要突破口。这一年，中国互联网监管力度空前，移动资讯领域也全面迎来规范化发展的全新契机。各大内容平台更加注重平台生态建设，围绕各自资源优势与平台特色，分别在内容生态、粉丝生态和运营生态方面进行差异化打造，总体上呈现出回归用户价值、坚守社会价值、创新科技价值的年度特征。在全媒体不断发展的背景下，移动新闻客户端呈现出深度融合、5G视频化和人本主义的发展趋势。

**关键词：** 移动新闻客户端　内容平台　媒体融合

## 一　移动新闻客户端的发展现状与变革

### （一）移动新闻资讯领域“马太效应”增强

CNNIC 第43次《中国互联网络发展状况统计报告》指出，2018年中国

---

* 冷莹莹，新闻学硕士，厦门工学院文化与传播学院讲师，福建省高校人文社科研究基地未来媒体发展研究中心研究员，主要研究方向为网络传播、新媒体发展等。

网民人均周上网时长为27.6小时，相比2017年，提高了0.6小时。移动网民经常使用的各类App中，网络新闻类应用使用时长占比为5.8%，列第7位，排在即时通信、网络视频、网络音乐、短视频、网络音频和网络文学之后，网络直播、网络游戏和网络购物之前。由此可见，新闻资讯仍然是互联网最热的赛道之一。①

我国网民总数已达8.29亿，网络普及率为59.6%，其中手机网民8.17亿人。根据表1、表2相关数据可知，中国网络新闻用户规模和中国移动网络新闻用户规模仍在持续增长，不过新闻资讯类App用户规模已经接近上限，即将达到饱和状态，且网民使用率近年来均呈下降趋势，移动资讯行业增长空间愈发有限。

根据QuestMobile TRUTH中国移动互联网数据库2018年12月统计数据，移动资讯新增用户主要集中在腾讯新闻、今日头条、新浪新闻、趣头条、一点资讯等平台，这些平台均归属移动新闻客户端第一梯队和第二梯队。此外，今日头条在用户黏性方面遥遥领先，百度则成为资讯信息流平台日均活跃用户数最多的App，我国移动资讯行业继续保持“两超多强”格局。基于头部移动新闻客户端用户重合度加剧，对用户存量的争夺愈发激烈，新闻资讯行业“马太效应”进一步增强。②

**表1　2016～2018年中国网络新闻用户规模**

| 年度 | 网络新闻用户规模(万人) | 网民使用率(%) |
|---|---|---|
| 2018 | 67473 | 81.4 |
| 2017 | 64689 | 83.8 |
| 2016 | 61390 | 84.0 |

资料来源：CNNIC《中国互联网络发展状况统计报告》。

① 《第43次中国互联网络发展状况统计报告》，CNNIC，http：//www.cnnic.net.cn/hlwfzyj/hlwxzbg/hlwtjbg/201902/P020190228510533388308.pdf。

② 《QuestMobile中国移动互联网2018年度大报告》，QuestMobile，https：//www.questmobile.com.cn/research/report－new/30。

**表 2　2016～2018 年中国手机网络新闻用户规模**

| 年度 | 手机网络新闻用户规模(万人) | 网民使用率(%) |
|---|---|---|
| 2018 | 65286 | 79.9 |
| 2017 | 61959 | 82.3 |
| 2016 | 57126 | 82.2 |

资料来源：CNNIC《中国互联网络发展状况统计报告》。

### （二）监管从严，移动新闻客户端全面迎来规范化

2018 年互联网监管主要涵盖内容、短视频、直播、游戏、社交、搜索引擎、电商、金融等多个领域，其中内容和“泛娱乐”方向是监管重点。随着《关于进一步规范网络视听节目传播秩序的通知》《中华人民共和国英雄烈士保护法》《关于加强网络直播服务管理工作的通知》《具有舆论属性或社会动员能力的互联网信息服务安全评估规定》等多部互联网监管新规相继出台，涉及移动资讯行业网络治理的法律制度和执法规范得到了进一步充实和保障。

2018 年，在内容监管领域最引人注目的要数“4 月监管风暴”。2018 年 4 月，今日头条沦为低俗内容重灾区，各大应用市场纷纷下架今日头条客户端，今日头条旗下“内涵段子”客户端则永久关停。凤凰新闻、网易新闻和天天快报三款新闻资讯类 App 也在监管风暴中遭到下架处罚。以凤凰新闻为例，自 2017 年以来，其始终处于政策监管的风口浪尖，多次遭到监管部门的约谈和惩处。2018 年 9 月，凤凰网部分频道、凤凰新闻客户端及 WAP 网站因传播违法不良信息、歪曲篡改新闻标题原意、违规转载新闻信息等问题，再次被北京市网信办约谈，责令其立即停止违法违规行为，全面深入整改。随后，凤凰新闻客户端 App、手机凤凰网及相关频道在 2018 年 9 月 26 日 15：00 至 10 月 10 日 15：00 停止更新，进入全面整改状态。

人民网舆情数据中心认为，2018 年互联网治理在全球范围内普遍趋严，如 Facebook 深陷数据泄露丑闻、Google 在数据和隐私方面遭受美国参众两院质询。国内方面，从监管数量、监管频次和监管力度上看，大批移动资讯

平台、短视频内容平台被勒令整改，甚至直接下架，中国的互联网监管力度空前，内容平台迎来网络监管工作的常态化。据不完全统计，2018 年以来网友关注度较高的互联网监管、媒体监督案例共有 117 起，平均 9.75 起/月；开展专项整治行动、发布相关通知 22 次，平均 1.83 次/月；部分互联网平台、账号轻则被下架、暂停频道更新，重则永久关闭下线。[①]

公众不是信息消“废”者，监管部门对网络内容平台的一系列管控措施，显示出壮士断腕的决心，移动资讯行业也全面迎来规范化发展的全新契机。

### （三）移动新闻客户端成为媒体融合发展的重要突破口

推动传统媒体转型升级发展，加快媒体融合向纵深推进，提升主流媒体的传播力、引导力、影响力、公信力，形成网上网下同心圆，是各大传统媒体面临的重大紧迫课题。当前，全国媒体融合工作正处于从“相加”向“相融”加速奔跑的关键阶段，坚持一体化发展理念、坚持移动优先战略、坚持内容为本、坚持创新融合等成为传统媒体推动媒体融合向纵深发展的战略统筹和规划引领。

在中央主要媒体的实践探索下，省级和地方传统媒体着力构建载体多样、渠道丰富、覆盖广泛的移动传播矩阵，力争成为拥有报纸、杂志、网站、网络电视、网络广播、电子屏、户外大屏、手机报、微博、微信、客户端等多样化媒介渠道与内容形态的媒体平台。移动新闻客户端成为传统主流媒体贯彻移动优先战略、进行创新融合的重要支撑点。

结合“中央厨房”建设工程和采编发流程再造任务，传统主流媒体通过内容创新、形态创新、话语体系创新、产品创新、技术创新等，将资源、技术、力量向移动新闻客户端倾斜，大力发展移动新媒体，推出一系列融媒体拳头产品。在融合发展中，传统主流媒体极力克服移动新闻客户端在早期运行中的体制机制弊端、思维固化、内容同质化、创意匮乏等缺陷，全力提

① 《2018 年互联网监管舆情态势分析报告》，红网舆情，http：//yuqing. rednet. cn/article. asp? id = 317780。

升移动新闻及服务产品质量，重点在“准”“新”“微”“快”上下功夫，实现内容形态的移动化、可视化和社交化。拓展原创内容、自制节目的互联网传播渠道，持续加强与中央级主要媒体、区域性媒体、高校科研院所、商业平台的合作，进行融合互动的创新实践和有益探索，实现全网快速传播。加快现有技术应用，积极构建自主可控的技术支撑体系，在已经出现的用户画像、场景匹配、人工智能等技术基础上，加快适用于目标用户信息需求的个性化分析、即时推送、机器人写作等技术应用；紧盯移动技术前沿，密切关注5G传输、全息投影、增强现实、物联网、可穿戴设备等发展动态，谋划和布局未来移动传播终端。

## （四）打造移动资讯平台新生态

2018年，以腾讯、新浪、网易为代表的传统门户，以今日头条为代表的算法聚合资讯平台和传统主流媒体新闻客户端，都更加注重平台及平台生态的建设，围绕各自资源优势与平台特色，分别在内容生态、粉丝生态和运营生态方面进行差异化打造。

一是净化内容生态。以传统门户和算法聚合资讯平台为代表，其在互联网内容平台发展初始阶段，内容生产者由传统媒体向PGC、UGC、PUGC等多种主体转变。因较低的创作门槛、宽松的审核准入机制，平台内容池以较高的流量红利吸引了大量内容生产者进入。移动资讯平台在流量为王的单一逻辑下野蛮扩张，在激烈的市场竞争中，将媒体责任让位于商业利益，大量虚假、低俗、色情、暴力等不良信息充斥平台，网络自制内容狂打擦边球、“标题党”频现。随着互联网内容生态圈日益发展，一方面政府监管力度不断强化，另一方面广大网民信息消费升级，人们对媚俗、猎奇、恶搞等内容日益不满，内容平台面临来自政府、用户和市场的筛选压力，移动资讯行业的粗放式增长难以为继。

为实现长远发展，2018年各大移动资讯平台将流量导向转变为价值导向，普遍加强自律意识，积极主动承担起内容平台管理主体责任。依据国家相关法律法规和平台运营规范，通过调整算法推荐机制，强化审核体系，打击违法违规账号，以确保优质内容优先呈现，构建出绿色、健康的内容生态环境。

二是深耕粉丝生态。基于高精准匹配用户需求的目的，部分移动新闻客户端强化社交功能，将算法推荐和社会关系相结合，开启从智能分发转向智能分发与粉丝分发相结合的“智能社交”时代。如今日头条，曾推出“千人百万粉计划”和“微头条”“悟空问答”两款产品，着重探索智能社交的推荐方式，这一方向和战略延续到了2018年。根据今日头条方面数据，其平台拥有100万以上粉丝账号超过800个，50万以上粉丝账号2400个，10万以上粉丝账号1.5万个，粉丝生态已初步形成。① 不过，2018年7月，拥有算法技术支撑，流量、资金支持的“悟空问答”并未达到预期成效，被并入“微头条”。尽管如此，今日头条表示仍将深耕粉丝生态，将流量向粉丝倾斜，同时完善粉丝变现工具，帮助优质创作者进一步提升影响力和商业价值。

三是培养运营生态。平台内容供给侧从“量的增加”转为“质的提升”后，垂直化运营、精细化运营成为必然。各大移动资讯平台深耕多个垂直领域，大力扶持各领域头部作者，进一步充实平台上的优质内容，并注重内容调性打造，实施差异化竞争。盘点整合平台资源，打通全平台联动体系，打造“订阅+垂直化推荐”机制，实现优质内容的多渠道分发和重点曝光。凭借丰富的平台资源以及大数据技术优势，各移动资讯平台在内容生产、内容分发、账号管理等方面，深度扶持内容创作者，为用户提供多元化内容体验，共同推进行业良性发展。此外，通过采用“有趣且有利”的运营机制，激励用户自发进行社交分享以实现裂变增长，如答题赢现金、签到领红包、步数赚钱、阅读奖励、邀请好友、裂变红包、积分兑换、趣味测试、开宝箱分享、新闻分享赚钱、唤醒好友等。不过，平台内容质量参差不齐，有些平台花样推广、诱导分享背后隐患突出，并有刷屏扰民之嫌。

---

① 《直击今日头条生机大会：生态升级，多元手段服务优质创作者》，速途网，http：//www.sootoo.com/content/677899.shtml。

## 二　移动新闻客户端年度特点分析

### （一）回归用户价值

1. 理性

流量红利消退之后，内容平台同质化严重、优质内容稀缺等问题浮出水面，在政策监管和行业竞争的双重影响下，内容分发行业环境发生巨大变化，开始逐渐步入下半场。2018 年，各平台与内容创作者的合作仍是重要方式，但“砸钱挖作者”的粗放模式逐步降温，不再以烧钱、补贴大战等激进方式开拓市场，内容生态建设开始回归理性。“数量”“流量”转向“质量”“价值”，单纯提供收入分成、补贴转向收入分成、助力内容创作、品牌打造等相结合的赋能模式，为内容创作者建立更良好的创作环境，提供更加多元化的变现模式愈发受到重视。

2. 下沉

一是继续下沉城市用户。据 QuestMobile GROWTH 用户画像标签数据库 2018 年 12 月的统计数据，中国移动互联网活跃用户中，三、四线及以下城市月度活跃设备数达到 6.18 亿，比一、二线城市多出 1.05 亿，整体占比达到 54.7%。在下沉市场找到资讯内容风口的趣头条等移动资讯 App，在 2018 年继续大量收割三、四线及以下城市用户。2018 年第四季度，趣头条月活用户数达到 9380 万，同比增长 286%；平均日活用户数达到 3090 万，同比增长 224%。趣头条 2018 年营收同比增长高达 485%。[①] 庞大的下沉市场用户群、快速的用户增长，引来腾讯、阿里巴巴、京东纷纷入局趣头条，同时也成为移动资讯平台商业化变现的探索实践。

二是下沉平台中腰部账号。当下，内容平台流量被头部创作者垄断，尾

① 《巨头的“下沉焦虑”：腾讯、阿里、京东纷纷入局趣头条》，新浪科技，https：//tech.sina.com.cn/i/2019-04-25/doc-ihvhiqax5061388.shtml。

部内容质量欠佳，中腰部创作者力量薄弱。面对行业现状，能否在算法推荐与社交分发途径之外，探索出内容平台的第三条道路。2018 年 4 月，基于中腰部账号的数量及活跃度才是平台核心竞争力的理念，网易号发布“万人千 VV 计划”及“万人万粉计划”，大力扶持中腰部短视频账号，为中腰部创作者“吸引粉丝、获取流量、赢得变现”提供更多可能性。网易号对中腰部账号的定义是：月总 VV（Video View）位于 10 万 ~50 万区间，粉丝数量在 10000 ~50000 区间内的短视频创作者。其目标是让每一个优质账号都能较为均衡地享受平台流量。

3. 新蓝海

在融合发展的战略布局中，以传统主流媒体为代表的移动资讯平台，正全力进行内容生产供给侧结构性改革。为加快适应分众化、差异化传播趋势，探索新型内容生产方式，改变凭感觉与经验进行策划与组织信息生产，传统主流媒体以移动新闻客户端为主要切入点，着力打造集新闻、政务、党务、民生、社区、舆情等于一体的内容生产新蓝海、新领域，“新闻 + 政务 + 服务”的平台新模式将成为党媒融合的主要通道。

## （二）坚守社会价值

1. 构建“党媒算法”

算法对移动资讯行业来说是一场革命，其去中心化模式颠覆了原有的一对多传播形态，基本上已经成为各个平台的基础能力。但是，算法革命只进行了一半，在算法的裹挟下，用户深陷“信息茧房”，真正有价值的内容被标题党、鸡汤文等乱象驱逐。算法是一种工具，指导算法的是价值观，算法革命的下半场就是要构建符合社会主义核心价值体系的“价值观算法”。价值观怎么体现，即在算法推荐中，以社会价值和用户价值为指引，打造平台、用户、内容创作者、社会等多方共赢局面。一方面传统主流媒体积极参与构建网上内容生态，提出“党媒算法”，另一方面互联网商业平台采用“人工 × 智能”的方法，寻找个性化推荐与普世内容的平衡点。

2018 年 6 月 11 日，定位于全国移动新媒体聚合平台的“人民号”上线，这是人民日报新媒体尝试平台化的新探索，也是人民日报推动媒体融合、构建主流价值引领的新媒体生态的新尝试，同时也在国内首次提出“党媒算法”这一概念。[①] “党媒算法”的运作逻辑是不排斥算法逻辑，但又完全不同于商业意义上的算法推荐。“党媒算法”坚信主旋律和正能量更有生命力，坚决反对低级的、失序的、带血的流量，将算法赋予党媒的主流价值观，构建主流价值引领下的良性传播生态。

各大互联网商业平台，也加强了算法的价值观引领作用，组建人工标注团队，训练机器进行学习；纷纷扩充人工审核队伍，“7×24 小时”不间断监控、审核，营造符合社会主义核心价值观的正能量；组建专家顾问团，加强外部监督。一系列“人机结合”方式，织密了信息过滤网，更好地净化了内容生态。

2. 流量服务社会

从全球范围来看，以社交链接、技术驱动、资本创新为主导的平台媒体日益成为主流平台。伴随着平台媒体化和媒体平台化的趋势，新闻和非新闻类内容的界限更加模糊，媒体行业的边界正在慢慢消融。对于平台来说，流量不仅仅代表用户基数、市场占有量和商业变现能力，流量的背后是用户，是连接的能力，是改变的力量，比如通过流量可以宣传城市形象、科普文化知识、助力脱贫攻坚等。

以今日头条为例，“头条寻人”是一个帮助寻找走失者的公益项目，从 2016 年 2 月到 2018 年 12 月 24 日，该项目共发出 5 万多条寻人信息，帮助 8000 个家庭实现团圆。基于互联网思维，项目主要依托地域精准弹窗技术，包括人脸识别、利用 AI 算法生成寻人视频等，免费帮助社会上各类家庭寻找走失的家人。“头条寻人”先后与民政部、公安部、救助管理机构、医疗机构、新闻媒体、志愿者组织达成合作，陆续发起了“两岸寻亲”“无名患者寻亲”“寻找革命烈士后人”等多元化公益寻人项目，升级成为国内最大

① 《卢新宁：人民日报为什么要办“人民号”?》，人民网，http：//media. people. com. cn/n1/2018/0612/c40606－30051403. html。

的公益寻人平台之一。把流量、技术和产业、社会等元素有机结合，积极回馈社会，是移动互联网资讯平台在实现商业价值之外，与社会良性互动，体现社会价值的重要方式。

## （三）创新科技价值

1. 技术赋能创作大脑

2018 年官媒发挥“头雁效应”，成为人工智能应用急先锋，成功地将人工智能应用于内容生产、分发和宣传等领域。

早在 2017 年 12 月 26 日，中国第一个媒体人工智能平台“媒体大脑 1.0”由新华社正式上线。2018 年 6 月 13 日，新华社向全球发布“媒体大脑 2.0”——MAGIC 智能生产平台，命名来自“MGC”（机器生产内容）和“AI”（人工智能）的组合。MAGIC 平台类似一条零部件生产组装流水线，新闻内容被自动拆解为细分颗粒，并可以重新组装。通过这一操作方式，MAGIC 将帮助内容生产机构大幅度提升创作效率，极大地丰富媒体内容。2018 年 12 月 27 日，新华社发布中国第一个短视频智能生产平台“媒体大脑·MAGIC 短视频智能生产平台”，这是中国媒体史上首个利用人工智能技术完成对图像、文字及音频筛选和重组的平台。平台由数据工坊、媒资平台、生产引擎、主题集市四大智能设施构成，集纳了多项人工智能技术，如自然语言处理、计算机视觉、音频语义理解等。从互联网技术追随者到技术领跑者，中央主流媒体利用前沿技术构建起新型竞争壁垒。

2. 智能审核监管手段

移动互联网时代，海量内容创作的快速增长，给内容识别带来很大挑战。在监管力度不断加大的背景下，各大平台纷纷扩充人工审核力量，提升审核效果和效率，但鉴于平台自身技术限制和人工高成本，内容平台的自我监管效果有限。随着 AI 技术的快速发展，人工智能被各大平台作为重要辅助手段引入审核体系。目前，科大讯飞、阿里云、腾讯云、百度云、华为云、网易云安全、人民网等众多第三方内容审核技术支持企业，面向广大内容平台提供文本审核、图像审核、语音识别、视频内容审核、色情图片识别、暴恐内容识别、垃圾广告过滤、恶意言论过滤、涉政识别、自动屏蔽、自动替换等系列服务。

不过，人工智能开展审核工作目前还存有难点，比如识别“内涵色情”、道德审判等，需要语义联想能力，对机器学习要求很高，尚未成熟的人工智能短时间内无法超越人工。又如分辨口头语，相比规范的书面语，口头语较随意且变化形式大，识别难度高。

除了第三方智能审核服务提供商，对于具有技术优势的内容平台，通过创新治理理念，推出了帮助用户检测低俗等不良信息的工具。2018 年 4 月 8 日，国内首款人工智能反低俗小程序“灵犬”正式上线，只需要一段文字或文章链接，就能检测内容健康指数，并返回鉴定结果，包括：是否可以获得算法推荐，是否需要引入人工判断等，创作者可根据鉴定结果来修改文章或标题。[①]“灵犬”基于人工智能模型的训练路径，通过“收集数据—标注样本—训练模型”，会变得越来越聪明。2019 年 2 月 20 日，今日头条宣布“灵犬”全面升级，除了反色情低俗，还加入了反暴力谩骂和反标题党能力，检测服务已覆盖主要低俗低质内容类型。“灵犬”面向用户开放，发动创作者和用户参与、汇聚网民力量打击低俗。其后，凤凰新闻也上线了“风眼”反低俗助手。

人工智能反低俗模型体现了内容平台的责任担当，最关键的意义是，相比于“举报—受理”的事后监管模式，“灵犬”“风眼”等将低俗信息筛查环节前置，大批不良内容能在发布环节前被屏蔽掉，在一定程度上提高了审核效率，降低了人工成本，成为内容平台审核机制的重要一环。

## 三　移动新闻客户端发展趋势

### （一）趋向深度融合

互联网是信息社会先进生产力的代表，网络信息技术革命改变了世界的

① 《今日头条搞了条“灵犬”实验发现这条狗嗅觉还真灵敏》，光明 IT，http://it.gmw.cn/2018－04/02/content_28194210.htm。

生活方式、生产方式与生存方式，深刻影响着社会发展进程和人类文明进步。传统媒体从“你就是你、我就是我”，到“你中有我、我中有你”，再到“你就是我、我就是你”的媒体融合形态不断转变，媒体传播发生了破茧成蝶的质变。2019 年 1 月 25 日，中共中央政治局就全媒体时代和媒体融合发展举行第十二次集体学习，中共中央总书记习近平在主持学习时强调，全媒体不断发展，出现了全程媒体、全息媒体、全员媒体、全效媒体，信息无处不在、无所不及、无人不用，导致舆论生态、媒体格局、传播方式发生深刻变化，新闻舆论工作面临新的挑战。移动新闻客户端作为传统主流媒体融合发展战略的主要切入点，也正不断呈现出“四全”媒体形态。

全程媒体：主要指全过程和全流程两个方面。一是新闻事件突破时空限制，无时无刻不处在传播链条中，报道趋向“直播化”；二是新闻机构重构采编发流程，建立“由快到深”的全流程跟踪报道与用户互动反馈机制。

全息媒体：移动新闻客户端内容表现形式不断丰富，图文、图表、声音、视频、直播、H5、动漫、小游戏、表情包、弹幕、无人机航拍等多种媒体表现手段得到广泛应用，立体化呈现信息内容，实现了内容产品从可读到可视、从静态到动态、从一维到多维的升级融合。此外，从技术层面来看，用户沉浸式体验进一步优化，语音、视频、动画、VR、AR、数字化模型、卫星模型等可视化交互手段对事件现场进行虚拟重构、多元解读。未来，移动新闻客户端将根据场景的不同，创新叙事方式，为用户不断探索和过滤出更加高精度、易认知的体验和服务。

全员媒体：移动传播时代，人人都有麦克风，一个手机就能构成一个传播平台，用户在新闻选择中占据着越来越大的主动权。移动新闻客户端正努力实现内容生产主体的多元化，不断探索实践“多向互动”，加强平台社交内容建设，增强服务性、贴近性、及时性和互动性。特别是传统媒体，努力突破以往“我写你看”“我说你听”的一对多单向传播格局，转向多对多交互传播。各大互联网商业平台和传统主流媒体都在努力将社群互动与应用平台、舆情信息服务、政务服务等打通，提高整合社会资源进行内容生产与传播的能力。

全效媒体：通过大数据、人工智能、算法推荐等技术加持，移动新闻客户端以用户为中心，对用户进行精准画像，实行差异化、分众化、圈层化传播，高度注重用户行为与信息反馈，及时对内容生产进行调整，提升个性化生产、可视化呈现、智能化推送、互动化传播水平，以增强内容传播效果，实现信息传播的精准度与有效性。作为信息平台，移动新闻客户端突破单一功能尺度，集成了内容、信息、社交、政务、党务、服务等多种功能，成为社会信息“枢纽”。

当前内容产业已经进入下半场，头部效应在平台内更为显著。对于传统媒体来说，融合发展需要统筹处理好传统媒体和新兴媒体、中央媒体和地方媒体、主流媒体和商业平台、大众化媒体和专业性媒体的关系，形成资源集约、结构合理、差异发展、协同高效的全媒体传播体系。对于商业平台来说，加强与传统主流媒体各方面合作，有助于扩展传播渠道，借助传统媒体的权威性和公信力，提升平台影响力。如百度百家号致力于引导优质内容创作和分发，通过与人民日报社、新华社、北京日报社、澎湃新闻、新京报等媒体机构达成深度合作，在内容、产品和技术层面共同探索媒体新生态，联合扩大优质内容平台及权威主流媒体的行业示范效应和传播影响力，推动整个内容行业良性、健康、高质量发展。

### （二）5G视频化趋势

2018年末，国内三大运营商获得全国范围5G中低频段试验频率使用许可，2019年将成为中国的“5G元年”。4G改变生活，5G改变社会，世界将进入万物互联的高速移动时代，媒体传播亦将发生颠覆性变革。首先是传播场景变革，随着信息带宽的极大拓展，超高速、大容量、低时延、移动性更强的内容制作和传播将不再受到时间空间的场景限制，“无时无刻”“无所不传”，信息形态将更加多元。其次是信息终端变革，未来媒体是超媒体，除了手机、电脑外，无人驾驶汽车、智能眼镜、智慧家电等将成为新兴媒体终端，信息产业类型将更加复杂。最后是信息传播形态变革，图文为主的信息产品将难以满足用户需求，适应超高清、虚拟现实等技术变革的媒体将走上时代舞台。

随着智能手机不断普及、AI 技术广泛应用，新媒体平台正不断走向社交化、视频化和智能化，随着 5G 时代的来临，这些趋势将愈发显著。业界预测，5G 将率先在视频内容消费、产业互联网、远程诊断、物联网、车联网等方面变革用户使用场景，短视频规模将大幅度提升。在未来的新闻表达和传播中，短视频会成为主要载体，移动互联网应用将朝向视频化和超视频化发展。

目前，各大媒体与平台已开始 5G 布局，沉浸式和 AI 媒体等未来媒体已经崭露头角。如从 2015 年起，人民日报就一直探索沉浸式 VR 报道模式，在重大事件报道中渐成行业创新之举。2018 年两会期间，新华社“现场云”3.0 版本发布，可实现即采即拍即传、即收即审即发功能；2018 年 11 月，中国首个 AI 虚拟合成主播正式上岗。2019 年 2 月 19 日，央视新闻客户端推出 VR 频道，荟萃央视新闻 VR 精华报道。万物互联时代媒体必然呈现“全要素”发展趋势，可以预见，随着 5G 技术的全面铺开，移动新闻客户端现有传播模式必将重新建构。

## （三）人本主义

在新闻传播领域，继商品化、市场化以及意识形态化多重挤压后，技术化进一步挑战新闻传播的人文精神空间。流量导向、眼球经济、内容生产低门槛化，使得内容平台充斥着大量不良信息和低质内容，信息的自由流动遭遇各种障碍和困扰。随着互联网开放程度提升，人类自身也开启“数据化”进程，隐私权等公民权益被大量侵犯，“公”与“私”的界限需要重新界定。

回顾历史我们可以发现，文明的主线是能量与信息。当今世界，建立地理连接已不是那么重要，连接不同知识领域的信息孤岛才是推进文明发展的动力。在移动资讯平台从流量追逐向价值导向转变后，媒体的技术属性和社会属性如何平衡，怎样应对科技进步带来的风险和机遇，又该如何在用户价值、平台价值、社会价值层面实现融合，是各大内容平台面临的现实课题。

科技创新是人类进步的要求，通过创新为社会创造价值。“人是技术的尺度”，技术当为解决人类的痛点而生，人类在注重技术驱动的同时，也要避免掉入技术决定论的陷阱。未来，移动新闻客户端的创新首先要有路径指引，即回归用户价值，其中也包括建构媒体自身的“价值观”。以用户为中心，“以人为本”的人性关怀和情感传播才是未来媒体真正的竞争内核所在，人性化趋势将是内容生产与传播创新取得突破的逻辑线索和终极钥匙。

# B.6
# 未来媒体大数据应用发展报告（2018～2019）

罗　惠*

**摘　要：** 2018年，大数据已经全面渗透媒体行业，越来越多媒体机构开始布局大数据产业，与此同时，未来媒体也面临着数据安全与个人隐私问题、“信息茧房”等问题的挑战。作为重要的生产要素，大数据与人工智能、云计算等技术结合越来越紧密，推动着未来媒体朝着移动化、数据化、智能化的方向演进。

**关键词：** 未来媒体　大数据　数据新闻　数据可视化

在大数据、云计算、人工智能等技术不断发展的大潮下，媒体行业正在进行一场重大而深刻的颠覆式变革。在这场变革中，大数据是重要的推动力之一，支撑着未来媒体的发展。

## 一　大数据概述

大数据（Big Data）是什么？关于大数据至今还没有一个明确的定义，各界人士大多从数据特征和数据处理技术方面对大数据进行表述与理解。目

* 罗惠，新闻学硕士，厦门广播电视集团融媒体中心编辑，主要研究方向为新媒体。

前，麦肯锡和高德纳咨询公司（Gartner）对大数据的定义被引用得较为广泛。2011 年，麦肯锡发布《大数据：下一个创新、竞争和生产力的前沿》报告，其中对大数据的定义是：大数据是指其大小超出了传统数据库软件的采集、储存、管理和分析等能力的数据集。① 研究机构高德纳（Gartner）则对大数据定义为：大数据是需要新处理模式才能具有更强的决策力、洞察发现力和流程优化能力的海量、高增长率和多样化的信息资产。② 不管是“数据集”还是“信息资产”，这些定义和理解都是人们对不断变化的数据的一种认识过程。现在，关于大数据的话题大多集中于大数据的应用上，人们更看重大数据所能够带来的价值。

## （一）大数据的特征

2001 年，高德纳公司分析师道格拉斯·兰尼（Douglas Laney）提出大数据具有“3V”［Volume（容量大）、Variety（多样化）、Velocity（高速）］特征，之后随着大数据技术的不断发展，对于大数据的特征不断有人提出了新的见解，“3V”也变成了“4V”（3V 基础上增加了 Value，价值密度低）、“5V”（4V 基础上增加了 Veracity，准确性）甚至是“8V”［5V 基础上增加了 Vitality（动态性）、Visualization（可视性）、Validity（合法性）］。目前，“4V”是广受认可的大数据特征。

1. 数据的体量巨大（Volume）

大数据最明显的特征就是体量大，大大超出了传统数据库工具的处理能力范围。截至目前，大数据的数据量级已经从 TB（1TB＝1024GB）级别跃升到 PB（1PB＝1024TB）、EB（1EB＝1024PB）、ZB（1ZB＝1024EB）、YB（1YB＝1024ZB）乃至 BB（1BB＝1024YB）、NB（1NB＝1024BB）、DB（1DB＝1024NB）级别。大数据的存储往往需要高性能、高吞吐率、大容量

① 麦肯锡环球研究院：《大数据：下一个创新、竞争和生产力的前沿》，《赛迪译丛》2012 年第 25 期。

② 财经智库 CASS：《解读大数据　洞察新价值》，搜狐网，http：//www.sohu.com/a/232633961_807373。

的基础设备。处理庞大的数据集可能需要“在数十、数百甚至数千台服务器上同时平行运行的软件”。IDC 的报告显示，2018 年，中国产生了大约 7.6ZB（1ZB 大约是 1 万亿 GB）的数据，2018 年至 2025 年中国数据量年均增速为 30%，比全球高 3 个百分点，预计在 2025 年中国数据圈将增至 48.6ZB，占全球的 27.8%，成为最大数据圈。①

2. 数据类型繁多（Variety）

人类在生产和生活的过程中总是伴随着数据的生产与使用，数据的类型也随着社会的发展在不断地变化和扩大。今天，我们所谈论的数据不仅仅是指由二维表结构来进行逻辑表达和实现的结构化数据，还包含文字、文本、图片、XML、HTML、各类报表、语音、视频、网页等不定长、无固定格式的半结构化数据和非结构化数据。这些半结构化数据和非结构化数据来自我们的文本文件、电子邮件、网络社交、网站浏览、网络交易、通信记录、出行记录、医疗记录等，也来自监控、卫星通信、导航等机器所产生的数据。随着计算机、互联网、物联网等技术的不断发展，非结构化数据有了爆发性增长，这些非结构化数据所蕴藏的重要价值得以凸显，成了政府与企业重要的数据资源，但如何更有效地管理和使用与日俱增的非结构化数据仍是一个挑战。

3. 速度快（Velocity）

大数据的速度快，涵盖了从数据的产生、采集再到产生价值的整个流程。科学技术的迭代更新促使数据的增长速度、数据的采集速度、数据的存储速度越来越快，与此同时，我们获取数据的速度、处理和分析数据的速度、传播的速度也越来越快。美国第二大无线电广播公司 Cumulus Media 的 Lori Lewis 和 Chadd Callahan 制作的 2018 年《互联网上的一分钟》显示，每一分钟谷歌搜索次数增长到 370 万、Youtube 视频观看次数增长到 430 万、

① 《IDC：预计到 2025 年中国将拥有全球最大数据圈》，新浪财经，http：//finance.sina.com.cn/roll/2019－02－22/doc－ihrfqzka8121586.shtml。

Instagram 发帖量增长到 17.4 万、Twitter 消息发送量增长到 48.1 万……①这些数字告诉我们，人们创造数据、处理数据、传播数据的速度到底有多快。

作为生产、处理、分析数据的主体，速度越来越快才能满足要求。一方面，面临同样的大数据，挖掘价值的效率就是竞争优势；另一方面，数据也具有时效性，是不断变化的，需要进行实时数据流处理，如果数据流转不快、不能及时分析，这些数据也会过期作废。比如在对灾难的预测中，对灾难发生的程度、影响的区域范围等实时数据进行收集处理越快，做到更精准的预测，就越有可能做到减灾防灾救灾赈灾。再以交通为例，得益于技术的发展，现在交通部门获取数据的速度和处理数据的速度已经有了大幅提升，结合实时数据和历史数据，交通部门已经能够及时预测出一段时间内某条道路上的车流量，并及时发布路况信息，对出行者提出出行建议，从而提升交通服务质量。

4. 价值密度低（Value）

虽然大数据是一种信息资产，但大数据并不等同于信息，信息需要挖掘和梳理才能得到。要想在海量的数据中获得有价值的信息就如同浪里淘沙，人们需要在海量数据中挖掘出真正有用的一小部分数据，再通过对这部分数据进行分析和运用才能将数据转化为价值，这是一项极其庞大的工作，这就意味着大数据的价值密度较低。以监控视频为例，在连续不间断的监控流中，有用的数据可能只是一两秒的影像。随着互联网以及物联网的广泛应用，平板电脑、手机、智能可穿戴设备以及各式各样的传感器无时无刻不在采集数据，数据的量只会越来越多，但这并不意味着可从中提取到的有效信息会成比例增长。如何更快速、更有效、更充分地挖掘出大数据的价值，是目前需要解决的难题。

### （二）大数据的意义

人类的社会生产与生活活动总是伴随着数据的使用，挖掘数据的价值，

---

① 资本实验室：《互联网上的一分钟：席卷一切的数字洪流》，搜狐科技，http://it.sohu.com/20180516/n537805929.shtml。

对国家、社会、企业和个人都有着深远的影响。随着信息技术的不断突破，数据量和计算机处理能力都有了爆炸性增长，大数据成为一种新的生产要素和重要的战略资产，数据驱动方法开始被广泛采用，大数据的应用前景越来越广阔，创造了巨大的经济和社会价值。

大数据的重要性不仅仅在于为决策者提供决策支持，更重要的是它还使机器智能成为可能。机器产生智能需要获得信息、得到知识，由于数据量大而且完备，大数据在一定程度上解决了机器获得知识的障碍问题，使机器具有智能成为可能。如今，从学术界到工业界都意识到，实现机器智能需要摩尔定律、大数据、数学模型 3 个支柱。其中，摩尔定律的作用是保证计算机的计算能力和存储能力能够适应解决复杂智能问题的需求；大数据是保证智能性问题能够找到答案的关键；数学模型则是将现实生活中的问题转化成计算的桥梁。① 大数据正在催生一个更加智能的社会。

### （三）2018年我国大数据发展态势分析

随着信息技术的蓬勃发展，大数据已经成为重要的战略性资源，是提升各类机构、企业、国家竞争力的有力武器。目前，政府机构和大型互联网公司是我国大数据发展的最主要推动者。2018 年，我国大数据产业政策持续完善，生态环境不断优化，行业应用不断深入，产业效能不断增强，中国已经进入大数据创新突破与应用落地的发展上升期。

1. 大数据发展环境不断优化

2014 年，我国《政府工作报告》首次提出“大数据”，2015 年，我国明确提出了实施国家大数据战略，从国家层面对大数据谋篇布局。2015 年 8 月，国务院发布了《促进大数据发展行动纲要》，2016 年 12 月，工信部发布了《大数据产业发展规划（2016～2020 年）》，这是目前我国为促进大数据产业发展而出台的两大重要政策。随着这两个重要政策及其他一系列大数

① 《吴军：大数据和机器智能对未来社会的影响》，亿欧，https://www.iyiou.com/p/56581.html。

据相关规划和政策的不断深入和推进实施，大数据发展的政策环境不断得以优化。

2018 年，全国已有 30 多个省市制定了大数据产业相关政策，政策内容已经逐渐从全面、总体规划朝着各大产业、各细分领域延伸，地方大数据产业正迎来政策利好。推动大数据发展也已成为各级政府主管部门的共识，大数据成 2018 年省级机构改革亮点，省级层面已有贵州省、福建省、山东省、浙江省、广东省等十几个地区设立了省级的大数据管理机构。2018 年 4 月 17 日，贵州省获批建设国家技术标准（贵州大数据）创新基地，探索建立大数据关键共性标准，引导国内外企业加强大数据关键技术、产品的研发合作。

在人才培养方面，2016 年，共有 3 所高校获批开设数据科学与大数据专业，2017 年，第二批 32 所高校获批开设此专业，2018 年，共有 248 所学校获批开设此专业，比前两次获批高校数量的 7 倍还多。与此同时，内蒙古农业大学阿里云大数据学院、深圳大学阿里云大数据学院、北京大学健康医疗大数据国家研究院等大数据学院相继在 2018 年成立。据不完全统计，2014 年至 2018 年，全国共有 21 所高校成立大数据学院。这表明大数据产业生态人才培养力度不断加大，培养模式呈现多元化。

2. 大数据产业延续增长迅速态势

2018 年，我国大数据产业发展维持了高增长态势，产业链条加速完善。目前，贵州、京津冀、珠三角、上海、重庆、河南、沈阳、内蒙古 8 个国家大数据综合试验区发展强劲，各综合试验区大数据产业集聚态势初步显现，已形成示范引领效应。京津冀区域、长三角地区、珠三角地区、中西部地区大数据产业区域集聚发展区的发展格局逐步形成，各具发展特色。在政策的支持下，阿里巴巴、华为、腾讯、联想、浪潮、滴滴出行、小米等一批具有创新性、成长力、影响力的中国大数据企业快速崛起，与此同时，中国大数据企业的数量也急剧上升。中国大数据企业在数据采集、数据挖掘、数据分析、数据交易、数据安全、数据可视化、人工智能、数据综合解决方案等领域的布局各有重心，其应用主要集中于金融、营销、交通物流、医疗、教育、文娱等领域。赛迪智库的数据显示，我国大数据核心产业规模 2018 年突破

5700 亿元，预计 2019 年有望突破 7200 亿元，增速将维持在 30% 左右。①

3. 大数据应用不断深化

由于数据形态、获取方式、传输方式、存储方式、处理技术的不同，相比于传统数据，大数据的应用前景十分广阔。近几年，政府机关、媒体、电子商务、农业、金融、医疗、电信、教育、交通、企业制造等领域都已拥抱大数据，运用大数据创造价值、产生效益。2018 年，我国大数据应用不断深化，继续促进各行各业转型升级，大数据与城市建设、互联网、医疗、金融、制造业工业、交通旅游、农业等领域的融合越来越紧密，催生出一大批新产品、新服务、新模式和新业态。例如，政府部门利用大数据进行反腐、查出偷漏税可疑者；传统制造业利用大数据从“制造”升级为“智造”；企业利用大数据对用户进行精准营销；医生利用大数据实施更精准的治疗计划；银行业利用大数据进行信贷风险评估；证券行业利用大数据预测股市行情；我们凭芝麻信用分可以享受免押金骑共享单车的服务……大数据正逐渐渗透在我们的日常生活中，对国家管理、社会治理、经济发展都产生了巨大的影响，深刻改变着我们的生活以及理解世界的方式。据预测，2019 年，大数据最令人瞩目的应用领域是健康医疗、城镇化智慧城市、金融、互联网电子商务、工业。②

4. 数据安全面临挑战

大数据产业快速发展的同时，随之而来的大数据安全与个人隐私保护问题已无法忽视，规范数据管理成为日益重要与紧迫的任务。当前我国个人信息保护形势不容乐观，人们饱受信息骚扰、网络诈骗之苦，Facebook 信息泄露事件、支付宝年度账单事件等不断爆发的数据泄露事件也让人们为自己的隐私而感到焦虑、担忧。

2018 年，我国在数据安全保护方面继续出台法律规章并采取相关行动。

① 《到 2020 年，我国大数据总量全球占比将达 20%》，中国经济网，http://www.ce.cn/xwzx/gnsz/gdxw/201902/21/t20190221_ 31526578.shtml。

② 大数据观察：《【大数据未来】2019 年大数据发展趋势十大预测》，搜狐网，http://www.sohu.com/a/292406805_ 398736。

2018 年 3 月 17 日国务院办公厅印发《科学数据管理办法》；2018 年 5 月 1 日《信息安全技术个人信息安全规范》正式施行；2019 年 2 月 1 日《信息安全技术个人信息安全规范（草案）》面向全社会公开征求意见，此次修订新增了“不得强迫收集个人信息的要求”“个性化展示及退出”“第三方接入点管理”等内容。2018 年 7 月，我国首次开展大数据安全整治工作，具体包括大数据的采集、存储、应用、传输、销毁等全生命周期的监管、安全以及保护等内容。2018 年 8 月 31 日，十三届全国人大常委会第五次会议表决通过《中华人民共和国电子商务法》，自 2019 年 1 月 1 日起施行。《中华人民共和国电子商务法》明确规定，向该消费者提供不针对其个人特征的选项，制约大数据杀熟。2018 年 10 月，由阿里巴巴主导的国际标准项目《大数据安全与隐私过程》获国际权威组织认可，这是首个中国大数据安全 ISO 国际标准立项进入草案阶段。

虽然，目前我国已经出台多项法律规章标准，但数据安全防线尚未筑牢，仍缺乏较为统一的标准和规则，大数据资源开放与共享程度依然很低，公民隐私依旧缺乏有效保护，我国仍面临大数据安全的极大考验。

### （四）大数据赋能未来媒体

当前大数据已经给经济社会发展和人们的思维观念带来了深刻的变革，在大数据的影响下，媒体行业发生了剧烈的变化，而且这种变革还远未结束，大数据将继续推动媒体行业的转型升级，与云计算、人工智能、区块链等新技术一起驱动未来媒体的到来。

未来媒体即未来的媒体，是在大数据、云计算、人工智能、区块链等新技术以及经济社会发展强烈需求的共同驱动下，基于传统媒体与新兴媒体融合发展大趋势，以用户为导向，以数字创意为基础，以互联网为主导，以计算机信息技术为驱动的新型媒介和新型媒介组织。在未来媒体的发展中，数据资源是核心生产要素，是构建智能化的基石。大数据将为未来媒体发展带来媒体理念、媒体生产方式、媒体服务模式、媒体产业布局的突破。未来媒体必然是能够掌握数据资源，会有效使用数据，并懂得发挥数据价值的媒体。

## 二　未来媒体的数据化进程

作为引擎，大数据的深入开发和广泛应用，为未来媒体提供了有利的发展环境与技术保障。近年来，媒体行业通过不断创新、改进、升级，大数据已被充分运用到内容采集、内容生产、内容分发的每一个环节，大数据对选题策划、内容制作、传播、营销等方面的积极价值正在被媒体行业不断挖掘和重视，大数据与云计算、人工智能、区块链等技术已经成了推动传统媒体转型升级的必要抓手。

### （一）大数据全面渗透媒体行业

1. 选题选角更精准

大数据时代，客观、准确、前瞻的数据让选题的价值判断变得更为客观、有效率。相较于传统媒体的人工筛选信息，在大数据技术的支持下，基于对用户近期的关注点、用户的反馈结果以及网络热搜和舆情等海量的、实时数据的分析，媒体工作人员不仅可以获得更丰富、更有价值的新闻线索，进一步拓展新闻深度，还可以迅速判断出用户对热点的追逐情况、更快速有效地挖掘出用户潜在的兴趣点，策划出节目选题并完成节目角色甚至剧本的选取。

以爱奇艺的综艺节目《中国有嘻哈》为例，爱奇艺将数据分析应用在内容生产、推广传播和商业化等各个工作流程中。在内容策划阶段，爱奇艺将题材类型、编剧、导演、主创人员、明星及档期各种维度、数据汇总在一起，作为节目制作前的参考指标，指导节目的策划。吴亦凡作为《中国有嘻哈》的导师、潘玮柏与邓紫棋作为《中国新说唱》的搭档，都是由爱奇艺自主研发的“艺汇选角系统”选出来的。基于爱奇艺 10 万智能明星库的视频数据，利用 AI 大数据分析、自然语言处理技术、计算机视觉技术，“艺汇选角系统”能够精准计算角色与艺人的匹配度。另外，爱奇艺的“IP

价值评估系统”则用来分析 IP 的故事情节，进而帮助企业做出投资决策。2018 年，优酷在春集上推出“鱼脑”“鲸观”等平台。“鱼脑”是 2017 年优酷技术团队构建的“泛内容”大数据智能预测平台，能为内容策划、制作、营销、商业化提供数据参考和支持。根据马伯庸同名小说改编的超级剧集《长安十二时辰》，就是通过“鱼脑”分析了剧本以及潜在主演多维度数据对比，最终确定雷佳音出演张小敬。可以预见，以大数据为基础进行选题、选角将广泛应用于节目的生产制作中。

2. 内容生产智能化

数据资源是构成未来媒体重要的生产要素，也是人工智能发展的先决条件，只有拥有足够多的数据，机器才能进行学习，构建知识图谱。“大数据＋人工智能”的结合也给媒体内容生产领域带来了无限可能。随着大数据、人工智能技术发展的愈加成熟，写稿机器人、机器人记者、机器人主播越来越常见，智能机器辅助人工进行信息整理、内容编写等内容生产方式已经成为趋势。目前，不断壮大的写稿机器人成了媒体内容生产的重要辅助力量。

近几年，能够自动“抓取”海量信息的写稿机器人得到较大发展，速度和数量是写稿机器人的绝对优势。以依托于大数据和人工智能技术的“媒体大脑”为例，“媒体大脑”在 2018 年全国两会时 15 秒就生产出了第一条两会视频新闻；2018 年世界杯期间，最快一条视频生产仅耗时 6 秒，有效地提高了新闻报道的时效和质量。目前写稿机器人主要应用于财经、体育、灾难类的新闻报道中，因为这几类新闻的写作结构有相对固定的标准和模式，需要更改的内容多为数据部分。2018 年 1 月，机器人“小弈”在 GET 资讯 App“上岗”。在“小弈写作”平台上，国际资讯方面的活跃数据横跨两年，整体更是存储了 5 到 6 年的资讯，这也侧面反映了写稿机器人平台背后拥有的海量数据。在新闻资讯写作方面，目前 GET 资讯团队可以做到机器完成 65%，人工完成 35% 的程度。[①] 智能机器加入媒体内容生产，

---

① 《写稿机器人“抢”饭碗？》，“广州日报”百家号，https://baijiahao.baidu.com/s?id=1617506646524438875&wfr=spider&for=pc。

不仅提高了生产效率，还极大地解放了劳动力，使媒体工作者有了更多的精力去做更有深度、更有创意的工作。

3. 数据新闻发展加快

随着数据处理、数据分析和数据可视化技术日臻成熟以及其他科技的迅猛发展，数据新闻的质与量都有了飞跃的发展。交互式图表、3D 地图、游戏……数据新闻在为用户提供信息的同时，也为用户提供了更有趣、更好玩的阅读体验。在国内，财新网、新华网、澎湃新闻、新京报网、网易新闻、FT 中文网、四川在线等媒体早已开设了相关栏目；在国外，《卫报》《纽约时报》《华盛顿邮报》等国际媒体在数据新闻制作上已经积累了一定的经验。经过近几年的发展，中国的数据新闻作品水平有了明显提升，逐渐与国际接轨。

2018 年，数据新闻在全球新闻媒体中快速发展，报道的专业性和技术性凸显，越来越多的优秀的数据新闻作品呈现在我们面前。由全球编辑网络（Global Editors Network）机构于 2012 年设立的全球数据新闻奖（Data Journalism Awards，DJA）是首个表彰数据新闻领域杰出工作的国际专项奖项，至今已经连续举办了 7 年。2018 年全球数据新闻大赛共收到了来自 58 个国家的 630 份参赛作品，比 2017 年增加了 57 件，参赛作品数量达到历年之最。值得一提的是，财新数据可视化实验室获得了最佳大型数据新闻团队奖，这是中国媒体首次在全球数据新闻奖项的评奖中获奖。从全球数据新闻大赛来看，创新的叙事技巧不断涌现，在线交互可视化成为数据新闻的技术热点，越来越多的媒体机构尝试“新闻游戏化”，新闻产品的互动性以及用户阅读数据新闻时的体验越来越受新闻机构重视。

在内容生产探索上，不少媒体尝试将 UGC（用户原创内容）和 PGC（专业人士生产内容）结合生产数据新闻。2016 年，第一财经数据新媒体 DT 财经就发起了“数据侠计划”，“数据侠计划”是将社会上不同领域的数据“大咖”及爱好者集合起来的数据社群，旨在以数据为纽带，以媒体为平台，集聚大数据领域精英，共同挖掘数据价值。2018 年 7 月，澎湃新闻客户端上线全球专业创作者开放平台“湃客”频道，其中一个方向就是数据新闻创新。“湃客”频道下设的数据新闻栏目《有数》致力于连接和扶持具备数据挖掘与可视化能力的创作个体或团体，共同挖掘公共话题中的数据力量。在内容价值探索上，除了提供信息，媒体还致力于让数据新闻体现出社会的公共性，有效服务于政府、市场与公众。例如，《第一财经周刊》旗下的城市数据新闻项目“新一线城市研究所”，就是定位于城市和商业的结合点，运用数据手段参与城市现状分析和未来预测，协助城市的未来建设和提升。

4. 服务个性化更普遍

当前，“以用户为核心”已成为媒体行业的共识，如何深度理解用户，与用户建立有效的“连接”，日益成为媒体关注的重点。大数据时代，每个人都是数据的创造者，每个人的日常行为也都在被“数据化”。对于媒体而言，被“数据化”的用户让媒体比以往更容易、更精准地构建用户画像、深度解读用户。大数据是媒体实现理解和掌握用户特征的基本手段，可以说“以用户为核心”正是建立在对用户大数据的把握和挖掘之上的。通过对用户的网络行为、个人内容偏好、用户交易行为等多维度、多层次数据的挖掘，媒体不仅可以实现个性化服务，优化运营管理，还可以创造新的价值。

在内容分发方面，个性化推荐开创了一种全新的阅读模式，改变了传统媒体“千人一面”的内容分发模式，几乎成了信息平台、搜索引擎、浏览器、社交软件的标配。今日头条 App 就是典型的一款基于海量信息采集、深度数据挖掘和用户行为分析的推荐引擎产品。面对庞大的用户数量和复杂多样的内容，今日头条 App 根据用户浏览行为数据、用户社交行为数据、用户所处环境数据等多种数据，建立了相关性特征、环境特征、热度特征和协同特征四种数据特征，运用了多种模型和算法，为用户推荐了“精准化、个性化、定制化”的信息。作为个性化推荐领域的开拓者，北京字节跳动科技有限公司的成功也引起了各方的高度关注，百度、腾讯、阿里巴巴等纷纷推出竞品。百家号、企鹅号、天天快报、一点资讯、大鱼号、熊掌号等纷纷发力争夺用户，内容分发领域战斗正酣。

精准的用户画像除了能够辅助媒体提供更符合用户需求和偏好的信息和

服务外，还可以辅助媒体提供更加精准和智能化的广告投放。根据对用户的人口属性、行为偏好、消费特征、设备特征等数据的分析，媒体可以精准定向潜在用户，细分广告受众，针对某类人群在合适的时间、地点，以合适的方式进行“一对一”的广告投放，实现更精准的营销服务。在大数据的驱动下，广告投放从粗放走向了精细，实现了更加精准的触达和转化。

## （二）媒体大数据产业化运作

### 1. 开展舆情研究和服务

机器学习是大数据智能分析的核心技术，从实践的意义上来说，机器学习是一种利用数据训练出模型，然后使用模型预测的方法。这就意味着，数据越多，模型的精确性越高，机器学习的预测效果就越好。支持预测和决策仍然是大数据应用的主要形式，越来越精确的大数据预测功能在舆情监测与未来预判方面具有独特的优势。通过对公众言论、事件性质、关联主体等数据的多维度分析，大数据技术能够实时、精准地监测一定时间内事件网络舆论变化并预判事件的未来走势，为舆论引导提供强有力的保障。基于大数据技术，舆情服务从简单的信息收集转向智慧生产，初步具有分析、预测等“智慧化”特征。不少主流媒体看到了大数据在舆情监测方面的应用价值，充分发挥媒体对突发事件、敏锐事件的把握能力，立足媒体定位，主动运用大数据技术进行网络舆情数据挖掘和分析，开展舆情研究和服务，为政府、企业、团体、个人决策提供支持。

从早期的舆情知识普及、分析报告撰写，到中期舆情整体解决方案的提供，再到现在进入数据与智库相结合的智能舆情阶段，人民网舆情数据中心的发展历程生动展现了在大数据时代舆情监测的智慧化转型。2008 年人民网舆情监测室正式组建，为北京奥运会提供舆情服务；2015 年人民在线正式推广大数据业务，成立人民网新媒体智库；2016 年人民网舆情监测室推出大数据媒体融合解决方案——云策，助力传统媒体转型升级；2017 年人民网舆情监测室正式更名为“人民网舆情数据中心”，并启动“人民云开放战略”，推出众云大数据平台；2018 年人民网舆情数据中心成立人民网全国领导干部应急管理演练基地，设立全国第一个舆评中心，并与工信部信息中心、宁夏中卫市签订国家级大数据灾备存储及运用合作协议。目前，舆情数据业务已经成为人民网产业运营中的重要力量，创造性地服务于国家治理与社会需求。

2. 传统媒体布局大数据产品与服务

当前，传统媒体越发意识到大数据的重要性，继续加强对大数据技术的探索，积极利用大数据技术助力转型发展，进行了包括数据新闻与数据可视化、技术平台搭建、与互联网公司合作、提供大数据产品和服务等相关业务的布局。2017 年 7 月，贵州日报报业集团与杭州凡闻科技有限公司合资成立了“贵州日报凡闻大数据有限公司”，面向集团及全省党政机关、各级媒体、垂直行业，提供大数据产品和服务，为媒体内容变现和运营转型进行新的探索。2018 年 1 月，安徽日报和凡闻科技联合打造新闻大数据中心，以大数据核心、云服务模式，提供线索发现、传播监测、舆情分析、专题追踪、热点分析、应急指挥的个性化、可视化、动态化、多样化服务。2018 年 2 月，新华社信息中心与百度百家号进行战略签约，双方将共同探索“内容 + 渠道 + 搜索 + 大数据”的媒体运营模式。南方都市报也于 2 月成立“南都大数据研究院”，研究院有三大块功能职责：一是生产基础产品，包括新闻数据库和行业数据两个领域，二是提供公共支撑，包括技术支持、数据分析、传播等；三是统筹数据产品，对报社的数据项目，进行发掘、培育、遴选、布局，对有潜力的进行孵化推广。2018 年 3 月，湖南广播电视台广播传媒中心与电子科技大学签约共建国内首家广播受众大数据联合实验室——“智慧广播技术研究”联合实验室，致力于围绕广播受众大数据研究及应用、广播新媒体技术创新等领域开展“高校 + 媒体”协同创新，在推动大数据在广播媒体的落地应用方面迈进了一步。2018 年 4 月，中国国际电视总公司与阿里巴巴集团签订技术合作协议，双方将在云平台、大数据、移动客户端、信息化平台建设等方面进行合作。2018 年 9 月，人民网舆情数据中心联合工信部、中卫市政府共同成立人民数据管理有限公司（国家大数据灾备中心），可根据各类大数据应用的业务需要提供云计算、大数据、人工智能平台及数据应用管理平台。

## （三）未来媒体数据化进程中面临的挑战

1. 数据安全与个人隐私问题

大数据应用的基础是对海量数据的采集，随着数据收集技术、数据处理技术、深度关联分析技术的发展，收集和使用用户数据变得更为简单和便捷，但在采集和使用数据的过程中存在数据安全隐患、个人隐私泄露等问题。中国消费者协会于2018年8～10月对10类（通信社交、影音播放、网上购物、交易支付、出行导航、金融理财、旅游住宿、新闻阅读、邮箱云盘和拍摄美化）100款App进行了个人信息收集与隐私政策测评，结果显示100款App中有多达91款App过度收集个人信息。① 除此之外，用户的照片、财产信息、交易记录、上网浏览记录等均存在被过度使用或收集的现象。为追求数据价值的最大化，用户对其个人信息的自决权利被削弱，个人信息被滥用几乎不可避免。此外，大数据资源开放和共享的诉求与个人隐私保护也存在矛盾。各种身份、信用、医疗等数据的互联互通、有效共享，可以给个人带来便利和好处。对媒体而言，在一定程度上开放自身数据库，促进媒体数据库与政府数据库、企业数据库、互联网数据库的流通与共享，可以实现对自身数据库的吸收和补充，实现数据资源使用的最大化，但这也给平衡数据的保护与数据的开发利用带来了新的挑战。

2. 个性化推荐产生“信息茧房”问题

随着算法精确性的不断提高，个性化推荐愈发有效，然而，当用户被算法左右，成为一个被动的信息接收者时，“信息茧房”的问题也随之出现。精心设计的内容分发算法，方便用户从大量不同类型的资讯和内容中找到自己感兴趣的领域，生成自己的“个人日报”，可是，看似更便捷和舒适的个性化推荐机制，让不同兴趣标签下的人不自觉地失去了了解和接触不同事物的机会，深陷个人“信息茧房”之中。身处信息孤岛的人，难以听到不同

① 《App搜集个人信息：100款App中91款列出的权限存在涉嫌“越界”》，百家号，https：//baijiahao. baidu. com/s? id = 1618371364342572745&wfr = spider&for = pc。

的声音，也难以理解并认同其他群体，这也导致用户开始逐渐对重要的公共议题失敏。目前这种所谓的个性化推送也慢慢受到用户厌倦和反感，招致用户的吐槽和不满。在内容分发上，如何减轻“信息茧房”的负面影响，在个性化推荐与传统分发之间寻找平衡点，构建一个优质的内容推荐平台，是一个需要不断改进、优化的过程。

## 三 未来媒体大数据应用发展趋势

### （一）“大数据+5G”：未来媒体更精准高效

随着5G商用步伐的不断加快，5G的热度逐步攀升。作为第五代移动通信网络，5G将大幅提升网络速度，增强网络数据采集和传输的能力，开启万物互联的时代。随着海量设备接入网络，人、物及其相关的数据将呈爆发式增长，而且用户相关数据的维度更多、层次更多，数据传递和反馈也更高效。利用大数据技术，一方面，可以构建出更加真实立体的用户画像，精准洞察与把握用户在不同场景下的需求，从而实现更加精准、高效的个性化服务。另一方面，各种智能终端与传感器采集的实时的、动态变化的海量数据，还可以为新闻生产提供真实性更高、时效性更强的新闻素材，确保媒体实时掌握新闻事件的动态，并在第一时间将最新内容和服务带给用户。

### （二）“大数据+区块链”：共享创造价值

目前大数据存在数据质量低、数据泄露、数据孤岛等问题，而区块链则有望解决这些问题。在区块链的助力下，数据的公开性、安全性将会大幅度提升，数据泄露的可能性会大幅度降低，不同主体间的信息实现共享。在保证数据安全和数据隐私的情况下，数据的开放共享对于未来媒体而言价值巨大。大数据的互通互联，能够有效拓展未来媒体自身的数据源，实现数据资源的重复利用，降低未来媒体的数据收集成本，促使未来媒体做出更有竞争力、更有价值的大数据产品和服务。

### （三）大数据人才释放价值潜力

一切的推动力，归根结底是人，人才是数据的真正中心。面对海量数据，未来媒体的组织中必须配备大数据人才，充分释放大数据人才的潜力，让他们以数据驱动未来媒体的发展。随着大数据、人工智能等技术的发展，未来，定位清楚的传统媒体工作角色将愈来愈少，多专业、多背景人才需求越来越多，拥有更多创意施展空间的小型创意团队将是未来媒体中一种重要的组织模式。以数据新闻为例，数据新闻作品的制作通常由编辑、数据分析师、设计师等不同专业的人才组成的团队分工协作完成。小型创意团队的人员构成通常非常多元化，他们有创意，懂技术，合作模式灵活多样，可以更好地完成创意性、文艺性的工作。

# B.7 "VR/AR+内容"产业发展报告（2018~2019）

余海箭*

**摘　要：** 目前，中国VR/AR产业仍处于初级阶段，但VR/AR浪潮却在持续推进中，且"VR/AR+内容"产业已成为国家战略。现阶段，我国VR/AR产业生态初步形成，主要涉及教育、文旅、娱乐、商贸等领域，同时在WebXR云技术的不断完善下，生态有了基础数据库服务的支撑，它将助推整个VR/AR产业生态快速发展。"VR/AR+行业应用"已成为2018年行业发展的重大主题。VR/AR产业要继续蓬勃发展，培养VR/AR人才就成为VR/AR产业发展首先要解决的问题。

**关键词：** VR/AR产业　Web VR/AR开放平台　5G　VR/AR人才

## 一　2018年VR/AR产业发展的环境分析

目前，中国VR/AR产业仍处于初级起步阶段，市场规模相对较小，但VR/AR发展的浪潮却在持续推进中。

* 余海箭，中科虚拟现实产业技术研究院执行院长，中国大数据健康产业工作委员会副主任，厦门市"双百计划"高层次引进人才领军人物，网络虚拟现实（简称WebVR）创始人，虚拟现实内容数据国家标准制定者之一。

### （一）政策环境

最近几年，虚拟现实、增强现实的技术研发和产业发展在国内受重视程度不断提高。政府有关部门相继出台了《国民经济和社会发展第十三个五年规划纲要》《“十三五”国家科技创新规划》《“十三五”国家信息化规划》《“十三五”国家战略性新兴产业发展规划》《信息化和工业化融合发展规划（2016～2020年）》《信息产业发展指南》《“互联网+”人工智能三年行动实施方案》等文件，明确把扶持虚拟现实核心技术的研发以及把虚拟现实技术应用在相关产业作为科技产业发展的国家战略，在政策和财政上给予重点支持。

2018年，国家对VR/AR产业的战略定位进一步强化，在国家层面积极规划和重点布局，工信部、国家发展改革委、科技部、文化部、商务部相继出台有关政策，各省市地方政府积极推进VR/AR产业布局。2018年9月26日，国家发展改革委联合其他18部委发布了《关于发展数字经济稳定并扩大就业的指导意见》，其中，国家发展改革委呼吁要积极采用虚拟现实和增强现实等手段来培养创新型人才。与此同时，教育部也正式宣布在普通高等学校高等职业教育（专业）院校中设置“虚拟现实应用技术”专业，从2019年开始正式实行。2018年12月21日工信部印发《关于加快推进虚拟现实产业发展的指导意见》，提出要加大对虚拟现实产业的政策支持力度，紧密结合国家相关产业政策，利用现有渠道创新产业支持方式，重点支持虚拟现实技术的研发和产业化。

对于一个新兴的科技产业来说，国家政策的支持在很大程度上可以从宏观上推动其产业发展。尤其是VR/AR产业目前处于初期发展阶段，更需要国家相关部门的高度重视和政策扶持，这样才有可能实现快速发展。

### （二）技术环境

5G、云计算、大数据、物联网、移动互联、人工智能等新技术为“VR/AR+内容”产业发展打下了坚实基础。同时，数字技术、网络技术和信息技术的融合发展，也为新媒体的创新发展提供了新路径，为文化业态创新带来了新机遇。随着人工智能、物联网、大数据等新技术的发展，未来媒体将朝着“场景传播”“沉浸传播”“共享传播”方向发展。

“VR/AR + 内容”产业与互联网新技术的相互促进、协同发展正成为“VR/AR + 内容”产业市场发展的新特点。头戴式眼镜和交互输入设备是VR 产业的物质基础，不同输入、输出方式的三维虚拟环境系统是 VR 内容呈现的基础，传感器、追踪、视频流处理、视频拼接、声音处理、引擎、交互等是 VR 关键性技术节点，这些新科技为内容产业的开发等提供了技术支撑，使 VR 设备在沉浸感、便携性、交互性、满意度等多个方面都提升了使用的体验效果，推动了 VR/AR 的发展。但国内 VR/AR 产业技术在高性能传感器、底层开发技术、图像拼接和播放器等领域仍与国外存在较大差距，硬件产品存在规格不一、概念混淆、参差不齐等问题。因此，通过技术创新争取未来发展的主动权是我国 VR 产业发展的当务之急。

### （三）市场环境

在游戏、旅游、文创及教育等产业的推动下，VR 渐渐走进了人们的视野中。随着新技术的进步，人们可以高频参与到 VR/AR 的应用中，如地图导航、电商、娱乐、教育等方面。

百度 AR 导航已在前两年就进入人们视线，已经成为很多“路痴”的必备。这一年内室内 AR 导航平台日渐成熟，室内 AR 导航平台的技术可用于商场、机场、零售店等室内环境。能实现精准的室内定位和追踪，地图中的 AI 技术不仅能帮用户找到特定的店，还能找到机场登机口、残疾人专用道。

AR 和 VR 也改变着人们购物的方式。虽然在线购物已经司空见惯，但在许多情况下，人们仍然希望在购买前亲自试用产品。AR 和 VR 可以将在线购物的便利性与在商店中试用产品所带来的信心相结合。许多品牌都渴望使用这些技术来简化他们的购物体验，在现实、增强和虚拟世界之间移动。

通过利用这些新兴技术，品牌可以创造让人们拥有身临其境的感觉的体验，即使他们不能在那里。因此在满足客户端需求的刺激下，“VR/AR + 内容”解决方案逐步多样化，这让 VR/AR 的热度保持着持续走高的态势，也在一定程度上大大推动着整个行业的进步，可以说 VR 行业似乎已从“早期缺乏基础设施、悬浮的情况”，发展到如今“基础设施建设逐步完善、VR 技术受众面扩大、纵深领域的需求量增加”的局面。[①] 在此背景下，VR 则被冠以下一个“互联网 +”称号，甚至有业者认为，它将颠覆传统经济形态以及商业模式。

总的来说，目前我国虚拟现实市场规模总体体量较小，未来增长空间极大。

## 二　2018年“VR/AR + 内容”产业的发展概况

2018 年 VR/AR 的产业发展已从 2017 年的动荡，整体步入一个平稳期。可以说 2018 年已进入 VR 内容应用的爆发期，技术标准正在确立，软件安装的适配问题也在逐步解决。

在 VR 硬件相对稳定时，就会催生大量的 VR 内容应用。2018 年底工信部印发《关于加快推进虚拟现实产业发展的指导意见》，重点提及要“推进重点行业应用”，“VR/AR + 行业应用”自然成为 2018 年行业发展的重大主题。现阶段我国 VR/AR 产业生态初步形成，产业主要涉及教育、文旅、娱乐、商贸等领域。

### （一）VR/AR + 教育

“互联网 + 教育”是国家战略“互联网 +”的重要组成部分，是教育改革发展的先锋，是加快教育现代化进程的有力引擎。借助于 VR/AR 新技

① 《2018 年 VR/AR 十大关键词（十）：行业变动》，腾讯云公众号“VRPinea”，http://cloud.tencent.com/developr/column/2753。

术，可以有效优化学习模式、提高学生学习兴趣和教师教学效果，让教育焕发新活力。2018 年，随着政策推动以及教育行业 VR 内容的不断完善，很多大中小学已开始启动 VR 教学模式。

1. 在线 VR 智能场景教室

VR/AR 技术结合教育教学产品已经在众多学校得到广泛应用。利用 VR/AR 和人工智能技术，构建一个高度沉浸、仿真、互动的智能型教学环境，不仅可以让教学内容突破传统，突破平面，还可以为教师提供一种全新的教学方法。

在哈尔滨市香坊小学上课的场景中，只要孩子们戴上 VR 教育头盔，“浩繁的银河”“梦幻的星空”便以生动精妙立体的画面形式出现在孩子们的眼前。这是哈尔滨哲思科技发展有限公司“微发现课堂”，采用 VR 技术创造出逼真的环境，帮助孩子们置身宇宙中，带领孩子们更好地探索奥妙。VR 技术这种沉浸式教学环境，在提升学生学习体验、激发学生学习兴趣的同时，打破了传统的教学局限，促进了可视化思维的发展。[①]

2. 虚拟仿真教学实训系统

VR/AR 技术已经应用于高等教育及职业技能教学中，如物理化学生物实验、模拟医疗解剖、消防培训、安全生产教育等方面。《国家中长期教育改革和发展规划纲要（2010－2020 年）》第 19 章第 60 条明确指出：加强优质教育资源开发与应用。加强网络教学资源体系建设。引进国际优质数字化教学资源。开发网络学习课程。建立数字图书馆和虚拟实验室。建立开放灵活的教育资源公共服务平台，促进优质教育资源普及共享。创新网络教学模式，开展高质量高水平远程学历教育。

厦门大学与十一维度（厦门）网络科技有限公司共同开发的“漳江口红树林植物学实习虚拟仿真项目”，被教育部评为国家级虚拟仿真项目。“漳江口红树林植物学实习虚拟仿真项目”为厦门大学生命科学学院

① 《VR/AR＋助力传统产业转型升级》，《黑龙江日报》电子版，http：//epaper. hljnews. cn/hljrb/20190110/402382. html。

的学生提供互联网教学实训，学生通过电脑操作，模拟进入漳江口红树林现场，学习红树林植物相关知识，有效避免了传统学习受地域限制的弊端。

“漳江口红树林植物学实习虚拟仿真项目”有三个突出特点：其一是拥有720°和3D模型动画，真实还原实习场景，做到“虚化现实、高度仿真”，保证了教学环境和对象信息的可靠性、科学性；其二是基于虚拟教学的特点，为培养学生自主性学习能力，特别设计了“知识背包”“训练测试”“多道检索表”等功能模块；其三是无须下载到本地，也无须下载任何插件来契合虚拟仿真教学网络传播的要求，易于广泛使用。图1、图2为该项目中红树林案例展示。

**图1　红树林案例展示1**

食用菌在功能性饮料开发领域有着广阔的应用前景和巨大的经济社会价值。“食用菌功能性饮料生产工艺虚拟仿真实验”依托国家级生物实验教学示范中心和河北师范大学中试平台，通过模拟食用菌功能饮料生产的工艺流程，虚实结合，将食用菌功能性饮料的开发、生产与教学实践相结合，以达到学生自主学习、师生实时互动的效果。

该项目为生物技术及相关专业学生提供一套完整的模拟食用菌功能

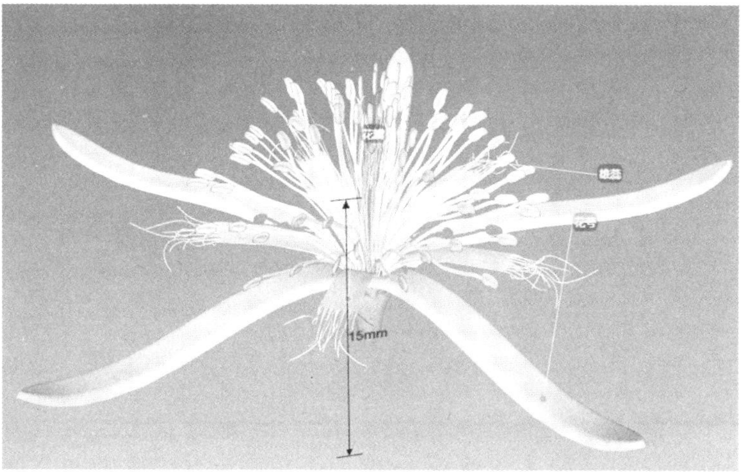


图2　红树林案例展示2

饮料开发生产的工艺流程，对关键的技术步骤和工艺流程进行教学示范，形成完整的集工艺体系学习、实操训练与技能测试评估于一体的虚拟仿真实验环境。通过对虚拟仿真实验中的教学示范、人机交互与知识点学习，学生可以熟悉食用菌发酵的工艺流程及优化方法，对发酵过程中出现的问题能够提出相应的解决方案，并能够对不同食用菌发酵方式进行优化；熟悉功能性饮料调配优化关键工艺流程，掌握功能性饮料生产过程中不同营养成分的监测方法。课程所提供的是一套完整的模拟生产知识和分析技术，具有鲜明的工程实践应用特色，可以有效培养学生的动手实践能力和创新创业能力。图3、图4为食用菌功能性饮料生产工艺案例展示。

在医疗教育领域，许多世界领先的医院和高校，都在尝试用VR来突破一些医疗难题。例如应用3D建模开发可以高度还原人体相应器官，采用VR技术模拟经典手术案例的操作过程。VR技术所带来的视觉“沉浸感”和交互性可以让学生“进入”人体进行观察学习、模拟手术操作、“人体”解剖等。打破传统教学模式，虚拟环境中，学生可以反复学习人体各器官、结构，这在很大程度上解决了医学教学资源匮乏的问题，这是VR在医学领

**图 3　食用菌功能性饮料生产工艺案例展示 1**

资料来源：ilab - X 实验空间。

**图 4　食用菌功能性饮料生产工艺案例展示 2**

资料来源：ilab - X 实验空间。

域的直接应用。

医维度致力于将“VR”技术应用于教育中，由他们一手打造的具有权威性及学术性的学科教学数字资源库，为科研、教研、科普等工作提供专业知识教育与模拟平台，助力教育事业的发展升级。图 5 为医维度在线医疗教育展示系统，图 6 为该系统内展示的男盆骨（干）及韧带。

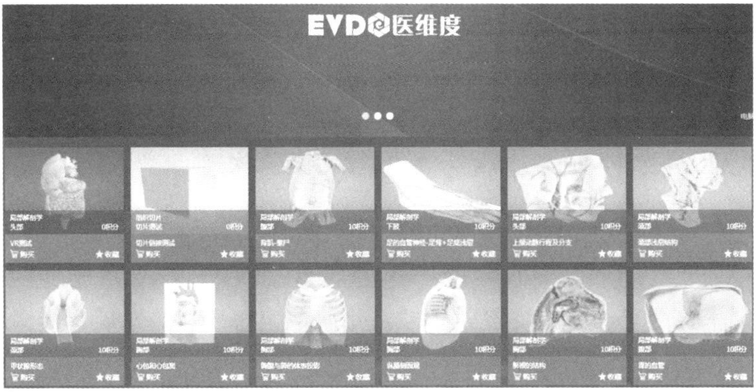

**图 5　在线医疗教育展示系统（人体器官数据库）**

资料来源：医维度。

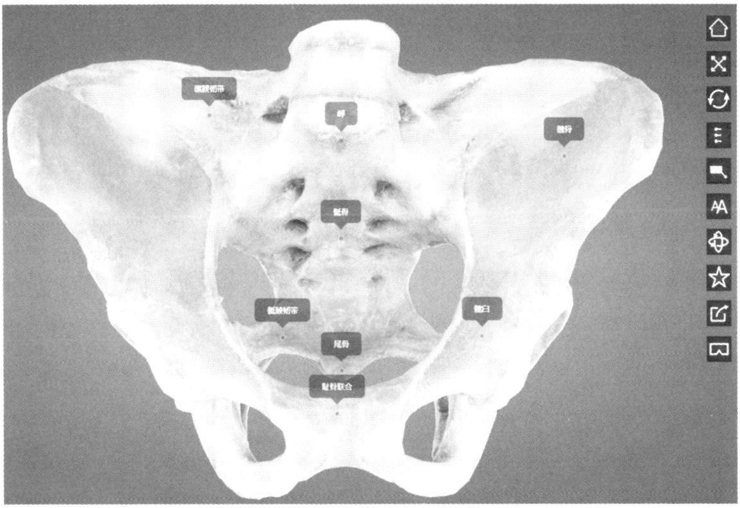

**图 6　男盆骨（干）及韧带**

资料来源：医维度。

于学校而言，VR/AR 新技术可以帮助学校形成办学特色；于教师而言，辅助课堂教学，减轻教师工作负担，提高教学质量；于学生而言，VR/AR

让学生可以沉浸到虚拟世界中，提高学习兴趣，增进对知识点的理解，提高学习效率。因此，无论是 VR/AR 新技术走进课堂，还是进行 VR 教育教学实验，VR/AR 新技术都可以说使教育手段变得更加多元化了。

## （二）VR/AR + 文化旅游

VR/AR 与文化、旅游、文物等领域融合发展有着非常广阔的应用前景。2018 年，博物馆展览、文化旅游、文物和非物质文化遗产展示等方面的应用都得到了国内很多 VR 研发公司的积极推动，因而助推了集高性能、高科技感、高体验性于一体的沉浸式虚拟文化旅游生态产业的发展，极大地提升了旅游景点的互动性和观赏性。

为贯彻习近平总书记关于文化遗产保护的系列重要论述精神，深度传承、创新与发展融合互联网的创新成果与中华传统文化，彰显中华文明的独特魅力，丰富文化供给，促进文化消费，国家文物局、国家发展和改革委员会、科学技术部、工业和信息化部、财政部共同编制了《“互联网 + 中华文明”三年行动计划》。

建设文物大数据平台是“互联网 + 中华文明”三年行动计划的主要任务之一。文物大数据平台的建设是推动构建中国文物信息资源开放共享体系的一个具有前瞻性的实验，它不仅从理念上颠覆了传统文物保护方式，并且作为现代科技前沿的综合体现，不断丰富文化产品和服务。WebVR 在文物大数据平台将传统文物保护方式改变为“动态叙事”模式，是 VR 技术在更高的层面上展现文物在弘扬社会主义核心价值观、构建中华优秀传统文化传承体系和公共文化服务体系中的特有效力，为文化遗产的可持续性传承设立长效机制的最佳例证（见图 7）。

甘肃省博物馆利用 VR/AR 技术将文化遗产保护与传承相结合，实现高精度、交互性强、受众广的文物和文化遗产展示方式（见图 8）。通过 WebVR/AR 技术在数字化保存、虚拟修复、展示传扬、数字博物馆等方面解决文化遗产保护中的传统问题；还可通过多样化的手段，加工成音视频、全景、AR、VR、3D 等形式，让参观的用户更真实、更细致、更直观地鉴

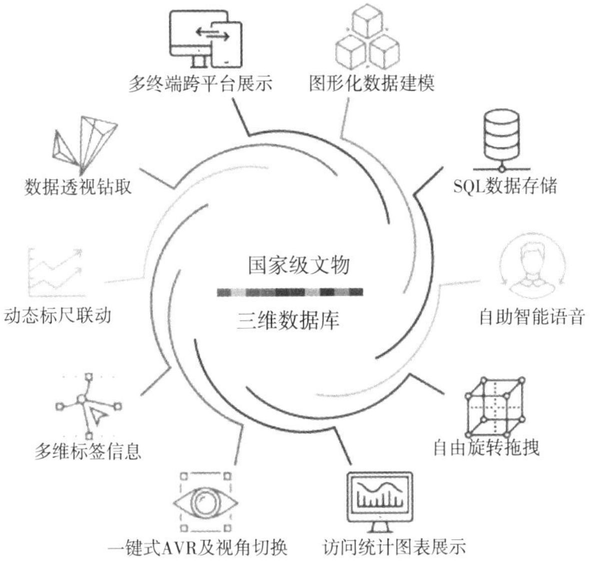


**图 7　文物数据库**

**图 8　WebVR/AR 在线文物展示系统：甘肃省博物馆数据库**

赏文物，感受文物的背景文化。借助 WebVR/AR 技术，增加互动环节，调动公众兴趣，为公众带来沉浸式的体验（见图 9）。

图 9　变体鸟纹彩陶壶

厦门市翔安区传统工匠大赛与最新 VR 技术相结合，开通了网上 VR “数字博物馆”投票系统，将翔安传统工艺以三维立体的方式完整呈现于网络中，公众通过关注“翔安区匠人数字博物馆”（见图 10）的微信二维码，借助手机界面全景式了解翔安翔安传统手工、传统小吃、文创等，让传统技艺与传统文创“活”了起来。

得益于 VR/AR 技术虚实结合、实时交互与三维沉浸的三大特点，文化

图 10　翔安区匠人数字博物馆

遗产的数字化保护传播增添了更多可能。把 VR 技术和文化遗产保护相结合，在展示文化遗产的同时也能很好地保护文物，并且还为观众带来精度高、交互性强的文化遗产展示，有利于文物古迹的保护，增加了文化遗产的展示机会，大大提高了文化遗产的经济价值。同时，VR 技术的应用，可以进一步拓展博物馆的展示手段，协助复原、展示“消失的”文物，为体验者带来强烈的现场感和参与感，让文化遗产焕发出新的生命力。

《黑客帝国》是一部跟 VR 技术有密切关联的电影，这里面展现了“虚拟现实”场景：男主角身处一个让人分不清虚拟与现实的虚拟世界中，因为这个世界的每个细节都极其真实。这部科幻电影中展示的虚拟场景就采用现在的 VR 技术的工作原理：利用电脑虚构产生一个 3D 的虚拟世界。模拟视觉、听觉、触觉等感官，人作为使用者，可以及时、没有限制地观察空间内的事物，自然地对虚拟世界进行体验和交互作用，犹如置身其境。而这就是 VR/AR 技术的“魔力”。

VR/AR 技术在旅游中的应用。正是借助强有力的 VR/AR 技术，人们足不出户便可以享受到秘鲁马丘比丘、法国埃菲尔铁塔、美国金门桥、中国三亚、伊斯兰古城开罗、意大利圣彼得大教堂、斯里兰卡锡吉里耶狮子岩、智利复活节岛等风景名胜，开启上天入地的“上帝视角”。还可以穿越古今，了解各种历史文化、风土人情。VR/AR 技术能推动旅游创造性转化、创新性发展。

全景漫游技术，符合“VR/AR + 文旅”的市场需求。用户无须亲临现场，线上即可逛遍目的地任一角落，在线即可无死角观看相应景点，实现人与虚拟场景的交互和完美融合，使用户体验真实有趣，让旅游打破时间和空间的限制。

龙岩学院校情校史展览馆通过 VR/AR 技术实现了极强的沉浸感和互动感，在线即可进行展览馆的参观、历史知识学习（见图 11、图 12）……

“VR + 旅游”在给游客带来一种崭新的旅游体验的同时，也带给了旅游企业一种全新的营销服务模式。“旅游前的体验，可以为游客决策提供最为生动的信息，虚拟现实技术极大地节约了人们的决策成本，也让景区能够更好展示其独特的旅游资源，吸引游客前往”。

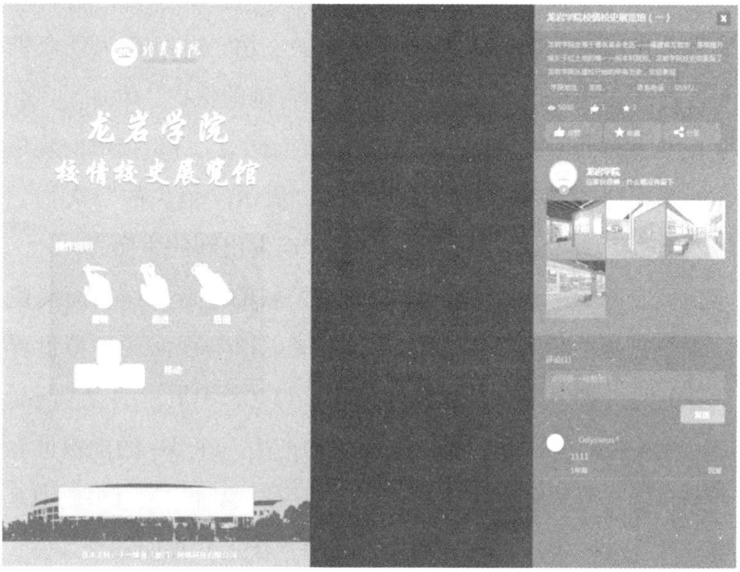


图 11　VR 版龙岩学院校情校史展览馆首页

图 12　VR 版龙岩学院校情校史展览馆内部场景

有人说，VR 时代的到来可以让旅游信息不对称问题从某种程度上得到解决。游客既能足不出户就看到景区的各个细节，又能看到不对外开放或不定期开放的非对称资源，不管是筛选旅游目的地，还是感受惊险刺激的旅游景观，VR 都能帮助用户实现。

在文旅领域里，VR/AR 能做的还有很多。今后须加大科技与文化、旅游、文物融合发展力度，发挥高新技术对创作内容、开发产品、模式创新的支撑效用，提升产品品质、丰富展现形式。

### （三）VR/AR + 娱乐

VR 体验店、VR 影院这样新的娱乐业态以及以蛋椅为代表的 VR 新设备等，让“VR/AR + 娱乐”的密切关系更显而易见。不过提到 VR/AR 在娱乐方面的应用，让人很容易想到游戏，毫无疑问游戏也是 VR/AR 的重要应用领域，它让游戏玩家在虚拟情景中逼真地获得现实感。随着 VR/AR 在游戏行业的应用，向娱乐行业转移始终是下一个目标。

可以说 VR/AR + 娱乐在 2018 年是遍地开花的一年，特别是“VR/AR + 游戏”和“VR/AR + 影视”在这一年算是吸足了大众眼球。

1. VR/AR + 游戏

（1）《英雄联盟》+ AR

2018 年《英雄联盟》世界锦标赛 S8 开幕式上，《英雄联盟》开发商 Riot Games 将真人表演者与 AR 女团 K/DA 结合在一起。这是一次大胆的尝试，同时也开启了虚拟偶像时代的新纪元。①

（2）《Beat Saber》火爆全球

VR 音游《Beat Saber》上线 STEAM 后，在社交媒体和粉丝间引起了一波热潮，销量也非常亮眼。《Beat Saber》推出仅三天就一跃成为 Steam 上评价最高的游戏；首周就售出 5 万份，营收超过 100 万美元。截至 2018 年 11

---

① 《2018 年 VR/AR 行业的“十件大事”丨年终盘点》，“87870”公众号，http://www.ikanchai.com/article/20181217/256929.shtml。

月，这款游戏下载量涨至43万，收入升至STEAM收入榜第二名，高达868万美元（约5934万元人民币）。①

2. VR/AR+影视

（1）《头号玩家》

对于科幻迷来说，电影中的VR游戏场景让人热血沸腾。电影是视觉和听觉的艺术，影片借助VR技术包罗万象、色彩斑斓，开启了感知和畅想未来之路。

虽然现阶段的VR技术还达不到《头号玩家》中的VR效果，但它在很大程度上给行业的发展带来了启示：要实现真正的“虚拟世界”，关键就是要实现全方位的沉浸感、与虚拟世界的交互（包括视觉、听觉、触觉、嗅觉等）。而要达到《头号玩家》中的VR效果，需要显示屏、芯片、定位追踪、设备材质等全方位的提升。需要高分辨率的显示屏、全方位的触感反馈技术、精确的追踪定位技术、快速且低延迟的网络传输等。②

（2）《SPHERES》

2018年的圣丹斯电影节上，由Oculus支持、艺术家Eliza McNitt执导的VR影片《SPHERES》，被CityLights以140万美元的价格收购。这是有史以来第一次在圣丹斯电影节达成以7位数的价格成交的VR作品，这标志着VR这项新媒介的发展达到一个新的高度。③

（3）七部VR影片喜获艾美奖提名

2018年，第70届艾美奖如期举行，活动中陆续公布了获得提名的作品名单，其中有七部VR作品入选了互动内容奖项。④ 电影自从面世以来持续

① 《2018年VR/AR行业的“十件大事”丨年终盘点》，“87870”公众号，http://www.ikanchai.com/article/20181217/256929.shtml。

② 《从这4个方面告诉你〈头号玩家〉中的VR离我们有多远》，“一度蜜智能”百家号，http://baijiahao.baidu.com/s?id=1596964681016447206&wfr=spider&for=pc。

③ 《2018年VR/AR行业的“十件大事”丨年终盘点》，“87870”公众号，http://www.ikanchai.com/article/20181217/256929.shtml。

④ 《2018年VR/AR行业的“十件大事”丨年终盘点》，“87870”公众号，http://www.ikanchai.com/article/20181217/256929.shtml。

迎接技术革新，从观赏 2D 影像到欣赏 3D 电影，不断升级用户的娱乐观感，而 VR 技术在电影、游戏等娱乐领域的应用还可能陆续引发技术上的革新。

## （四）VR/AR + 商贸

VR/AR + 商贸，最直接的应用可以说是 VR 购物了，包括电子商务、家装设计、商业展示等领域的场景式购物。所以应该重点发展 VR 购物系统，创新商业推广和购物体验模式，即发展和应用专业化 VR 展示系统，提供个性化、定制化的地产、家居、家电、室内装修和服饰等虚拟设计、体验与交易平台。

### 1. VR/AR + 电商

在 2018 年，在整个"VR/AR + 商贸"大领域里，应用最多的仍然是"VR/AR + 电商"。全国网民和网购用户规模伴随互联网的普及和物流的下沉，逐年提升。新消费群体和强大消费需求推动中国网络零售业快速发展，2018 年中国移动电商的用户规模达 5.1 亿人，2019 年预计将增长至 5.5 亿人，消费潜力庞大。"互联网 +"国家战略发布后，各行业纷纷做出了积极的响应，"新零售""跨境电商""移动电商""创新创业"正式成为下一个经济"风口"。

VR/AR 是继文字、图片、视频之后的第四大媒介，近几年逐渐风靡中国，并不断提升消费者体验。对电商来说，VR/AR 的吸引力是巨大的，VR 解决了电商的痛点，VR/AR 技术创造了革命性的电商购物体验方式，为电商带来了新的体验与模式。

新零售 WebVR/AR 展示与体验①是 WebVR/AR 技术实现将 VR 数据嵌入商城系统，让商品以 3D 立体形态展示，颠覆传统电商展示模式，为用户带去全新的交互购物体验，增强购买欲望（见图 13）。

当触屏无处不在的时候，所需要展示的内容也必将是可交互的新一代交互媒体数据。VR/AR 技术助力未来的线下体验店会变得更加智能化。运用最新一代高档时尚的全息数字触摸屏，把电商商品传播展示综合平台的相关

① 参见案例网站，http：//case.11dom.com/meroc/tour.html。

**图 13　慕若芊：虚拟展厅 + 商城**

内容进行展示，可实现人机交互，参观者站在触摸屏前，用手机可完成对屏幕上呈现的特色产品的旋转、缩放，任意调整窗口的大小（佩戴偏振眼镜，可实现展示内容跳出框的视觉感官效果）（见图 14、图 15）。

“VR 人工智能橱窗系统”是一套基于光学原理进行人与数字呈现内容互动操作的软硬件集成系统，采用一种创新的表达形式，可以在普通临街橱窗或室内橱窗内侧粘贴专业光学成像薄膜实现成像，通过光学感应模块实现手指精确触控，让浏览者隔着玻璃与其画面进行交互。

先把功能及展示信息制作出来，然后通过透明玻璃成像、创意性的交互设计以及超视觉感觉效果，吸引路过的潜在顾客进行互动。并实现了 24 小时营业，大大强化了品牌形象。具有电视、大屏幕墙、招贴画、灯箱广告等传统方式无法比拟的创意与交互空间。

“WebVR/AR 交互式 H5 + 电商”应用的特点有四点。其一是轻量化应用：打开网页即可使用，免除下载困扰。其二是动画逻辑交互：支持模型骨骼动

图 14　十一维度（厦门）网络科技有限公司全息触摸屏：系列数字商品循环展出

图 15　偏振眼镜让产品跳出屏幕

画、爆炸拆解动画，支持点击、拖拽、滑动等人机交互事件。其三是多终端适配：适配电脑、手机、平板、触摸一体机等主流终端展示设备。其四是多渠道传播：支持分享至各大主流 SNS 社交软件。图 16 为“H5 + 电商”应用的案例。

2. VR/AR + 房产

“WebVR/AR + 房产”是集广告、动画、影视、多媒体、网络科技于一身

图 16　“H5 + 电商” 应用案例

的最新型的房地产营销方式，是 2018 年房地产行业比较热门的营销方式（见图 17）。“WebVR 视觉技术 + 大数据” 超越了时间、空间的维度限制，可对房

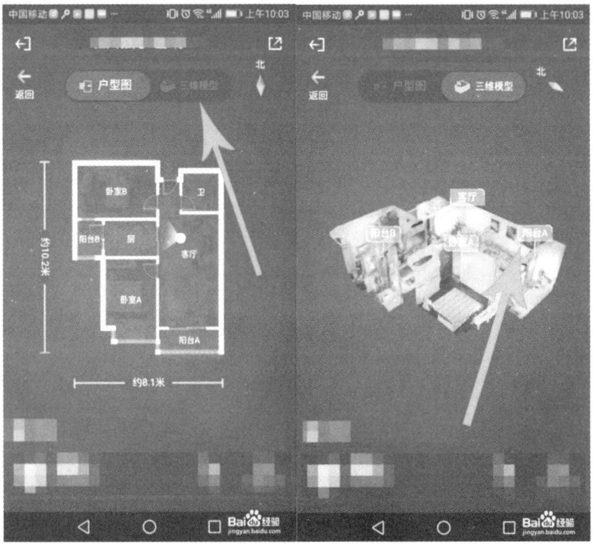


图 17　贝壳找房 – VR 看房案例

地产项目的开发营销实现合理规划设计、施工乃至跨区域（网络）平台进行推广营销，从而给房地产经济带来新一轮的高增长点。

## 三　2018年VR/AR产业年度发展特点

### （一）VR/AR产业亟须加强人才培养

当前众多游戏、电商、教育、互联网等公司纷纷布局VR/AR内容，不难看出VR/AR正变成全球的“金矿产业”。众多的金融资本和行业巨头一个接一个抢滩部署VR/AR行业领域，企业对于VR/AR人才有着更多、更紧迫的需求。在VR/AR领域人才正在成为“稀缺物”的趋势下，很多公司不惜花费重金来挖VR人才。正是看到这样的机遇，越来越多的人开始学习VR技术。VR/AR内容应用前景固然不错，但加快VR/AR人才的培养才是该领域首要解决的问题。因此VR/AR人才培育已经成为VR/AR行业前沿应用在展示与体验方面的刚需。

但是我国高质量、高技能、专业的VR/AR人才紧缺，我国高校VR/AR教育也是严重空缺，因此VR/AR人才培养将是VR/AR领域发展的重点关注对象。AR/VR的核心技术涉及图形图像、输入算法、交互、光学等尖端领域，对于人才的要求非常严苛。在这个复合度极高的领域里，能专攻某一领域的专业人才本身就很少，能综合性地扎根AR/VR的就更加凤毛麟角。然而，当前AR/VR开发人员大多从游戏、动漫、3D仿真、模型等行业转型而来，因此，由于行业技术间的差异性，人才很难快速融入AR/VR领域。

现在是VR/AR快速发展的前期，高品质VR/AR人才的紧缺成为制约中国VR产业发展的核心环节，所以现在也是学习VR/AR技术的最佳时机！

### （二）VR/AR技术应用新发展

#### 1. 虚拟仿真教学开始成为学校关注的重点

高等教育越来越强调对学生实践能力的培养。随着VR/AR技术的不断进步，2018 年虚拟仿真教学实训系统的技术水平不断完善，在高校中开始普及应用。国家要求高校将“国家虚拟仿真实验教学项目”纳为“十三五”期间教育教学改革专项的重要内容，并予以重点支持。

虚拟仿真教学实训系统（见图 18）就是针对特定学科的真实课件内容进行 3D 数字内容的模拟开发，并借助 3D 虚拟仿真环境或 3D 立体显示设备模拟该学科的训练环境、条件和流程，使教师和学生获得与真实世界中一样场景和物体的实训体验，达到替代或者部分替代实训效果的作用。①

利用 VR/AR 技术定制开发的虚拟仿真教学实训系统具有以下优势。其一是交互性强，增加学习趣味，节省时间和成本。学生能够获得生动直观的感性认识，增强对抽象的原理的理解，得益于分外真切的训练环境。打破传统教学在时间和空间上的限制，一套虚拟实训系统可以多人同时、单人多次使用，节省时间和成本。其二是通过在线化教学系统，随时随地都可学习。

2. 数字文化产业

时代在前进，科技在发展。传统手工艺如何在新形势下开拓新产品、发展新创意、提高新品质，已成为各级政府大力扶持、社会积极推动、民间广泛参与的重要领域。数字技术创新使文化生产要素不断实现优化组合，使文化产业的发展空间和前景越来越广阔。

在青岛、深圳、杭州、上海、北京等地的多次展览中采用 3D 技术打印云冈石窟，高超的技术让国内外宾客赞不绝口：行走的云冈石窟，妙不可言！不难看出近年流行的 WebVR 3D 打印技术让文物“起死回生”，让历史文化遗产在保护中不断进行传播和推广。现在很多地方机构一直尝试各种 AR、VR 等数字化技术跟文旅结合，项目分布在各类景区、主题小镇。“科技 + 文化”的创新尝试，促进了民众们的广泛参与，使当地特色文化更好地得到了传承和发展。

---

① 《什么是虚拟仿真实训系统？》，“数据有意思”搜狐号，http：//www. sohu. com/a/315618478_120121885。

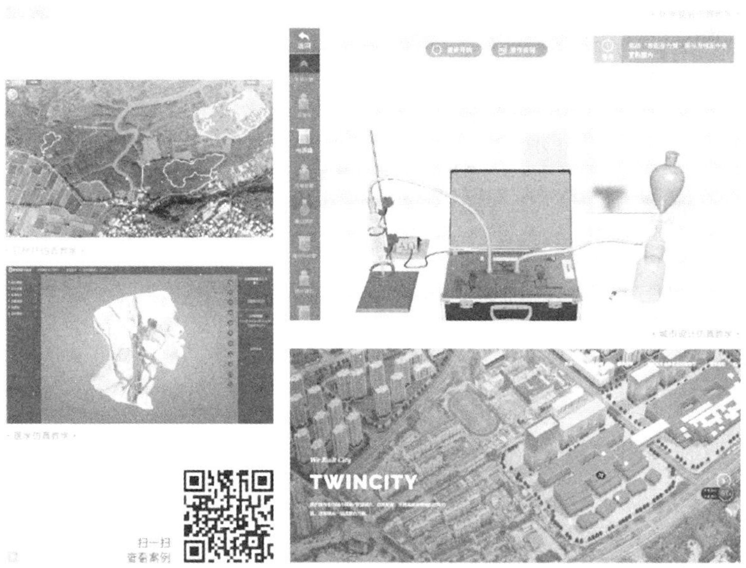


**图 18　虚拟仿真教学实训系统**

文化产业与科技的结合是新的化学反应，将为数字文化行业的发展提供更多可能，从而进一步促进文化产业的发展。

## 四　2018年 VR/AR 产业的发展趋势

### （一）VR 产业投资将向后期过渡

国内 VR 产业现处在初级阶段，将近半数 VR 企业依旧处于初步积累时期，从投资阶段来看，VR 投融资多数聚集在天使轮，天使轮和种子轮的投资属于前端投资，差不多占到全部融资的一半。紧跟行业的成熟发展，以及前期项目的“模式验证”，未来投资焦点将从种子轮、天使轮等前端投资向后端过渡。

### （二）WebXR 助推 VR/AR 产业生态走向完善

VR/AR 的体验需要借助特定硬件，安装支持软件，下载相关应用。而

WebXR 使得大众有望在浏览器上进行体验，无须关注内容是否与特定终端、操作系统乃至 VR 或 AR 功能相适配，即通过浏览器联通诸多不同的体验环境。

长期以来，谷歌都很重视 Web 端的 VR/AR 体验，其于 2018 年年初宣布将 AR 技术（3D 原型查看器 Article）引入桌面和移动浏览器中，以推动让所有人用上增强现实技术。这一技术使用户能够直接通过浏览器将 3D 对象嵌入现实世界的环境中进行交互，而无须特定启动某个 AR 应用程序。谷歌希望通过消除下载和安装 AR 应用程序的烦琐，来提高这项技术的普及率和使用率。本次 3D 原型查看器 Article 实际上是在 AR Core 发布之后才进行研发的，然而 AR Core 则需要用户在下载并安装 AR 应用程序后才能使用 AR。随着新的 WebAR 计划的推进，用户们将无须单独安装应用程序。相反，用户通过网络浏览器便可以轻而易举地在自己喜欢的内容网站上查看 AR 内容。①

高端 VR/AR 通过不断降价来增强消费者购买欲望，VR 硬件在消费市场渗透速度有望大幅提高，进而带动 VR 游戏、VR 直播、VR 营销等优质内容的涌现，并与之形成良性互动。我们认为，随着 VR/AR 产业生态布局趋向合理，头部公司逐渐形成，商业模式将更加聚焦，用户体验也将不断得到提升。

### （三）5G 助推 VR/AR 产业新发展

5G 成为影响 VR/AR 体验的关键。3G 帮助智能手机实现普及，4G 带动移动互联网飞速发展，而 5G 则为 VR/AR、AI、物联网等革命性创新提供了基础。

我们都知道 VR/AR 的应用，对实时性和计算的要求很高，而 5G 可以很好地破解此痛点。因为相比 4G，5G 最突出的三个特点是：更快的速度

① 《谷歌把 AR 嵌入浏览器预示着广告商们的新福音 | VR 网原创》，“mofoisonfire VR 平台”微信公众号，https://mp.weixin.qq.com/s? src = 11&timestamp = 1553859068&ver = 1514&signature = emqe * s * LR - GwI4RoOyhI7o4gf5Lmcsfzao4L4waeX9et3ZkeKmoZ6RBGJuM06l5h - MKGno57 QkSdsOoUImCqOKZtzRV291Ky9z8j8w2f * 24FLMzoJBXyZGO1hpHa - M26&new = 1。

（移动更多的数据）、更低的延迟（更灵敏的响应）以及一次连接更多设备的能力（对于传感器和智能设备）。

和现在的4G网络相比，5G网速最快会有100倍的提升，5G数据传输的延迟将不超过1毫秒（相比之下，今天的4G网络的延迟约为70毫秒），而且数据下载的峰值速度将可以高达20GB/s（4G为1GB/s）。因此，可以高效解决VR/AR内容，尤其是8K分辨率及以上超高清内容的传输问题。[①]在VR/AR应用的经验中，都有"眩晕"的技术通病，很大一部分原因就是时延的存在。5G技术的低延迟特点也在很大程度上攻克了5G时代前VR技术因延迟滞后而造成"眩晕"的技术难题。

高宽带、低时延助VR头显真正实现"无线化"，大大降低VR头显硬件成本。5G的高宽带、低时延的特性可以帮助高端VR设备摆脱数据传输线的束缚，大大减少VR/AR体验对"用户终端硬件性能"的需求。未来体验VR/AR产品时，用户不仅能摆脱沉重的设备的束缚，而且还能从数据传输线的羁绊中解脱出来。可以理解为：通过云端就能实现相关应用的运行，让"无线化"成为现实，应用场景大大扩展。5G引入边缘计算技术，并结合其高宽带的特点，可以将目前在主机或头显中进行的大规模复杂计算转移至云端和网络边缘，不但提升了VR内容的渲染质量，而且大大降低了头显的硬件成本，促进VR设备加速渗透消费级市场。[②]

5G开启万物互联网新时代，实现VR/AR新体验。5G技术能让智能的万物互联，实现大规模机器间的相互通信，与VR/AR/MR多种模式进行融合带来不同领域的新体验，比如VR直播、VR/AR电竞、AR医疗以及更多

---

① 《谷歌把AR嵌入浏览器预示着广告商们的新福音丨VR网原创》，"mofoisonfire VR平台"微信公众号，https://mp.weixin.qq.com/s?src=11&timestamp=1553859068&ver=1514&signature=emqe*s*LR-GwI4RoOyhI7o4gf5Lmcsfzao4L4waeX9et3ZkeKmoZ6RBGJuM06l5h-MKGno57QkSdsOoUImCqOKZtzRV291Ky9z8j8w2f*24FLMzoJBXyZGO1hpHa-M26&new=1。

② 《谷歌把AR嵌入浏览器预示着广告商们的新福音丨VR网原创》，"mofoisonfire VR平台"微信公众号，https://mp.weixin.qq.com/s?src=11&timestamp=1553859068&ver=1514&signature=emqe*s*LR-GwI4RoOyhI7o4gf5Lmcsfzao4L4waeX9et3ZkeKmoZ6RBGJuM06l5h-MKGno57QkSdsOoUImCqOKZtzRV291Ky9z8j8w2f*24FLMzoJBXyZGO1hpHa-M26&new=1。

的混合 MR 类型。

5G 为 VR/AR 提供基础技术支撑，新的渲染模式为 VR/AR 体验带来更好的感受。5G 不仅能破解 VR/AR 多处痛点，也能为 VR/AR 带来新体验。所以说 5G 赋能 VR/AR 产业，为其带来新机遇，助推 VR/AR 产业新发展。

## 结　语

综观以上，不难发现，在 VR/AR 的助力之下，人们的生活质量在持续提高。因此，全国各行业要共同努力，克服困难和挑战，发展 AR/VR 技术、完善 AR/VR 产业、撬动上万亿新兴市场——抓住机遇，让我国的 VR/AR 技术助力科技创新，领先世界！

# 热 点 篇

**Hot Spot Reports**

# B.8

# 智能视听：AI技术在内容制作领域的应用

唐存琛*

**摘 要：** 从2016年的人工智能元年到2018年人工智能技术在制造、家居、零售、交通、安防等行业的广泛应用，人工智能时代的到来已是大势所趋。本文总结了AI技术在视听产业内容制作领域的应用，阐述了由技术到内容的变革：从内容重塑到智能化审核监管、从AI与5G技术的融合发展到内容运作的精准圈层。AI技术的应用大幅提高了内容生产效能、提升了传播效率，助力受众获取更加丰富的内容。

* 唐存琛，理学博士，武汉大学计算机学院教授，博士生导师，武汉大学舆情研究中心主任。主要研究方向为数字媒介与物联网技术。

**关键词：** AI技术　智能视听　内容重塑　行业应用

## 一　引言

2016年被人们称为人工智能“元年”。这一年“谷歌”基于深度学习技术研发的“AlphaGo”项目打败了世界围棋冠军李世石，在开年就给了AI一个完美的亮相。后续随着人工智能在言语分析、医疗科技、工业生产等领域带来的变革，社会似乎正从移动互联网时代向人工智能时代过渡。不仅如此，2019年初5G网络进入试用阶段，终端智能化快速发展，为网络视听行业提供了有力的支持，推动了网络视听产业进入新的高速发展阶段。流量预警、用户反馈、智能广告精准投放、自制剧排片及剧集智能化更新、智能化剪辑等功能的实现，标志着人工智能在网络视听行业的应用“越来越能”。

## 二　繁复——多元重塑内容形态

视听行业内容形态至今出现了三个阶段：第一是广播电视行业诞生到普及阶段，广播电视节目内容的被动接受是其主要形态；第二是2008年视听媒体被纳入国家文化产业和信息产业发展战略后，随着其产业地位的提高，视听行业正式成为广电、电信、互联网融合的主导业务，个人计算机、智能移动终端中的内容是其主要形态；第三是2016年AI技术融合视听产业发展后，视听行业进入主流媒体发展阶段，智能移动终端和互联网大屏的内容成为其主要形态。三个阶段的内容形态主体各不相同，分别是：广电制作团队、网络平台及用户、专业内容生产机构。近年来，阿里巴巴AI的帧级视频解读、华为5G智能终端的发布、广电传媒行业融媒体发展过程中“中央厨房”智慧平台的建设都说明了AI技术在视听行业多元化内容重塑进程中发挥着巨大作用。

## （一）移动网络时代的“智慧视听”

伴随着5G时代的到来和AI技术的持续发力驱动，视听行业的内容发展进入新的“高速赛道”，各大网络视听企业纷纷加强对新技术的投入，带动技术应用与多种内容形态的发展。2019年全国两会期间，5G移动网络技术首次被中央广播电视总台应用于新闻报道和视听传输领域。2019年3月发布的《2019百度两会指数报告》显示，热点话题中TOP1是5G，资讯指数达4269万。[①] 5G话题热度不断提高的背后，是人们对美好未来的热切渴望。对于以直观感受呈现的视听产品，5G与AI技术的融合将是从智能视听到“智慧视听”的飞跃。结合高速度、泛在网、低延时的5G特点，以AI技术呈现的AR、VR互动电视和游戏将从单机版向网络交互版普及；经典、优质的IP（Intellectual Property，知识产权）视听作品使受众感受超高分辨率、8K画质的大屏体验。在移动网络时代，从提升音视频质量到内容理解、实现智能分析，从海量数据中挖掘内容制作短视频到根据热点话题生产原创节目，利用渠道差异化和AI技术传播优势重塑的视听内容形态越来越广，用户体验越来越强，用户参与的环节越来越多，视听产业的发展也促进了人工智能“越来越能”。

### 1. 智能终端的“竖屏短视频”

2015年，《华盛顿邮报》在其客户端推出的“竖屏视频播放器”，开启了智能终端视听内容形态的“纵向时代”。竖屏格式的视听内容最早以秀场直播为主。随后一些主流网络平台（抖音、快手、小红书等）开始陆续推出竖屏短视频，优酷还以竖屏短视频资讯节目为切入点，做具有创新意义的竖屏网络节目，以符合人体工学操作方式和趣味内容的特征迅速实现了用户的聚合。[②]

---

① 《2019百度两会指数报告》，光明IT，http：//it. gmw. cn/2019－03/26/content_ 32682271. htm。

② 王芯蕊、王嘉婧：《竖屏资讯类短视频的形态创新与内容升级——以“优酷视频”为例》，《青年记者》2019年第6期。

2. 交互场景的“大屏”体验

VR、AR 技术的场景应用改变了获取视频体验的方式。将虚拟的信息和场景应用到真实的世界，被用户感官所感知，获得超越现实的感官体验，符合“大屏”操控的视频内容形态，改变了受众对信息的认知和理解，重塑了视频的表述方式。手机投屏技术解决了小屏单一视听终端、视觉体验效果差、声画质感缺乏震撼的心理感受。尤其是无线同屏技术的发展，让用户回归客厅、开启细腻观影体验，激发了内容生产从满足小屏到超高分辨率技术探索的驱动。这两种视听内容形态的重塑，改变了用户的使用习惯，促进了内容生产的高品质、高效率发展。

3. 从 PGC 到 MGC 的迭代探索

专业化内容生产（Professional Generated Content，PGC）成为视听行业的基本态势。以机器内容生产（Machine Generated Content，MGC）智能生产平台为核心的机器生产内容成为视听行业内容生产领域的新兴力量。MGC 以大数据处理技术、智能算法技术以及人机协作技术为核心，目的是辅助内容生产者更多地获取信息、更好地处理数据、更快地传播资源。2018 年俄罗斯世界杯前夕，由新华智云自主研发的国内首个媒体人工智能平台“MAGIC”首次惊艳亮相，利用这一平台完成了短视频内容生产 28919 条，占主流视频网站世界杯中文短视频总量的 69%，最快的一条短视频在 16 秒内自动合成并发布。[①]

## （二）从媒体融合到内容整合

从 2017 年到 2018 年，各级主流媒体都在攻坚克难中实现融合发展。从新媒体端创新到向移动端倾斜、从壮大主流舆论影响力到“中央厨房”排兵布阵、从媒体跟随到视听直播常态化、从政务服务到整合城市资源、从多平台分发到多点突破，媒体融合的脚步始终未曾停歇，动态视听环境的再塑

① 傅丕毅、陈毅华：《MGC 机器生产内容 + AI 人工智能的化学反应——“媒体大脑”在新闻智能生产领域的迭代探索》，《中国记者》2018 年第 7 期。

造成为其融合发展过程中的主要形态。2019 年 3 月，广播电视科技工作高质量创新性发展座谈会上，国家广播电视总局副局长、党组成员张宏森强调，当前广播电视科技工作面临全国有线电视网络整合和升级改造、广电特色 5G 网的组网运营、IPTV 的监测监管、推动媒体融合与县级融媒体中心建设、公共服务提质增效、建好用好管好广电大数据系统、提升现有广电资源效能和利用率、标准规范建设、科技工作的重心与科研选题定位、技术创新带动产业升级等十方面的重大课题和关键任务。多家广电单位也提出了运用 AI 技术开展媒体融合过程中的内容整合、内容出精。

1. 内容管理实现统一整合

媒体融合到内容整合的首要步骤就是对内容实现管理统一。融媒体机构建立的内容体系必须具备全网智能化聚类、多渠道分类吸纳的输入能力，具有全时信息关联、多类型数据转化分析处理能力，全域内容、全媒体生产的兼容拓展能力，适配移动网络的可操作性和持续迭代能力等，实现内容画像与用户画像的精准匹配，从而更加便捷地挖掘和实现内容价值，并定位市场导向，整合生成内容管理生产服务链。

2. 内容分析实现统一整合

媒体融合到内容整合的核心环节是对内容实现分析统一。从热点聚类、智能分类、情感分析、视音频内容理解等不同角度整合内容资源，实现统一分析，重新认识素材。从单一来源的视频内容拓展为排序多选的标记检索。通过大数据挖掘技术，结合热点信息的热度指数，实现热点聚类，使内容生产者直观了解事件动态；引入格式化导入、关键字分析、事件关联度分析，实现条目的重新筛查，通过智能分类和情感分析解决内容分析中非结构化信息的语义、情感等；利用图像识别技术、语音识别技术建立视音频索引，提取关键信息，实现自动编目、自动拆条、关键帧提取检索，实现视音频内容的场景、情绪和人物识别，达到视音频内容理解的程度。①

---

① 聂长生、王向前：《媒体融合统一内容管理中的 AI 应用》，《广播电视信息》2018 年第 10 期。

3. 内容资源实现统一整合

媒体融合到内容整合的目的是对内容实现资源统一。无论是智能标引、智能编目还是智能拆条、智能呈现、智能审核，其最终目的都是以内容资源统一应用为根本。媒体的首要作用是信息传播，融合环境下的全媒体依然如此。利用人工智能实现的内容资源统一，如同一个“信息博物馆”和“数据展览馆”，使受众在多种体验方式、多元化感知、多分类精准接收的基础上，对视听内容获得时空的场景交错，逆向提升融媒体的内容生产效率。

## 三　安全——高效提升内容审核

现阶段网络内容分为四大类——文本、语音、图片和视频，其中以视频审核难度最大。

2018 上半年中国网络短视频带宽总量接近翻三番增长，截止到当年 6 月，带宽指数相比上一年同期增长 290.2%。与此同时，短视频观众独立 IP 指数在 2018 上半年也持续创出新高，截至当年 6 月相比上一年同期增幅达 175.1%。有媒体报道，截至 2018 年 6 月，综合各个热门短视频应用的用户规模达 5.94 亿，占整体网民规模的 74.1%。[①] 故网络信息内容审核成为现阶段的一个重点与难点。

### （一）内容发布与审核的闭环效应

网络内容安全，是企业的生死线、是国家监管红线。短视频的井喷所带来的是视频内容的监管困难。如图 1，视频内容发布与审核构成了一个闭环效应，在该过程中不断检查审核，将一些不良视频内容过滤，才能为广大人民营造一个良好的视听环境，为此中国网络视听节目服务协会发布了《网络短视频内容审核标准细则》，明确了网络内容规范。

---

① 《2018 年上半年〈中国网络直播行业景气指数及短视频报告〉》，中国通信院网站，http：//www.caict.ac.cn/kxyj/qwfb/qwsj/201811/t20181101_187988.htm。

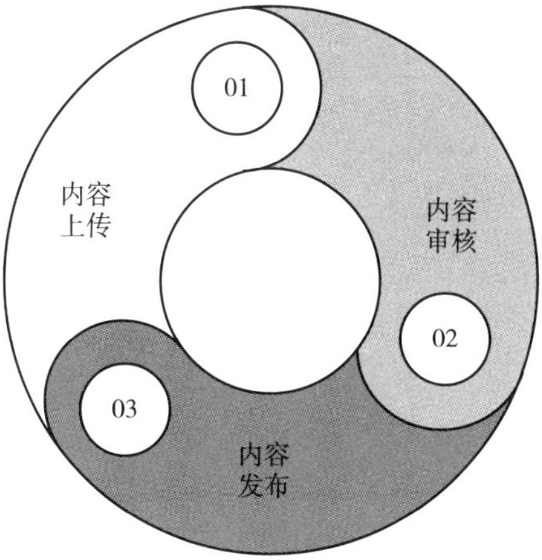


**图 1　内容发布与审核的闭环效应**

国家网信办会同工信部、公安部、文化和旅游部、国家广电总局、全国“扫黄打非”办公室等五部门，开展网络短视频行业集中整治，依法处置了 19 家网络短视频平台。表 1 是部分整改 App 及整改期限情况。其中，“内涵段子”平台被永久关停，哔哩哔哩、56 视频等一些“头部”“腰部”视频网站也短暂停止运营，进行内部整改。

**表 1　部分整改 App**

| App 名称 | 整改期限 | App 名称 | 整改期限 |
|---|---|---|---|
| 哔哩哔哩 | 一个月 | 56 视频 | 一个月 |
| 洋葱视频 | 一个月 | 秒拍 | 无限期 |
| 百思不得姐 | 一个月 | 内涵段子 | 关停 |
| 沙发视频 | 一个月 | | |

各大平台如何应对内容审核这一令人棘手的问题一时间成为业界讨论的热点。传统的内容审核方法大致有三种，且都存在一定的缺陷，如表 2 所示。

表 2　传统的内容审核的三种方法以及它们所存在的缺陷

| 传统内容审核的方法 | 人工审核 | 用户举报 | 异常判断 |
| --- | --- | --- | --- |
| 缺陷 1 | 耗费大量人力和财力 | 用户举报不积极 | 异常检测设计困难 |
| 缺陷 2 | 审核人员审核精度不能确保或下降 | 监管部门罚款 | 利用伪装躲避异常判断 |
| 缺陷 3 | 审核时间过长 | 举报奖励支出 | 检测到异常延时 |

传统内容审核的三种方法都存在效率过低以及成本较高的问题，究其原因，主要涉及理解偏差、技术不足、效果不佳、成本过高等因素。表 3 是传统内容审核主次要难点。

表 3　传统内容审核主次要难点

| 难点因素 | 主要难点 | 次要难点 |
| --- | --- | --- |
| 红线 | 国家政策及法规掌握不到位 | 缺乏内容运营经验 |
| 技术 | 技术创新能力及持续性投入不足 | 缺乏特征样本库积累 |
| 效果 | 内容垃圾清理不净 | 垃圾信息影响用户体验 |
| 成本 | 7×24 小时人工审核成本高 | 运营/技术/设备投入费用支出 |

内容审核涉及国家政策理解、技术创新、样本积累等，传统的内容审核很难将以上所有的难点全部解决。当下，网络信息基数大、传播快，必须在第一时间对用户发布的内容进行审核判断，及时对违规消息进行处理，而如果想做到这一点，通过单一的人工审核会负担过重，类似哔哩哔哩这样规模的企业，最少需要千人以上团队。

面对这样的问题，企业在资金和人员有限的条件下要如何才能做好内容的审核把控呢？传统审核模式缺点非常明显，费时费力。现阶段，AI 已经在众多领域当中崭露头角，机器学习在图片识别、目标检测等方面已经非常成熟，如安防、推荐系统等，这就给内容审核带来了新的希望。

## （二）“机智大脑”的多模态识别

### 1. 文本审核

在文本审核的上下文中，文本可以是签名、短语、一段文本甚至是文章，以及附加到图片的一些文本。对于图片中存在的文本，最常用的识别是OCR（Optical Character Recognition，光学字符识别）。对于长文本和短文本变体字体，使用 CRF 分词、NLP、N-Gram 算法等。随机森林是指使用多棵树来训练样本，并预测通过对文本处理进行分类来自动预测文本内容形式的分类器。

当用户进行预测时，新的观察结果将使用决策树进入顶部，并给出预测器或标签。一旦森林中的每棵树都被赋予预测值或标签，所有预测将被汇总在一起预测最终结果。简而言之，99.9% 的无关树木所做的预测涵盖了所有情况，这些预测将相互抵消。一些优秀树木的预测将脱颖而出，并得到一个很好的预测。

在上下段文本中，采用上下语义识别技术（如循环神经网络 Recurrent Neural Network）。该网络理论上将判断该句子是否与上下文相结合，是否是无效的垃圾文本。此技术非常适合在评论区域中灌水、滥用文本内容等情况的识别。具体解决方案如图 2 所示：

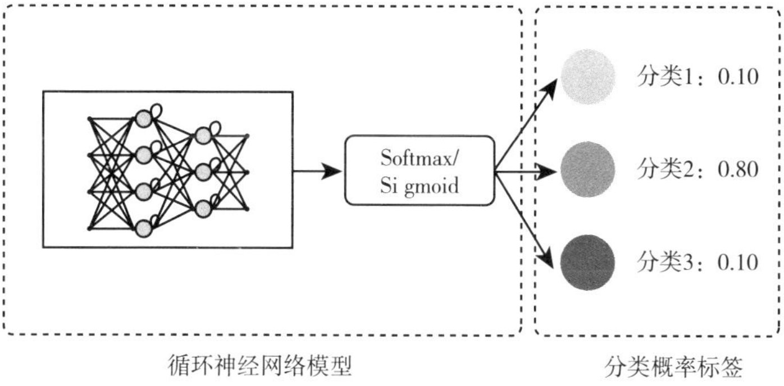


**图 2　文本审核基本流程**

2. 语音审核

语音信息即音频信息，该信息的应用场景较多，比如 AI 智能音响、微信语音、电话通话视频中的语音视频甚至是直播中的语音信息。我们要从音频信息中分析其所包含的内容，例如涉政、涉黄、涉赌或广告信息。

在音频识别方面，对于不同的内容存在不同的识别技术。语音内容有语音识别、关键词检索等；歧视语言的语言识别技术；用于说话人识别的声纹识别技术；用于语音内容无关检测的音频和音频比较技术。基于语音识别的关键词检索是将语音识别的结构构建成一个索引网络，然后把关键词从索引网络中找出来。从图 3 流程中可以看到，首先把语音进行识别处理，从里面提取索引，构建索引网络，当进行关键词检索的时候，搜索关键词在关键词网络中出现的频率，找到概率最高的，输出其关键词匹配结果（在这一步可通过垃圾文本处理及上下语义分析，对转化的文本进行处理）。具体解决方案如图 3 所示。

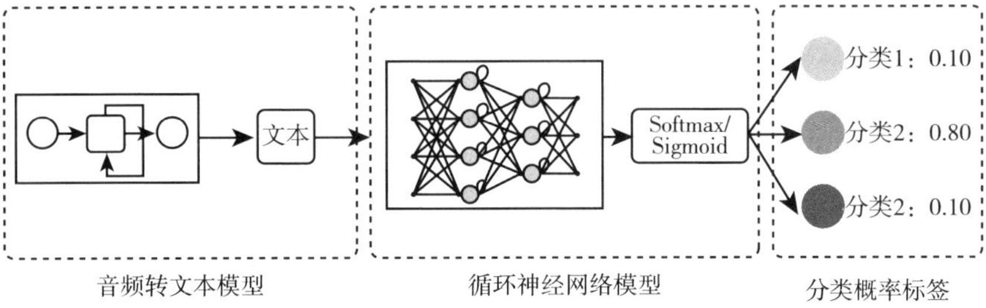


**图 3　语音审核基本流程**

3. 图片审核

图片信息的审核是内容审核的关键，用户上传的大部分内容是图片信息，包括视频，也是由一帧一帧的图片组成。

在图像识别技术中，常用的是大数据标签学习和相似性比较技术。在人工智能系统中，人脸识别系统主要用于政治家的检测和识别。区域特征分析算法在人脸识别技术中得到了广泛的应用。通过深入学习技术，从视频和照片中提取特征点。基于生物统计学原理，即人脸特征模板，建立数学模型，然后根据分析结果，给出了一个相似值。最后，搜索出最佳匹配的人脸特征模板，并确定个人身份信息。具体解决方案如图 4 所示。

4. 视频审核

视频是画面与音频组成的以帧为单位的画面。在视频上，根据内容不

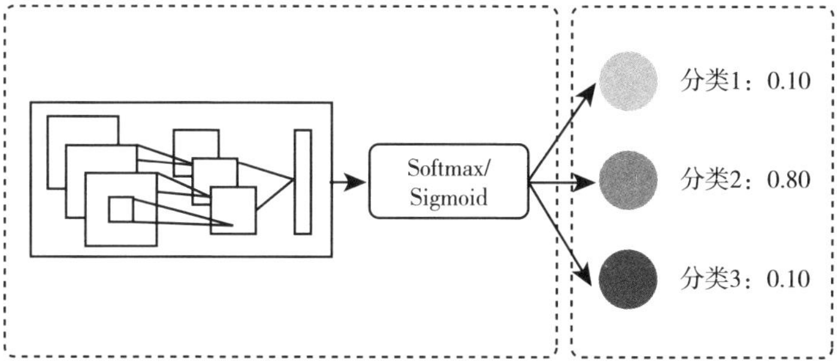


**图 4　图片审核基本流程**

同，如直播、短视频、个人上传的视频，将视频抽取关键帧，然后再通过图像识别的方法来提取每一帧的主要信息。利用这种方式，让人工智能来辅助我们进行视频内容的审核。其审核模式与图片审核相同，会判断场景、会判断人脸、会判断是否色情。具体解决方案如图 5 所示。

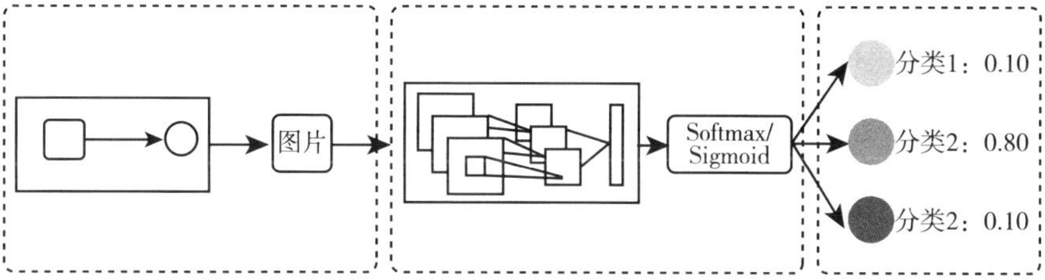


**图 5　视频审核基本流程**

现阶段以百度、阿里巴巴为主的各大互联网企业针对各种内容审核采用了相应的技术实施方案，利用 AI 技术，对文字、语音、图片、视频等进行多维度分析，在提取了关键的内容信息之后，输出视频分类标签，用来判定视频的主要内容。

人工智能技术的飞速发展，让内容审核这个棘手的难题有了更好的解决方案，网络视听的内容审核从此进入一个全新的时代。

## 四　驱动——极速促进内容质量

在2018世界移动大会MWCS上，移动、联通、电信三大运营商都对5G做了全新部署计划，明确在2020年实现5G正式商用。随着5G的普及，AI将成为5G下一代发展中所面临的根本性需求，5G与AI的完美结合将给我们的生活带来前所未有的变化。

下文将从经典IP作品的画质智能转换和高速网络时代下终端的均衡发展这两个点切入，探讨在5G和AI结合的新时代如何极速促进内容质量的提升。

### （一）经典IP的画质智能转换

经典IP的画质由于设备和年代的限制普遍较差，如今屏幕尺寸不断扩大，高分辨率终端发展势态汹涌，为了获得更好的显示效果亟须引入4K乃至8K片源。一些经典IP作品在大屏设备上的效果不尽如人意，这是因为面对大屏设备播放问题时通常采取的方案是广义超分辨率（Super Resolution，SR）。这类技术已经存在了很长一段时间，应用也非常广泛。事实上，每当我们需要以不同于原始分辨率的尺寸来显示或存储图像时，就已经使用了SR，只不过使用的是其中最为简单的那类算法而已。随着图像处理理论的发展，以及机器学习的普及和更高性能的处理器的出现，各类更优秀的SR算法陆续出现。现在我们提及SR时，往往是特指依靠机器学习来实现的图像放大算法。下文提到SR时也均特指这类算法，它能够提供远超于传统图像放大算法的图像质量（见图6）。当然，运算量也要高得多。

**图6　Bicubic和SRCNN分别对缩小到1/8的原始图像放大**

资料来源：C. Dong，C. C. Loy，K. He，and X. Tang，“Learning a deep convolutional network for image super-resolution，” In *European Conference on Computer Vision*（*ECCV*），pp. 184 - 199. Springer，2014.

SR 算法本质上和传统图像放大算法没什么不同，都是利用已有的图像信息去预测需要的像素点。只不过传统算法的预测模型非常简单，可以通过人工设计的方式实现。例如双线性插值（见图 7），就是利用目标像素周围的四个点来做预测，离目标位置越近的点权重越大，通过一组简单的公式就能得到结果：

$$f(R_1) \approx \frac{x_2 - x}{x_2 - x_1} f(Q_{11}) + \frac{x - x_1}{x_2 - x_1} (Q_{21}), \ where\ R_1 = (x, y_1)$$

$$f(R_2) \approx \frac{x_2 - x}{x_2 - x_1} f(Q_{12}) + \frac{x - x_1}{x_2 - x_1} f(Q_{22}), \ where\ R_2 = (x, y_2)$$

$$f(P) \approx \frac{y_2 - y}{y_2 - y_1} f(R_1) + \frac{y - y_1}{y_2 - y_1} f(R_2)$$

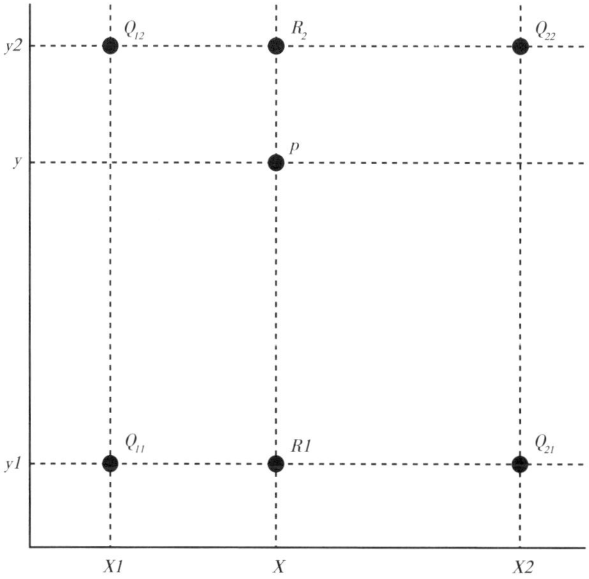


**图 7　双线性插值，通过 Q11 ~ Q22 这四个点预测点 P**

资料来源："Bilinear_ interpolation，" Wikipedia，https：//en. wikipedia. org/wiki/Bilinear_ interpolation.

而现代 SR 算法为了得到更精确的预测结果，其预测模型则复杂了很多。一般有多个卷积层和激活层，会利用到目标像素周围很大一片区域的图像信息，包含成千上万个模型参数，纯靠人工设计是不现实的，所以人们才会依靠机器学习的方式来决定参数。这种做法还附带有不少好处，例如无须对图像处理有深厚的理解就可以训练模型，再比如可以根据自己的应用场景调整训练集，从而得到更适合的预测模型。

图 8 是一个简单的例子，来自经典的超分算法 SRCNN。模型基于卷积神经网络，以原始图像为输入，先是用廉价的上采样算法将分辨率提升到期望的大小，然后经过三层卷积运算，得到超分输出。

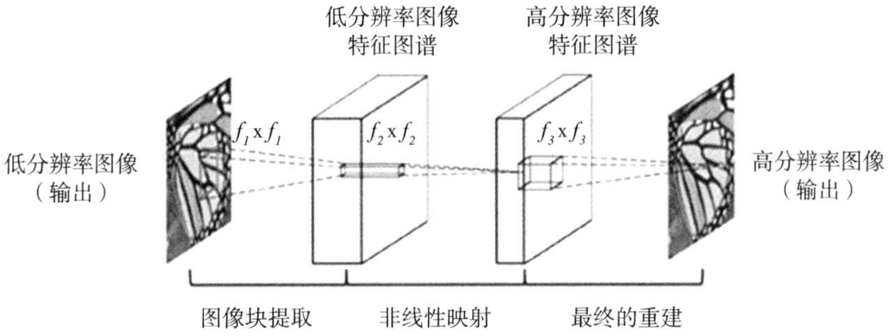


**图 8　SRCNN 网络结构**

资料来源：C. Dong，C. C. Loy，K. He，and X. Tang，“Learning a deep convolutional network for image super-resolution，” In *European Conference on Computer Vision*（*ECCV*），pp. 184－199. Springer，2014.

SR 可以理解为通过硬件或软件的方法提升原有图像分辨率的过程，它通常包含两个层面：分辨率重建和 AI 增强。

视频的分辨率重建是指将低分辨率视频重建成高分辨率视频，在终端设备上动态加载超分模型，做到两到三倍的分辨率重建，例如输入 360P 的源视频，终端可以输出 1080P 的高清视频。分辨率重建作为视频的后期处理技术，可以更好地匹配高分辨率终端显示，在同等带宽下获得更高的视频质量，适用于低分辨率、低质量的视频重建场景。

AI 增强是指融合来自相同动态场景的多个低分辨率视频序列的信息，去重构一个高时空分辨率的视频序列。视频超分辨率包括时间超分辨率和空间超分辨率，视频中某些事件发生变化比较快，这样就需要用所谓高速（高帧率）的摄像机来采样，如果使用普通帧率的摄像机，那么在时间上就会有一些细节信息的丢失。视频的时间超分辨率技术就是要恢复这些丢失时间上的细节信息，而视频空间超分辨率技术就是通常人们提到的图像超分辨率复原。通过 AI 视频增强的处理，原本模糊、灰暗的老片可以变得清晰、明亮，同时消除源视频中人物的伪影和文字边缘的毛刺，使画面变得更加细腻，消除画面中的顿挫感。

基于深度学习的超分技术能较好地恢复图像细节，在视频发送源可能因为种种客观限制，无法提供高分辨率的视频时，比如摄像头采集能力不足，网络带宽不足，源端处理能力不足等情形下，如果云端或者接收端的处理能力满足要求，可以借助超分技术，对于视频质量做恢复，呈现给用户高质量的视频。所以超分技术为在恶劣的客观条件下的视频应用提供了高质量呈现的可能，是经典 IP 借助人工智能技术提升使用体验的一种典型落地场景。

### （二）网络与终端的均衡发展

传统通信市场日渐饱和，而视频行业未来的发展却异常凶猛。Mordor Intelligence 发布的《超高清市场报告》显示，2017 年超高清市场的规模约为 307.3 亿美元，到 2023 年预计达到 1104.3 亿美元，年复合增长率为 23.1%。[①] 对比 4G 终端业务，5G 终端业务无论是在传输速度上，还是在资源利用方面都更优，并且在 4G 网络的基础上扩大了网络覆盖面，提升了用户体验。在每一代通信技术的演进中，终端在实现商用化里扮演举足轻重的角色。手机终端从 2G 到 4G 都是绝对主角，但 5G 终端到底是什么形态，中国移动在其近期发布的《5G 终端产品指引》中也做了多种假设。

无疑，消费类的 5G 智能手机将带来体验升级，5G 是 4G 速度的 10 倍左右，将显著增强移动互联网业务体验，能够支持 4K 视频（约

① 《朱常波：布局超高清产业，推动 5G 大视频快速应用》，中国工业电器网，http：//www.cnelc.com/text/1/190118/AD100885412_1.html。

25Mbps）、3D 视频（约 50Mbps）这样的应用，5G 智能手机将是 5G 终端的“头部”。5G 端到端时延在 20～40ms，这会改善云与端进行交互的应用体验。

除了消费类，5G 还能对三类行业终端拓展智能终端蓝海，即基础类产品、通用类产品、特定场景产品。基础类产品包括视频直播、远程医疗会诊等行业场景，具有 5G 网络基本接入需求。对于通用类产品，比如 VR/AR、无人机，它们可以应用于多个场景，属于通用性应用。而部分垂直行业场景需要用专用 5G 终端，满足行业特殊需求。①

网络环境的飞跃带来的终端升级将直接促进内容质量的提升，5G 通信网络将为优质内容、应用的长足稳定发展提供源源不断的驱动力。随着 5G 的普及，势必将推动高分辨率终端的发展，而终端的发展反过来又会促进网络的发展，这将使网络与终端的发展相辅相成，进入一种动态平衡而又大体向前的稳态。

## 五　精准——助力变革内容获取

AI 技术变革了传统的内容获取方式，催生了大批以 AI 推荐算法为核心技术的互联网产品。这些产品能够做到精准推送，为用户大大节省了时间和精力。从“人找内容”到“内容找人”，从内容的精细化运作到场景的丰富化体验，AI 技术通过在内容供给侧和内容消费侧的全方位的应用，最终成功实现内容生产者“投其所好”的广告营销。

### （一）从“人找内容”到“内容找人”

在互联网时代之前，公众以传统方式获取信息，而信息的传递离不开传

① 《5G 终端产品指引》，百度文库，https：//wenku. baidu. com/view/eef257926394dd88d0d233d4b14e852458fb39ca. html。

统媒介，一般指书籍报刊、信件往来、电影电视等。[①] 公众通过查找和阅读书刊，来获取需要的任何信息；通过接收和阅读信件，获知亲友近况，与远方的人沟通；通过观看时间线确定的电影和电视，选择性接收想要的视听信息类型。以上方式共有一个特点，那就是信息所传达的内容本身是静态和固有的，如果需要某一特定类型或主题的信息，需要个人具备基本的筛选和查找信息的能力，耗费一定的时间和精力，才能获取到目标内容。

进入互联网时代的初期，公众可以通过互联网很方便地查询到各类信息，诸如文字、图片、视频、音频等。主要的媒介有门户网站、搜索引擎、社交平台等。与传统方式相比，互联网时代的信息媒介大大节省了公众获取信息的时间成本，这是十足的进步。但是这仍然没有逃脱“人找内容”的模式，对于个体来说“人”还是站在主动的那一方，若想要精确地找到目标信息，依然需要耗费精力。

如今 AI 大行其道，内容的获取也进入 AI 时代。AI 技术在内容获取领域的应用，革新了“人找内容”的传统模式，催生了“内容找人”的新模式。这种新模式离不开关键两点，在平台的内容供给侧 AI 辅助具有丰富内容资源，同时在内容消费侧使用先进 AI 技术进行内容的精准投放。

### （二）从内容的精细化运作到场景的丰富化体验

#### 1. 自媒体的兴起和内容精细化运作

自媒体是指内容传播者具有私人化、平民化、普泛化、自主化等特征，通过现代化、电子化的途径，向读者群体传递规范性及非规范性信息的新媒体的总称，其传播平台一般有微信、微博、贴吧、抖音、论坛等。[②] 与传统传播媒体相比，自媒体的内容与传播具有个体化、自主性、多样化、圈群化、高速性等特征。[③] 由于作为传播者的门槛变低，越来越多的人加入自媒

① 《新时代人们获取信息的途径分析》，参考网，http：//www. fx361. com/page/2018/0613/3670639. shtml。

② 方菲然、张银帙：《新媒体时代下英语教学模式的探索与实践》，《才智》2019 年第 2 期。

③ 宋全成：《论自媒体的特征、挑战及其综合管制问题》，《南京社会科学》2015 年第 3 期。

体行业，内容越发丰富。竞争激烈的自媒体环境导致更多的自媒体人将目光放在对内容的精细化运作上，正向推动行业发展。

AI 在内容创作领域已经开始应用。例如 AI 写作已经在运动赛事中应用，在比赛分数刚出来，即时生成相关报道；AI 写作在金融财报中也有应用，通过自动抓取公司线上发布的财报数据，自动分析与统计，按照规范的格式在网络上线新稿件。上述类型的应用主要是对数据的简单分析与陈述，AI 能做的还有更多。阿里巴巴在 2017 年发布了人工智能设计师“鲁班”，能够每秒产出 8000 个条幅海报的方案稿；阿里巴巴还发布了机器人来批改作文，几十秒中能够在 200 字作文里发现 8 处错误；“阿里编编”机器人完成一个剧本只需要 30 分钟。甚至还出现了 AI 设计 LOGO 的网站“LOGOJOY”，选择想要的 LOGO 风格，就能智能生成多种 LOGO 方案供用户挑选。AI 辅助视频剪辑的平台也已上线，能在短时间内按照用户指定主题或内容快速生成视频，大大降低视频内容生产的门槛。AI 已能够从文字、图像、视频等各方面助力内容的精细化运作，对未来内容生产大有裨益。

2. 众多 UGC 平台实现场景的丰富体验

无论时代如何变化，“内容为王”仍是关键。内容的生产从 PGC（Professional Generated Content，专业生产内容）时代转向了 UGC（User Generated Content，用户生成内容）时代。UGC 产品平台即以普通用户自发生产的内容为基础，并由此引发的人与价值内容、人与人、人与商业这样三种类型的关联关系，最终为 UGC 供应商产生商业价值的一种互联网商业形态。① 好的 UGC 平台更像一个生态系统，其核心要素有：如何吸引用户？如何更好地激励内容创作者？如何挽留住内容消费者？如何让优质内容流动起来？在如今的互联网时代，大部分互联网产品具有 UGC 的特征，这也为不同场景下的丰富内容的生产提供了平台基础。

① 《如何激励内容生产者和内容消费者，让优质内容流动起来》，人人都是产品经理网，http：//www. woshipm. com/operate/315951. html。

以电子商务领域为例，用户产生的内容决定了其他用户消费的动力。研究发现，在电子商务领域，UGC 对“千禧一代”的影响很大，约 59% 的“千禧一代”使用 UGC 来做购买决定；每天有 81% 的“千禧一代”与 UGC 接触；99% 的“千禧一代”认为网站上的 UGC 影响他们的购买欲望。亚马逊的 CEO 贝佐斯曾明确地表示，亚马逊成功的根本在于，用户在亚马逊上留下的评论。[①] 淘宝算是典型的 UGC 商品交易社区，UGC 内容生产方式保证了内容的丰富度，加上阿里巴巴强大的运营能力来保证规则的制定、基础设施的配套建设、内容的运营等，从而构建了强大的社区生态。[②] 除了传统电商自建 UGC 社区外，还有一些主要靠 UGC 内容发展起来的中立平台广受网友欢迎，例如“什么值得买”、小红书等。

在其他领域新兴的 UGC 平台更多。例如，以今日头条为首的字节跳动系 App，诸如抖音、西瓜视频、火山小视频，在新闻和视频的 UGC 平台领域占据了重要地位。2019 年 1 月 29 日抖音与字节跳动算数中心联合发布的《2018 抖音大数据报告》称，抖音国内日活用户数突破 2.5 亿，月活突破 5 亿。[③] 除此之外，社交 App 三大王牌应用——微信、QQ、微博，UGC 内容是助力它们成为王牌的重要部分。知乎作为用户问答社区，依靠其高质量的用户生产内容，成为国内问答领域产品的领头羊。豆瓣作为老牌社区，依靠文艺爱好者的高品质自生产内容和中立的态度走到现在。bilibili（哔哩哔哩）视频网站依靠丰富的二次元 ACG（Animation Comic Game，动画、漫画、游戏总称）内容和用户自发原创的视频吸引了大批忠实用户，并于 2018 年成功上市。

据极光数据统计，中国移动网民平均每天花费 3.9 小时左右的时间使用手机端应用；其中，网民花费在社交网络类手机应用的时间长达 127 分钟；

---

① 《同是 UGC 产品，为啥人家的那么好?》，搜狐网，http://www.sohu.com/a/234467211_100129664。

② 《媒体 & 社区 & 社交系列——京东为什么干不过阿里?》，雪球网，https://xueqiu.com/6654628252/108695684? page=23。

③ 《2018 抖音大数据报告》，知识库，https://www.useit.com.cn/forum.php? mod=viewthread&tid=22150&page=1。

花费在网络视频类手机应用的时间长达29.5分钟；花费在新闻资讯类手机应用的时间长达13.3分钟。[①] 而UGC内容主要分布的领域就是社交网络、视频、新闻资讯等，足以说明UGC内容对于用户具有很大的吸引力，为AI在UGC内容上的应用打下坚实基础。

3. 内容供给侧与AI共同发展

在内容供给侧主打精细内容和丰富场景，不断提升内容的多样性和高品质，是当今UGC平台发展的策略之一。近几年来，为了丰富内容供给侧资源与增强内容供给的质量，腾讯、网易和今日头条等火爆的互联网平台都相继推出了各种对自媒体的优厚扶持政策，吸引更多的自媒体来入驻，以补贴的方式在一定程度上增加自媒体收入和帮助自媒体变现，从而更好地激励自媒体创作者去生产更多的优秀内容。与以前门户网站内容提供方式不同，现在的UGC平台更像网上商城一样，要让内容创造者拥有自己的“内容店铺”，将自己的“内容店铺”作为一块阵地去细心耕耘与长期经营，这样内容提供商的经营价值不再是一次性的流量售卖的形式，而是可以利用“内容店铺”沉淀自己的自媒体的品牌价值，从而获得更加长远的价值。[②]

在内容供给侧的丰富方面，用户面对庞大的信息量往往难以精准定位自己需要的信息，这种情况在一定程度上促进了AI的应用与发展；AI在不同内容创作领域的应用，反过来降低了内容创作的门槛，又会促进内容供给侧的进一步的繁荣。AI与内容生产两者相辅相成，互相促进发展。

## （三）内容生产者“投其所好”的广告营销

在内容供给侧做好内容的布局后，如果没有精准投放，高质量的内容在浩如烟海的信息海洋里，是难以主动推送用户的，除非用户主动查找。这凸显了在消费侧开展精准营销的重要性，要让内容主动找人，对用户“投其

---

① 《2018年Q1移动互联网行业数据研究报告》，极光大数据，https：//www.jiguang.cn/reports/251。

② 《从“人找信息”到“信息找人”阿里打造移动信息服务矩阵》，搜狐网，http：//www.sohu.com/a/73256463_160309。

所好”。图 9 表示我国互联网广告市场规模逐年大幅度增长，精准的广告营销仍然是未来的大趋势。

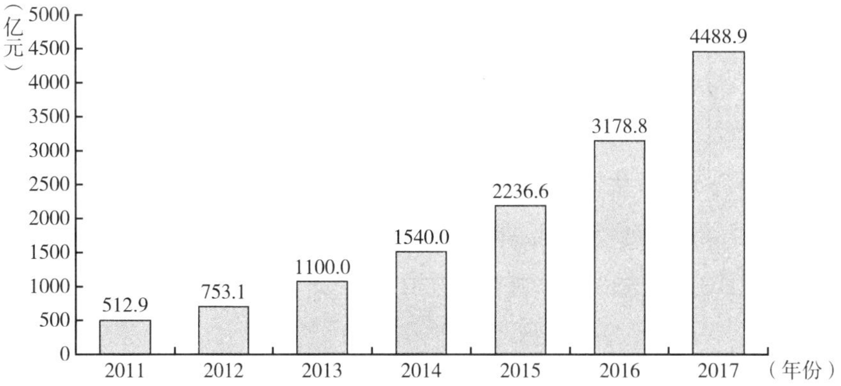


**图 9　2011～2017 年我国互联网广告市场规模**

资料来源：《2018 年我国互联网广告行业发展现状及趋势分析》，华经情报网，https：//www. huaon. com/story/390323。

精准营销一般是通过推荐系统来实现的，从用户视角来说，对用户真正有价值的推荐才是好的推荐系统，它既要符合用户预期，又要让用户产生惊喜。一个 AI 推荐系统需要不断地完善和优化，能够给出让用户信服的推荐理由，例如时下热门内容、用户好友也喜欢的内容、与用户喜欢的内容类型有相当的关联等。如图 10 所示，推荐系统一般由推荐算法、前台界面、后台日志系统构成，用户在前台界面产生的用户行为数据保存在后台日志中，推荐算法根据用户行为数据来生成最后的推荐结果。①

由于神经网络可以快速地执行复杂的任务并轻松地处理大量数据，AI 技术常被用于实现推荐系统。推荐系统中常见的 AI 算法有协同过滤、SVD、K-Means 等，在实际应用时并不是只运用一种算法，而是对算法进行诸如加权、交叉、切换、增强、分区、分层等混合，以达到更准确的

① 《AI 必备知识：推荐系统》，人人都是产品经理网，http：//www. woshipm. com/ai/1064987. html。

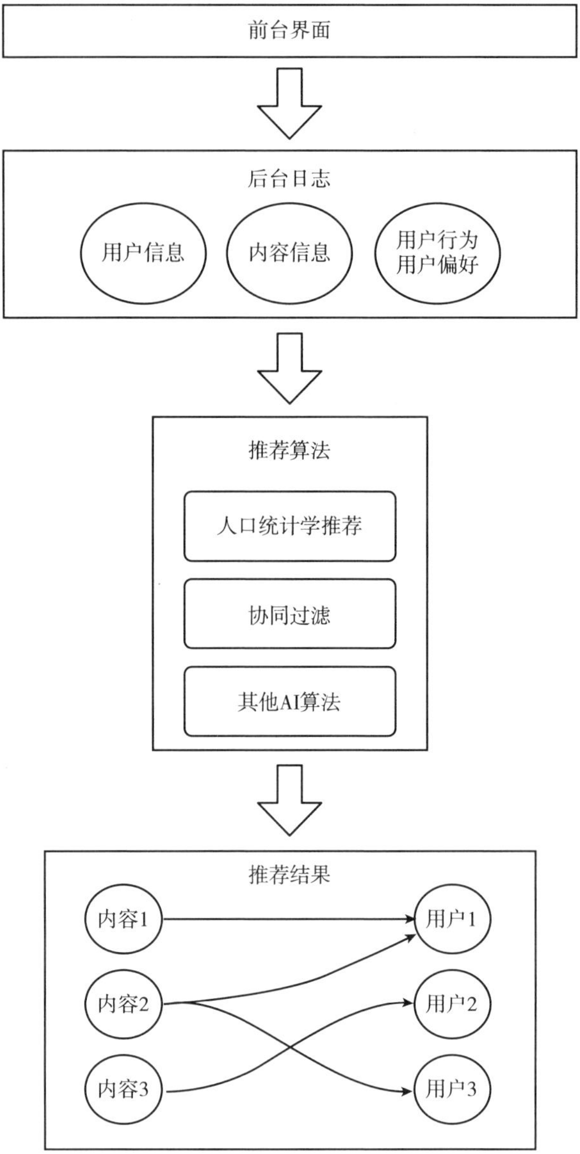


**图 10　常见推荐系统的流程**

效果。

在 2006 至 2009 年举行的 Netflix Price 算法竞赛是混合推荐系统应用领域最有名的例子之一，竞赛的目标是将 Netflix 的电影推荐系统算法准确率提高至少 10%。最终获胜团队用一种融合了 107 种不同算法的方案，将系统推荐的准确率提高了 10.06%。近年来火热的互联网产品诸如今日头条、抖音等应用，因其精确的推荐算法，营造一种“停不下来”的体验，成功圈粉大量重度用户。

AI 技术在推荐系统中的成功应用，实现了在内容消费侧对用户精准定位、投其所好的效果，正在成为如今互联网产品领域的一种标配。

## 六　结语

2018 年 5G 与 AI 技术的融合应用，让人工智能、大数据、虚拟现实开始在各个领域不同场景实现延续拓展，视听行业也凸显“技术出新品”的现象。从新技术驱动新时代信息传播模式到获取感官联动的视听体验，从搭建智能化的内容生产平台到营造精准的市场定位，技术与人文艺术的互联互通将逐步确立视听行业发展的新范式。

# B.9
# 智慧广电的发展与趋势

王明轩*

**摘　要：** 智慧广电建设是一个“由上到下”或“由点到面”的系统工程，要摒弃工业化时代多地建厂的思维。它必须由包括5G、云计算、边缘计算等通信领域的先进技术为支撑的物理网和由媒体操作系统及各种垂直应用搭建的虚拟网共同构成。在这样的信息传输体系里，AI主播、AI记者、智能推荐系统将为用户提供精准的节目内容和生活服务、政务信息。更重要的是，智慧广电最终将为用户提供一个拥有强大人工智能能力的账户，一个人人都可以拥有的智能机器“仆人”；它不仅具有用户本人的偏好、特性，还能为用户提供方方面面的生活信息服务和决策参考，今天的媒体信息仅仅是其中一小部分；它是智慧广电的核心，也是所有媒体和互联网企业未来争夺的制高点，当然还是信息安全管理的关键之一。

**关键词：** 5G　融媒体　人工智能　垂直应用　智慧广电

说清今天智慧广电的发展现状易，探讨未来智慧广电的演进趋势难。尤其是在信息革命风起云涌，大国博弈日趋加剧，中国发展日新月异，多

---

* 王明轩，项目管理硕士，国广东方副总经理，国广星空总裁。主要研究方向为新媒体发展趋势。

重浪潮叠加出百年未见之大变局的当下，如果仅就人们认知理解的广电的过去和现状，去推演广电的未来，无异于丛林中草叶上的一只小蚂蚁在苦苦探求如何把一段蚂蚱的残肢搬回洞穴。而此时，站在树梢上的小猴子却能看到丛林外更远的光景，那里正在建一座水坝，蓄积的洪水即将把脚下的丛林淹没，当然也包括蚁穴。因此，我们必须从人类历史的长度，中国社会的宽度，还有媒体产业的高度，多维度抽丝剥茧，探寻智慧广电的发展逻辑。

## 一　智慧广电发展的社会背景

### （一）人类社会形态的变革以及对广电的影响

信息社会，人类的生产力与生产关系将发生不可逆转的巨大变革，并由此导致社会形态的重塑，进而压迫和改变传统媒体的内容形态、产业结构、盈利模式等。

从前，人类的财富都是以物质形态存在的，而进入信息时代以后，当姚晨、崔永元的微博拥有几千万粉丝，并可以实现经济变现的时候；当一个孩子玩电子游戏的道具已经可以实现几万元、十几万元的资金交易的时候，人类其实已经悄然进入非物质财富时代。即个人的影响力、信誉、能力等非物质性的东西成为一种可变现、可交易的财富。这种财富现在规模还小，多表现为品牌、专利技术等无形资产，但随着时间的推移，它将占据个人财富的很大比重，甚至有的人其非物质财富将远远超过物质财富，进而导致整个人类社会的财富结构发生变化。特别是今天被归类为文化、体育、科研、服务等领域的产业规模，将有可能超过物质领域的产业规模。

人类的财富是由稀缺性决定的，随着生产力的进一步提高和人工智能的普及，物质生产逐渐会超越人类的基本需求，物质生产的稀缺性开始下降。而与此同时，知道需要生产什么？生产多少？谁需要？这些需求信息会变得更有价值，即实体经济的规模还会扩大，但重要性的权重有下降趋势，而虚拟经济重要性日益提高。① 当然，这是一个相对的概念，不是实体经济不重要了，而是实体经济是根，虚拟经济是树，后者是在前者的基础上发育成长起来的，两者不可或缺，两者结合才构成了信息时代的灵与肉。由于虚拟经济是后来者，是从零开始的，所以会在相当长的一段时间内成长得更快一些，直至与实体经济平衡匹配。广电就是发育在工业文明枝条上的虚拟经济的“芽点”之一。

农耕时代，人类实现的是满足基本生存的小农生产；工业时代，人类实现的是满足最大公约数的规模经济；进入信息化社会后，生产能力和精准信息的结合，将使人类快速进入满足个性化需求的淘金经济时代。窄众的小需求也能积沙成塔，汇聚成具备商业价值的规模化生产，这不仅表现在物质生产过程中，也包括大量的非物质生产。如传统电视就是满足最大公约数的规模经济，没有人愿意为小众需求做一档节目，但未来，大量窄众节目将成为视频节目的主要支撑。

随着5G的普及，联网的各种终端将以百亿、千亿的量级增加，这数以千亿计的终端就是地球上的神经元，它们几乎可以采集地球上任何信息，通过互联网建立起一套复杂的神经系统。② 如通过某一地区的空调的开机情况就能够判断当地的气温。智能电网、智能交通、智慧广电等，都不过是未来智能生活中的一个小分支，我们的星球正进入可以对外界信息刺激做出反应的智慧地球时代。

---

① 《电视+？电视还能加吗?! 别逗了!!!》，“新媒体大趋势”微信公众号，https：//mp. weixin. qq. com/s? _ _ biz = MzA4NzY1NTkwNw = = &mid = 403055183&idx = 1&sn = 397fc9a5218f5061cbbe2d8404329775&chksm = 0dc496c33ab31fd54cf70cd301f657f62e98bfee6cff551562f57ad800bb71096d70a2095a3b&mpshare = 1&scene = 23&srcid = 1008Ys49UyNiP3KtDaLsdwX5&sharer_ sharetime = 1570529055044&sharer_ shareid = f6be928f77af93289219aa2e60e347f2#rd。

② 《大数据与视频媒体产业链重构》，“新媒体大趋势”微信公众号，https：//mp. weixin. qq. com/s? _ _ biz = MzA4NzY1NTkwNw = = &mid = 200518947&idx = 1&sn = 6dfa86df7ede71ffaf1763293406c939&chksm = 1e3119af294690b9313914bee57a511260f809b31693733cb2da6ef760a8145f7d5b15c3594f&mpshare = 1&scene = 23&srcid = 10083ZhUK9J2NYI3D0EnjHVU&sharer _ sharetime = 1570528975300&sharer _ shareid = f6be928f77af93289219aa2e60e347f2#rd。

智慧地球时代，信息的隐秘性越来越低，隐私权将会与现实生活中的各种应用产生激烈的冲突，但为了基本的生活方便，人类将不得不让渡出一部分隐私权。这将是一个社会与个人通过博弈，最后取得新的平衡的过程。不仅如此，人类在法律、道德以及很多意识形态领域的条文、认知也都要进行更新迭代，包括与广电紧密相关的版权、知识产权。

信息革命给了人类高效、便捷、智能的新生活，不法之徒也能利用它进行相应的破坏。恶意的舆论煽动进行的破坏性社会动员；智能汽车突然全部停驶；电力系统的突然瘫痪……信息安全将成为当今人类无法回避的世界性难题。人类必须通过技术、法规、制度、契约、道德等多重手段，在一次次安全事件中磨合出全新的信息管理方法。

### （二）信息社会将重构广电媒体产业结构

今天我们享受的生活多数都得益于工业文明的成果，进入信息社会后，这些由工业文明所形成的产业、产业结构、流程等，将被彻底打散并进行新的组合，形成信息化的产业结构，比较典型的有教育、医疗、体育运动行业等。下面简要梳理这三个行业，以作为我们研究广电发展趋势的参照。

（1）教育。人类早期的教育是没有文、史、哲和数、理、化的学科细分的，工业文明的科技进步才将它们细分成独立的学科体系。如此浩繁的知识体系，拿着戒尺的私塾老先生是根本无法全部掌握的，更谈不上传授。于是，人们便把工业化大生产的方式引入教育中建立了现代学校。其实，一座学校就是一座“工厂”，一个年级就是一个“车间”，一个班级就是一个大“模具”，构成了人类劳动力的社会化大生产流水线。这种教育效率高，但每个班都是一个模子“卡”出来的，根本无法实现个性化的因材施教，造成大量学非所用的浪费。而互联网的信息文明，将构筑远程的双向互动教育体系，实现优质教育资源的地域公平和阶层公平。一些低水平重复性的练习，可以交由AI机器带领，优秀老师将有精力覆盖更大的学生群体。新的教育体系将根据每个人的性格、思维、身体特性提出学习方案和个人发展建议，虚拟化、个性化、体验式的学习让每个人最快地成为自己想要成为的人。

（2）医疗。在古代，无论中医还是西医都是一个医生包治百病，是工业文明使得现代医学进行了复杂的内科、外科、妇科、儿科、口腔科的细分。为此，现代医院也同样采用了工业文明的生产模式，医院就是“工厂”，科室就是“车间”，通过流水线完成由病人到健康人的再生产。而进入信息社会以后，人们日常更多的将是通过可穿戴设备进行生命体征信息的采集，经由人工智能分析，给出合理的提示、建议、预警。必要时，私人医生会出来干预。由于这些健康管理工作到位，人们得病的概率大大下降，治病将是整个健康产业中很小的一环，对特殊病症还可以远程医疗。届时名医也将脱离医院走上明星化、群主化的道路，享有大量非物质财富。

（3）体育运动。古代奥林匹克运动跟现代体育运动相比，更多的是一种祭祀活动。工业文明首先为人类提供了足够的物质基础，才使得人类可以实现为了锻炼而锻炼，在此前人类都是用劳动代替锻炼。工业文明还导致现代报纸、电报的产生，使得体育比赛的结果可以进行快速广泛的传播，促进了现代体育的兴盛。特别是电视媒体的普及，使得现代体育达到了空前的繁荣。正是媒体的深度参与，使得现代体育严格上讲变成一种欣赏性体育，只有少数人能够真正参与，多数人都只能是看客。人类进入信息时代以后，互联网给了用户足够的参与并展示自我的机会，单纯欣赏性的体育便受到冲击，最突出的表现就是2008 年北京奥运会人们的收视热情达到最高峰，后来两届奥运会收视率明显下滑。信息社会，人们更热衷于参与具有社交和自我展示特点的体育；更多的科技含量高、可以对运动前后进行体征信息采集、提供运动建议的设备将大量普及；通过 VR 由教练进行运动指导的做法将被广泛采用；特别是电子游戏、体感游戏项目或将产生自己的世界杯或职业联赛。

类似的工业文明成果将向信息文明新形态转变的事例比比皆是，虽然它们不属于广电体系，但都是广电可以深入的领域。否则，传统广电媒体当年为什么做了那么多体育、医疗和教育节目呢？因为媒体的天职是替社会传递信息，而上述产业所有的变化都是围绕“信息”传递的改善进行的。未来广电的专业属性将会被弱化、传统的传播路径被压缩，广电的生存和智慧化发展，必须主动融入社会发展的方方面面，形成信息传递的基础性服务，否则广电的路将越走越窄。

### （三）中国社会发展浪潮迫使媒体必须有质的飞跃

声音是波形运动的，光是波形运动的，水是波形运动的，波形运动是宇宙的法则，因为波形运动消耗的能量最少。人类社会也是波形运动的，而且也遵循跌得越深、爬得越高的能量转换原理。中国在经历了 20 世纪至深至暗的谷底之后，正在快速上升的通道上狂奔。对于媒体形态的变革，社会的期许亦然。

更幸运的是，中国社会在这一波次发展中，还踩上了信息革命的步点儿，完成了与信息社会浪潮的叠加。计算机和互联网并不是在中国发明的，在很多关键技术上，中国与世界先进国家还有很大差距，但中国利用自己羽翼渐丰的经济基础和庞大的网民基数，在应用领域已经走到了世界的前列。这与 1895 年时的美国十分相似，那时的美国作为一个后发展的工业国家在发展遇到瓶颈时，正好赶上了工业革命第二程的电气革命和能源革命，利用这一时机，美国一跃把欧洲甩在了身后，今天通用电气等众多知名企业就诞生在那个年代。

中国社会互联网应用能够走到世界前列还有一个重要的原因，中国是以马克思主义为治国理政理论基础的，而马克思主义的核心理论就是生产力决定生产关系，生产关系必须适应于生产力的发展。因此，中国一直支持代表着先进生产力方向的互联网技术的发展，在发展中规范并修正出现的问题。中国社会没有银行资本家能够杯葛网银，也不会因为出租车行业的反对就取消网约车。中国的这些发展特点决定了它会坚守自己的舆论安全底线，但绝不会死守落后的生产力，它在鼓励媒体融合的同时，更希望能够创造出新的领先世界的信息传播形态。

## 二 广电的前世今生，智慧广电的发展

### （一）广电是最典型的工业文明的产物

当工业文明发现电磁波可以在空中传播的时候，就把图像、声音信号转换成电磁波，再把这个随内容变化的电磁波调制到另一个稳定的电磁波上，前者被称为信源信号，后者被称为载波，通过天线把它们发射到空中。收音机或电视机接收到空中的电磁波后，把信源信号从载波上取下来，再还原出对应的声音与图像。这是一种一对多的过程，也是效率高、成本低的大众传播方式，因为只需消耗一点电费，覆盖区内所有的人都能够接收到这路电视信号。不过，虽然单位传播成本低，但它的进入成本却很高，当时几乎没有人能够买得起昂贵的发射机、编辑机、摄像机这些特殊装备，于是专门从事音视频信息传播的社会机构——广播电视机构就产生了。

人类是最善于收集、处理信息的物种，也正因如此，他们才爬上了地球食物链的顶端。他们总是把最新、最好的技术用于信息的采集处理中，因此当无线电技术成熟以后，人类就把自己曾经迫不及待搬上纸媒的内容又迫不及待地搬上了无线电。新闻、文化、艺术、体育、财经、气象服务等，人类需要的几乎所有公共信息全部都呈现在广播电视中，广播电视迅速成为人类在工业文明中覆盖面最广、影响力最大的强势媒体。

### （二）被“先进”耽误了的广电

也许正是因为广电的这种不可撼动的强势地位，20 世纪 90 年代后期广电媒体是以极大的心理优势，甚至是采取蔑视的姿态来对待各种网络媒体的。而在移动互联网领域，1G 时代，广电媒体没在意，情理之中；2G 时代，广电媒体没上心，情有可原；而 2010 年 3G 普及时，广电媒体依然没有从根本上认清问题，则彰显出传统广电媒体人人性的弱点和广电行业面临时局变迁时的麻木。

无线电技术虽然是一种点对面的大范围、低成本信息传输，但若用这种技术进行点对点、一点对多点、多点对多点的传输却是不可能的，成本不允许，无线频率资源也不够。而互联网的兴起解决的恰恰就是这些问题，关键是还能够做到低成本地解决。其成本已经下降到过去同样功效下的百万分之一，甚至更低。其直接推翻了传统媒体的一切成本壁垒，信息革命是传输方式的革命。同时它还能利用大数据、人工智能进行更加精准高效的信息分发，这又使信息革命成为传输能力的革命。

这场革命要冲击和改造的是人类工业文明所形成的社会活动中，有关信息传输部分（环节）的职能，因此它最先冲击信息含量高的产业，比如情报、金融、小商品等行业，而媒体本身就是承担着社会信息传播功能的社会机构，属于典型的信息密集型行业，也必然要面临互联网的最先冲击。① 当然受冲击越早也意味着结束冲击的时间越早，因此，4G 时代是传统媒体转型的最关键的成型期，传统媒体要做和可做的事，在 4G 阶段就要基本准备好，绝不可以把全部希望寄托于 5G 时代。千万别以为 5G 是新的起跑线，没有用户、技术、模式的积累，获胜的还是 4G 时代就风生水起的玩家。

### （三）广电已经开始往智能化方向努力

好在广电人一直没有停止探索的脚步，近年来，一批有远见卓识的广电机构已经开始在智能化方面进行卓有成效的实践。

贵广网络是国家广电总局批准设立的首个智慧广电综合试验区，其在大数据、智能化、云网端一体化的“广电云”等方面积累了很好的经验，特别是利用广电云建设的安保雪亮工程、向农村延伸的远程问诊等都是很有成效的尝试。

---

① 《电视 + ？电视还能加吗?》，“新媒体大趋势”微信公众号，https：//mp. weixin. qq. com/s? _ _ biz = MzA4NzY1NTkwNw = = &mid = 403055183&idx = 1&sn = 397fc9a5218f5061cbbe2d8404329775&chksm = 0dc496c33ab31fd54cf70cd301f657f62e98bfee6cff551562f57ad800bb71096d70a2095a3b&mpshare = 1&scene = 23&srcid = 1008Ys49UyNiP3KtDaLsdwX5&sharer_ sharetime = 1570529055044&sharer_ shareid = f6be928f77af93289219aa2e60e347f2#rd。

华数集团这家起家于杭州有线，已位列中国新媒体产业发展第一方阵的大型国有文化传媒公司，正在通过创新能力建设、智能基础设施建设、家庭数字化应用、智慧城市数字化应用、智慧乡村数字化应用、行业与企业数字化应用等八大专项行动，向智慧广电综合运营商和数字经济发展主体转型。

华为这家因5G技术而蜚声海内外的世界500强企业，也开始进军电视市场，据流媒体网报道，“华为的电视也许不叫电视，而是家庭娱乐中心，或者智能家居控制中心”。当今世界上最了解5G技术的公司来做电视市场，是带着慧根的。

当虹科技是一家低调的、名不见经传的民营公司，是一家专业智能视频解决方案与视频云服务提供商，国内很多大型视频机构，包括央视、三大电信运营商以及多数IPTV运营商和OTT运营商都采用了他们的技术。如此高的普及率，加上他们专注而踏实地从编解码、播放器开始做起，这无疑给未来的智慧广电奠定了最底层的基础。

总体看，中国智慧广电在多方的努力与探索下，已经具备全面发力的基础，甚至某些地方已经能看出较为模糊的雏形，这些都是必须肯定的方面。但从全国的视角看也有其致命的不足：自发的探索多，系统的把握少；零碎的积累多，趋势的判断少。

## 三　智慧广电必须具备新思维、新观念

智慧广电不是把互联网当成渠道，把广电搬到互联网上。互联网是可以实现信息双向互动、智能高效传输的，能够“消化”信息实现成长的“生命体”，不是“死的”渠道。所谓智慧广电，就是利用互联网的这些特性，逐渐把单向广播式“弱智”广电，改造成网络化的“智慧”广电。

现在的电视节目并不是智慧广电建设的重点。在无线频道播出环境下产生的传统电视节目，在形态上，它是适合线性播出的长篇叙事体；在内容题材上，它几乎涵盖了人类生活的方方面面，而在互联网的环境下，那些如气象、交通、时尚、饮食等具有信息服务性，需要及时更新并实时互动的内容

都将变成墨迹天气、百度地图、滴滴打车等双向互动的应用工具。这些垂直领域内容，大约占目前电视节目总量的40%，它们都将是智慧广电所涉猎的领域，但会是双向的应用，而不再是节目。①

余下的，主要是新闻和影视剧，其中的“新闻”，严格意义上讲也是工业文明的产物。由于当时渠道、内容、刊播时间的限制，每篇新闻都尽可能赋予更充实的倾向和观点。而在信息文明时代，所有智能化应用和媒体平台都能随时传播信息，所有人都是信息源，内容和渠道的稀缺性大幅下降。这时的新闻，初期已经不需要太多倾向观点，多了往往出现适得其反的效果（比如成都七中霉变学生餐事件），而应由初期的多角度客观陈述，再通过高质量的新闻评论和对恶意煽动的揭露，对违法谣言加以限制，最终通过讨论，形成讨论后的社会共识。未来有影响的新闻都是一个复杂的系统工程，考验的是媒体人的敏感力、思想力特别是与受众的互动力、引导力。

科技生产力的飞速发展导致人类社会信息采集、传播能力空前提高，行业间的跨界颠覆成为新常态，因此，广电媒体必须也利用互联网工具进行创新颠覆。特别是教育、健康、体育等垂直领域更是广电媒体转型的最佳空间。这不是不务正业，只有拥有这些黏性高、活跃度高的用户，广电媒体才可以有效地传播信息、引导舆论。而有效的传播信息、引导舆论才能体现媒体的使命和媒体作为社会机构存在的价值。

智慧广电一定是物理网与虚拟网的有机结合，只有物理网，没有虚拟网，就是一堆废铜烂铁，虚拟网是不可或缺的基础设施。只有虚拟网，没有物理网，就会弱化成无法对舆论信息实现有效管控的软件企业。

从市场价值看，互联网的价值与用户数量呈指数关系，以一省一市为覆盖范围的建设价值意义偏低，必须着眼于全国一张网的建设。从技术开发的

---

① 《视频将向工具化非产业方向发展，媒体占比会很小，你可别瞎忙乎!》，“新媒体大趋势”微信公众号，http://mp.weixin.qq.com/s?__biz=MzA4NzY1NTkwNw==&mid=2651764842&idx=1&sn=9d61231efeb75b03aef0f52abd884a69&chksm=8bcc0ce6bcbb85f025cee4821703dacea6e2548c70ef0c2b46c6f106e58c15b4b92f2b1fccd3&mpshare=1&scene=23&srcid=100876xGPV3oWhNHGp0NhcH5&sharer_sharetime=1570533933635&sharer_shareid=f6be928f77af93289219aa2e60e347f2#rd。

角度看，互联网技术必须持续开发、不断迭代，人员成本高，人才少，关键人才稳定性极其重要，一省一市不可以同时实现多领域的技术开发。因此，智慧广电必须“由上到下”，即由国家广电总局或国家广电总局指定机构牵头开发，然后在全国各省份推广。或者采取“由点带面”，即由国家广电总局协调、资助各省份集中精力专注开发某一种或几种应用，成熟后彼此共享。

智慧广电不能采取工业文明的产业建设思维，发一道动员令，各省市各自为政，什么都做，结果必是一堆烂尾楼工程。互联网的逻辑是只要精心做一个茶杯就能让全世界 70 亿人都用它喝水，而不是每个地方，都要建一个茶杯工厂，生产 70 亿只茶杯给 70 亿人用。截止到目前，腾讯、阿里巴巴、百度、今日头条，没有一个是通过以省市为单位建立起来，全是一套应用软件全国推广，成熟后再通过驻地分公司加以强化和精耕细作。

## 四　趋势展望和建议

### （一）快速建设一张基于5G技术的互联网

对现有的有线电视网进行双向互联网化改造，形成一张双向互动的物理网，这是智慧广电建设的关键。传统广电媒体人在单向的有线电视网里耽误了太多时间，各省市网络公司很难突破人性的弱点，无法克服“宁做鸡头，不做凤尾”的陈腐观念，陷入个人和小团体利益的得失算计中，整个广电网如同夏日里的冰棍，其价值在快速消融，眼见着就剩一钱不值的木棍了。

时至今日，一切讨论、探索、讨价还价都该结束了，惨痛的时间成本和财力成本说明，依靠各省市的力量是无法建设一张全国互联互通的双向网的。这张网必须是“由上到下”的工程，由国家广电总局、国家电网牵头，整体规划、协同推进，抓紧时间对有线网络剩余的价值快速进行整合。

这张网在技术上必须直接着眼于 5G 时代，包括运用云计算、边缘计算等通信领域的先进技术，紧跟世界网络技术的前沿。这使它不仅能够满足媒体发展的需求还要能够满足物联网、人工智能等多种应用的需求，为真正的智慧广电打好物理网的基础。这样的网络建设无论是资金还是技术都不是任何一家广电媒体可以承担的，必须敞开胸怀与成熟的互联网公司和硬件生产厂家深度合作。

### （二）以媒体操作系统为核心建立媒体的虚拟网

智能广电必须有自己的虚拟网，它同样是广电的重要基础设施，这个虚拟网首先要从媒体操作系统开始。所谓的媒体操作系统，其实就是当下融媒体的核心部分，这里之所以称之为“媒体操作系统”而不称“融媒体中心”，是因为当今的融媒体中心被赋予了更多的含义。这样的媒体操作系统应当包括对文字、图片、语音和移动画面的采集能力和编辑制作能力；在形成作品以后，它能够自适应地一键完成对于自有媒体渠道的分发，以及微博、微信等社会渠道的一键分发能力。

它不是一个仅仅能对音频或视频进行编辑处理的视频操作系统（TVOS），未来的媒体不是按记录符号加以区分的，而是根据内容的性质特点灵活使用文字、图片、语音和视频符号。它类似于一套云端的 office 办公软件，各单位和个人只要将其安装在自己的硬件设备上，就能够开展工作。①

只有让这种统一编解码的操作系统在全国推广普及，才能实现媒体信息的互联互通。否则因编解码的不同，甲地平台的信息内容乙地平台无法获取，也就无法实现信息的核裂变式的传播，因此这样一套操作系统也必须是“由上到下”的系统工程。

---

① 《别把融媒体中心做成烂尾楼工程!》，“新媒体大趋势”微信公众号，http：//mp. weixin. qq. com/s? _ _ biz = MzA4NzY1NTkwNw = = &mid = 2651765296&idx = 1&sn = 396041c06c26e313821c4a37a935c659&chksm = 8bcc0ebcbcbb87aaa640b64aa738704adebf568305d7031e12a4dcd4eb91c4a7f38cf647c48e&mpshare = 1&scene = 23&srcid = 1008lGWtRPjbcoav-Nmv1xvKW&sharer _ sharetime = 1570533854901&sharer _ shareid = f6be928f77af93289219aa2e60e347f2#rd。

### （三）创建智能时代的内容监管体系并着眼于产业化

有了上述媒体操作系统，智慧广电才可以建立安全的舆论管理体系。由于这套舆论管理体系是从底层编解码统一标准开始研发的，就可以保证对任何信息进行监控和管理，特别是再辅以人工智能，就可以实现对舆论信息的安全管理，对于非法内容设定“开关”。

当然，也一定要建立必要的人工审核系统，这里的审核已经不是过去意义上媒体内部的内容管理流程，而是互联网发展到今天衍生出来的一种对公众信息管理的社会职能。广电媒体人一定不能瞧不起这项工作，在人工智能成熟之前的很长一段时间，它将成为我们重要的社会职责，甚至是有经济价值的新兴“产业”。

### （四）通过各种垂直应用，建立更加完善的虚拟网

这些垂直应用在功能上，也是融媒体中心的重要组成部分；在经济上，将是未来广电事业重要的增长点；在社会职能上，将承担着政务和服务的功能。

这些垂直领域涉及范围非常宽泛，多达几十种，除了引入社会上的成熟公司直接参与外，另一个方法是“由点到面”，即由国家广电总局牵头结合各省市的财力、人才、资源优势，在一个大的技术框架下进行分工协作，开发出的成果全系统共享。日后通过收取平台服务费或收入分成弥补各省市支付的开发维护费用。

### （五）双向互动的节目形态或将成为广电“超级武器”

广电节目是在工业文明的技术成果支撑下产生并成熟的，它也必将在信息文明所提供的新技术条件下实现形态的重大变革。5G 兴起，我们往往被惯性思维驱动到了高清晰度的 4K、8K 和立体的 VR 上，事实上，这些很难成为大众日常信息需求的主力，高清必须有类似《流浪地球》这样的大场面相配合，VR 更适合汽车、飞机的驾驶训练和游戏。

真正对广电节目产生革命性影响的恰恰是现在低关注度的低延时，通过这种低延时，可以研发全新互动的视频节目。每个人，无论身处天南地北，只要打开屏幕，就如同在节目现场，实现观众与观众、观众与节目主创之间的直接互动。大家可以一起表明自己的观点、决定节目的进程。这样的节目不仅可以形成高黏度的用户群，而且可以为智能终端的开发提供用户基础；这样的节目在有充分的技术安全保障的前提下，还必须有相关政策的支持，而这正是广电的优势；这样的节目只要有一档爆款，就能够支撑一家电视台的生存。

### （六）必须建立真正有数据的数据系统，实现大数据的挖掘能力

各地广电新媒体应用所建立的数据体系由于用户量太少，覆盖范围太窄，很难挖掘出有价值的结果、规律，以指导媒体的运营和管理工作，更谈不上舆情监控。而且各地各自为政的数据体系无法完成全国数据的对接和共享，这样的数据体系是没有意义的。

广电的数据系统必须建立在多项应用得到普及推广并有大量的活跃用户的基础上，这样才能为大数据的应用以及后来的人工智能提供足够的样本基础。因此数据系统的建设也必须采取“由上到下”，或者有组织的“由点到面”才能取得成功。

### （七）智慧广电的终极目标是为用户提供一个智能机器“仆人”

AI 主播、AI 记者将在智慧广电中广泛应用，那些“话搭子”式的主持人，只能写“八股文”的记者都将下岗，只有那些有创造性、有思想观点、能够引导互动的人方有生存空间。智慧广电，将为用户自动提供其最喜爱的节目，且不会被信息“回音壁”所困扰。智慧的广电体系还将为用户提供他们最需要的健康、教育、医疗、保健以及各种生活服务。

但以上都是表象，智慧广电最终提供给用户的是一个拥有强大人工智能能力的账户。随着大数据、人工智能技术的广泛应用，智慧广电的智能水平会越来越高，在用户的反复使用、长期训练下，它将渐渐拥有用户本人的行

为偏好、判断模式，事实上它就是用户本人的智能机器人助手，并为用户本人提供方方面面的生活信息服务和决策参考，当然也包括媒体信息。

至于这个机器人是否被制作成“人形”并不重要，事实上，它可以同时存在于手机、电视、可穿戴设备等各种终端中，只要用户出示一个可信的密钥就可以登录唤醒。

这其实不仅仅是智慧广电的方向，也是人类所有媒体形式的发展方向。我们现在按照惯性思维所建立的媒体客户端、高清、VR、OTT 和 IPTV，乃至于上百万的各种互联网应用，都是为这个小机器人提供备选信息的，至于它最终是否选择，则完全取决于它和训练它的用户。

总之，智慧广电是一次利用信息革命的各种新技术，突破工业文明的局限，实现信息智能、高效、安全传播的一次大变革。变革后的广电已经不是过去意义上的广电了，它将被赋予太多新的功能和能力，只保留下广电作为信息传播工具的原始意涵。

# B.10
# 智能驾驶舱：面向无人驾驶场景的未来媒体应用

李　珊*

**摘　要：** “智能驾驶舱”被喻为汽车的“第二大脑”，未来汽车智能驾驶舱的发展方向是人车交互智能化，以为乘客提供更高效更便捷的信息操作和交互方式，汽车从代步工具变成移动媒体终端，成为人们除了工作、家庭之外重要的“第三空间”。传统媒体与新媒体的战场从手机屏、电视屏延续到了智能驾驶舱这块新高地。未来屏幕也许将从智能驾驶舱中消失，甚至直接以脑电波形式实现人车合一。大数据时代，传统媒体交通广播一对多的交通信息发布形式无法像智能驾驶舱和各种交通 App 那样做到个性化的“私人定制”服务，满足不同出行者的需求。过于依赖第三方平台使得传统媒体面临受众资源不足、数据平台欠缺和缺乏有竞争力的数据产品等三大难题。今后，传统媒体要继续保持公信力、不断拓展盈利模式，重新定义人、车、信息的连接方式，努力打造融合信息、服务、文娱的跨媒体互联网生态平台，才能早日登顶智能驾驶舱这块“高地”。

**关键词：** 智能驾驶舱　人车交互　媒体

* 李珊，高级记者，厦门城市职业学院《学知报》编辑部主任，主要研究方向为广播与新媒体。

自从1885年德国人卡尔·本茨研制成功了世界上第一辆汽车，经过一百三十多年的发展，汽车已经从最初的纯代步工具变身为全球科技进步下与人工智能（Artificial Intelligence）、大数据（Big Data）等新技术、新产业跨界融合的新物种。预计到2021年，全球智能网联汽车产业规模将达到2万亿美元，汽车的智能化和网联化成为产业发展的大势所趋。过去，汽车只是以驾驶者为中心，车辆中的信息主要以行驶安全信息为主；但是，随着大量服务和娱乐信息涌入智能汽车并成为车内信息的主体，驾驶员和乘客之间的身份界限越来越模糊，智能驾驶舱成为除居住、工作之外的“第三空间”的可能越来越大，人、车、媒体之间的关系从功能单一向多元化、多功能迭代提升。汽车从交通工具升级为移动智能终端后，传统媒体如何在其中争取自己的空间、谋求新的发展？本文试通过回顾分析媒体与汽车共生的历史、智能汽车的发展趋势，为未来媒体抢占智能驾驶舱这一新高地提供思路。

## 一　媒体与汽车共生历史回顾

### （一）汽车保有量和在途时间不断增加，人车关系日趋紧密

截至2018年底，全国汽车保有量达到2.4亿辆，比2017年增长了10.51%，其中汽车保有量增长的主要组成部分——小型载客汽车保有量首次突破2亿辆；私家车（私人小微型载客汽车）2018年保有量达1.89亿辆，近五年年均增长1952万辆，呈现持续快速增长态势，汽车驾驶人也达到了3.69亿人。[①] 2019年1月，拥有中国最大的交通大数据生态的高德地图发布了《2018年度中国主要城市交通分析报告》[②]（以下简称《交通报告》）。《交通报告》以高德交通大数据发布平台、大数据开放平台、阿里云

① 《2018年全国小汽车保有量首次突破2亿辆!》，“公安部交通安全微发布”百家号，https://baijiahao.baidu.com/s?id=1622349088177624657&wfr=spider&for=pc。

② 《2018年度中国主要城市交通分析报告》，央广网，http://tech.cnr.cn/techgd/20190116/t20190116_524484569.shtml。

MaxCompute 及相关数据挖掘支持为基础，重点分析了全国 50 个主要城市的交通运行状况，人均年拥堵时间排名前十的城市平均每人年拥堵时长达 138.2 小时（见表 1），作为“堵城”之首的北京交通高峰期每个工作日平均驾车通勤时间为 88 分钟。大中城市里，人们花在路上的时间越来越长。

**表 1　2018 年度人均年拥堵时间前十城市及高峰小汽车平均速度、工作日平均拥堵时长**

| 城市 | 人均年拥堵时间（小时） | 高峰小汽车平均速度（km/h） | 工作日双程平均拥堵时长（分钟） |
|---|---|---|---|
| 北京 | 174 | 23.35 | 44.97 |
| 上海 | 151 | 23.27 | 39.10 |
| 广州 | 150 | 23.96 | 38.76 |
| 重庆 | 140 | 25.84 | 36.15 |
| 深圳 | 136 | 26.41 | 35.10 |
| 济南 | 132 | 25.84 | 25.43 |
| 成都 | 127 | 26.17 | 32.78 |
| 佛山 | 125 | 24.45 | 32.43 |
| 贵阳 | 124 | 25.54 | 32.01 |
| 武汉 | 123 | 28.93 | 31.79 |

资料来源：《2018 年度中国主要城市交通分析报告》。

## （二）车载媒体不断迭代提升

### 1. 功能汽车时代

在 1924 年雪佛兰第一次推出装有收音机的汽车前，司机和乘客在行驶途中的唯一娱乐就是“尬聊”了。当雪佛兰敏锐地发现其中的商机时，车载收音机一时成了毁誉参半的代名词。一方面，它是解除旅途烦闷的大救星，另一方面，它又是分散司机注意力、影响交通安全的隐患，美国有的州甚至准备通过立法的形式将它扼杀在摇篮。雪佛兰的对策是努力缩小收音机的尺寸，改进它的操作方式，通过尽量让司机的视线无须离开前方就可以调节的“盲操作”来打消人们的种种顾虑。这个策略无疑是奏效的。短短几十年过去，到了20世纪70年代，超过60%的美国汽车配备了车载收音机。美国广播界由此而得出了一句名言："车轮子和干电池拯救了广播。"随着城市发展，汽车保有量的不断提升，道路拥堵现象催生了交通广播，可谓汽车第二次拯救了广播。

此后，新技术应用到车载媒体上的时间差越来越短。

从1963年荷兰飞利浦公司研制成功全球首盘盒式磁带到福特和摩托罗拉共同将8音轨磁带播放器用到汽车上，仅用了两年时间。5年之后，车载8音轨播放器又逐步被卡带收音机代替。人们在车上的娱乐除了收音机外又多了一个——可以自主选择音乐来播放。

到了21世纪，电子设备蓬勃发展，信息技术更是不断创新。MP3、智能手机、平板电脑等移动便携设备催生了各式各样的接口，U盘、移动硬盘让车载音乐播放器进入数字时代，车载信息娱乐系统从早年功能单一的车载收音机的"1+1"模式，逐步进化到了"1+X"模式，这"X"包括音频播放、视频播放、车载地图以及导航服务、行车信息服务、蓝牙与网络连接、在线服务等诸多功能，可谓集信息化、娱乐、驾驶辅助与行车安全于一身。它从单纯的播放器和按钮操作，变为集合各种各样不同功能的触控屏幕操作。

多番试水后的1986年，别克的Riviera成为全球首款采用触摸屏的量产车型，显示屏采用的是绿黑两色阴极射线管显示屏，但Riviera昙花一现，五年后就停产了。同年，1990款马自达Eunos Cosmo则采用了GPS导航系统，并为其配置了一块车载彩色显示屏。宝马则为2001款宝马7系车型引入iDrive系统，这块非触摸式的中央显示屏紧邻仪表板。车载系统信息交互的中枢逐渐为屏幕所占据。

2. 智能汽车时代

欧美发达国家从20世纪的70年代开始研究无人驾驶汽车，而我国对无人驾驶汽车的研究则是起步于20世纪80年代。不到40年时间，我国智能汽车产业的发展已经被提升到国家战略的高度，我国不断加强顶层设计，近年来先后出台了一系列与智能汽车相关的政策与文件（见表2）。

**表 2　近年来我国发展人工智能汽车主要政策导向**

| 时间 | 名称 | 发布部门 | 要点 |
| --- | --- | --- | --- |
| 2015 年 | 中国制造 2025 | 国务院 | 统筹布局和推动智能交通工具 |
| 2017 年 | 国家车联网产业标准体系建设指南（智能网联汽车） | 工信部、国家标准委 | 按照不同行业属性划分为智能网联汽车标准体系、信息通信标准体系、电子产品与服务标准体系等若干部分，为打造自主可控、具有核心技术、开放协同的车联网产业提供支撑 |
| 2017 年 | 2017 年世界智能网联汽车大会上海宣言 | 工信部、上海市政府 | 共同致力于建设"零排放、零伤亡、零障碍"的智慧、低碳、高效、舒适、便捷的智能网联出行体系；共同加强智能网联汽车前瞻和共性关键技术的创新，建立智能网联汽车研发、测试、评价、示范等公共平台；共同加强建设智能网联汽车法规和标准体系，积极推动智能网联汽车扩大试点示范；共同探索大数据的采集、整理、分析和共享，推进大数据在汽车、交通、能源和城市发展中的应用 |
| 2017 年 | 新一代人工智能发展规划 | 国务院 | 要重点发展自动驾驶、车联网等职能技术，并要在智能交通建设和自主无人驾驶技术平台、高端人工智能人才等方面实现突破 |
| 2017 年 | 汽车产业中长期发展规划 | 工信部、国家发展改革委、科技部 | 要以新能源汽车和智能网联汽车为突破口，引领产业转型升级，力争经过十年的努力，迈入世界汽车强国行列，并在关键技术上取得重大突破。譬如智能网联汽车，在 2020 年要力争与国际同步发展，到 2025 年进入世界先进行列 |
| 2017 年 | 促进新一代人工智能产业发展三年行动计划（2018～2020 年） | 工信部 | 力争到 2020 年，智能网联汽车技术水平大幅提升，率先取得突破 |
| 2018 年 | 智能网联汽车道路测试管理规范（试行） | 工信部、公安部、交通运输部 | 对测试主体、测试驾驶人、测试车辆等提出要求，明确省、市级政府相关主管部门可自主选择测试路段、受理申请和发放测试号牌。这意味着，"无人"驾驶汽车有望在更多实际道路测试 |
| 2018 年 | 智能汽车创新发展战略（征求意见稿） | 国家发展改革委 | 首次提出将智能汽车产业的发展上升为国家战略，以建设智能汽车强国为主要目标，2020 年智能汽车新车占比达到 50%，LTE－V2X 覆盖率达到 90%，北斗高精度服务达到全覆盖，相关法规、标准、生态等框架基本形成。2025 年相关法规、标准、生态等框架全面形成，新车基本实现智能化；人车路云高度协同，5G 通用化 |

每年 2 月，美国加州车辆管理局（California Department of Motor Vehicles）都会公布一份无人驾驶的“脱离报告”（California DMV Disengagement Report）。[①] 在这份被誉为自动驾驶风向标之一的报告中，有一个标志性指标是 MPI——每次干预行驶里程数，该数值由每家自动驾驶公司全年的总路测里程除以全年总干预次数获得。一般而言，MPI 数值越大，该公司的自动驾驶汽车在行驶过程中需要人工干预操作的概率就越小，自动驾驶技术水平也就相对越高。报告数据来源于法律强制，因为根据当地法律法规，所有获得允许在加州测试自动驾驶汽车的公司每年都必须披露司机控制汽车的次数。这份年度报告相对客观地反映了全球无人驾驶历经多番洗牌后的最新格局。美国加州车辆管理局成立于 1915 年，年度预算 11 亿美元，雇员 8900 人，是全美规模最大的车辆管理局。2012 年，它继内华达州之后成为美国第二个允许无人驾驶汽车在公共道路展开测试的州；2018 年，它又颁发了全球首个可以不配备安全员的完全无人驾驶牌照，甚至还同意无人驾驶汽车免费接送乘客。加州也因此成为全球无人驾驶路测的“打卡地”，在这里几乎囊括了全球所有的无人驾驶公司。加州车辆管理局因为在推动无人驾驶的发展方面表现超前，所以被视为全球最专业的无人驾驶监管机构。2019 年 2 月，最新披露的“脱离报告”囊括了 48 家获得加州路测资格的公司从 2017 年 12 月到 2018 年 11 月的路测情况。报告涵盖的数据指标非常丰富，包括每家技术公司在加州测试的自动驾驶车辆数目、手动接管次数、全年自动驾驶测试里程数、车队规模等等。从整体情况看，Waymo（脱胎于谷歌的一家研发自动驾驶汽车的公司）、通用位列前茅，苹果、优步垫底。百度、长安、上汽等中国企业或者有中国背景的无人驾驶公司表现也不俗。

2019 年 4 月 1 日，中国首份自动驾驶路测报告《北京市自动驾驶车辆道路测试 2018 年度工作报告》[②]（以下简称《报告》）由北京市交通委员

---

① 《加州〈2018 年自动驾驶脱离报告〉出炉 谁先行一步?》，网易网，http://auto.163.com/19/0218/07/E89G4O4M000884MM.html。

② 《北京市自动驾驶车辆道路测试 2018 年度工作报告》，北京市交通委员会网站，http://www.bjlzj.gov.cn/lzj/xxgk/zxgkxx/201903/t20190329_200972.html。

会、北京市公安局公安交通管理局、北京市经济和信息化局三家联合发布。北京是国内首个开放无人驾驶汽车行驶测验的城市。《报告》中共有八家获得自动驾驶汽车证照的公司交出了上路测试一年的成绩单，分别是互联网巨头百度、社交游戏巨头腾讯、打车平台滴滴出行，以及汽车制造商小马智行、蔚来、奥迪、戴姆勒、北汽集团。报告显示：八家公司的自动驾驶汽车在北京市内的行驶里程达 15.36 万公里（95442.6 英里），这个数字相当于在北京和上海之间来回 126 次。百度的表现最为亮眼：参加测试车辆占到了总量的 80% 以上，实际道路测试里程 13.98 万公里，占整体路测里程数的 91%，成为此次《报告》中唯一的规模化测试企业。百度以其布局早、获得国内自动驾驶测试牌照数量最多（9 张）、商业化落地快而成为国内自动驾驶的领军企业。

华为公司虽然没有出现在这份报告中，而且也一直宣称不会参与到造车大军中，但这并不意味着他们无意于此，因为早在 2016 年华为就开始布局智能汽车行业了。他们与多家科技公司和汽车制造商联合成立了全球跨行业的 5G 汽车协会，协会的成员包括宝马、戴姆勒、奥迪、英特尔、爱立信、高通等。在 2018 年 10 月 11 日召开的华为全联接大会上，华为与奥迪高调宣布将在智能网联汽车领域开展合作，华为将为奥迪 L4 级别自动驾驶轿车提供芯片。

目前，在我国的北京、上海、杭州、深圳、广州等城市都相继开放了智能汽车道路实测，启用封闭测试场的地方则更多。广东、武汉等地也纷纷为自动驾驶的商业化铺桥架路，相继发布了智能网联汽车道路测试管理规定。

特别值得一提的是全球首款 L4 级量产自动驾驶巴士“阿波龙”，它是由百度公司、厦门金龙联合研发制造的。在正式下线三个月后的 2018 年 10 月 12 日，首台“阿波龙”无人驾驶小巴出现在武汉开发区龙灵山公园，这标志着百度在中国的首个无人驾驶商业示范运营项目正式进入运行阶段。“阿波龙”在龙灵山公园内总长约 5 公里的封闭道路中来回行驶，乘客可以通过手机 App 进行召唤。它能通过与乘客对话实现车辆控制、车辆状态查询以及提供影音娱乐、信息查询、生活服务、出行路况等诸多服务，甚至还能实现云端运营、远程调度、自动发车等。

## 二　智能驾驶舱的发展趋势

### （一）车载娱乐服务系统的进化

回溯汽车刚刚搭载娱乐设备（磁带播放器等）和舒适系统（空调等）的时候，车辆制造商是在中间区域对按键和屏幕进行模块化排列，这样可以有序管理各项功能，同时方便坐在主驾和副驾上的人使用。最早的车内屏幕，只有导航功能，随后不断加入其他服务和娱乐功能。在特斯拉的引领下，取消中控台物理按键已经成为一种潮流，人、车、网等所有的物理交互都集成到中控屏内。当前，全球智能驾驶舱内的车载媒体趋势主要有以下三种。

第一种是大屏化趋势。特斯拉被看作中控大屏的“创始者”，它的星途E－IUV 概念车在中控台上方竖立了一块 40 寸曲面屏，通过识别系统的主动感知，可以实现人与车载系统间的多模交互体验。传统品牌中，连奔驰这样的汽车巨头都开始顺应形势，颠覆传统搭载大尺寸中控屏，再如比亚迪唐DM 使用 Dilink 系统，搭配 14.6 英寸中控大屏；上汽荣威 MarvelX 使用斑马系统，配备 19.4 英寸中控大屏。而在新势力品牌中，威马 EX5、小鹏 G3 等车型的屏幕尺寸分别是 12.8 英寸和 15.6 英寸，拜腾在 2018 年年初全球首发了其旗下的首款概念车，最引人注目的就是超大的中控显示屏——“BYTON 共享全面屏”，它的长、宽分别达到 125cm 和 25cm。

第二种是多屏化趋势。理想智造 ONE 车内的屏幕数量达到 4 块，除了中控台上的三个屏幕之外，在挡杆上方还有一个触摸屏，它是车辆的控制显示屏，以往本应出现在这个位置的物理按键都被屏幕替代，功能包括空调调节、辅助驾驶、后备厢开启等，此外，该触摸屏幕还支持多指模糊操作，使用起来非常便捷。而奥迪最新的车型中，奥迪 Q8 拥有四屏显示，包括三块实体屏和一块 HUD 虚拟屏，未来量产后的 e-tron 纯电动 SUV 将成为“第一款拥有虚拟车外后视镜的汽车”。在奥迪 e-tron 中控台上，Virtual Cockpit 虚拟驾驶舱依旧是全车智联系统的核心。整套系统拥有一块12.3寸的仪表显示屏以及由10.1寸与8.6寸触控屏组成的多媒体系统，再加上两块后视镜显示屏，达到了“五屏显示”。根据CINNO Research研究数据，到2022年，全球车载显示器需求量将接近3亿片，其中TFT－LCD薄膜晶体管液晶车载显示器就将占据近2/3的份额。

第三种是去屏化趋势。与大屏和多屏截然相反的是去掉屏幕，如丰田第二代氢能源汽车FCV PLUS上就没有任何仪表和显示屏，所有的控制数据都显示在汽车的挡风玻璃下端。这一块挡风玻璃，就像一块电脑的显示屏，汽车的左右两个车窗，看上去只是比一般传统的汽车大一些，但其实它已经是两个大型的显示屏了。你坐在汽车内，可以在车窗上看电视、上网浏览新闻，可以写文章、可以传输邮件。大众在2018年日内瓦车展上发布的I. D. Vizzion概念车，搭载了HoloLens增强虚拟现实技术。只要用户需要，车载人工智能助手就可以在任何一位用户的面前投射出一块虚拟显示器；日产2018年公布的Brain to Vehicle脑电波交互技术，允许用户通过脑电波来与汽车进行交互。“小飞鱼”是讯飞迈向汽车智能硬件无屏化交互的第一款产品，它采用了双麦克风，可以保证在不受车噪干扰的情况下进行语音交互。在软件上，“小飞鱼”已经打通了iOS和安卓，可以实现电话、音乐、广播、导航等诸多功能，同时支持OTA在线更新。未来，比语音交互更进一步的就是弱视觉甚至是无屏化交互。屏幕也许将从智能驾驶舱中消失，各种信息会以投影的形式展现在挡风玻璃上，甚至直接以脑电波形式实现人车合一。

而无论是大屏、多屏还是去屏，它们的共性都是智能化与集成化。

## （二）人车关系发生巨大变化

这首先体现在人车互动模式的变化上。2019年人车交互方式仍将采取多通道交互方式，即以物理按键、屏幕、全息、手势、语音等形式存在。自从2004年语音识别进入汽车领域后，它能操作的项目也越来越多：从前使用语音只能简单地调节空调、导航、车窗，现在通过语音几乎能够控制车内的一切。Voicebot《2019 年车载语音助理报告》① 显示，美国有 1.14 亿成年人在汽车中使用了语音助理，几乎是智能音箱用户（5780 万）的两倍。据预测，未来汽车将成为三大语音接入点之一。除了语音，手势操作也逐渐兴起，包括宝马、拜腾都能使用手势进行人车互动，而小鹏 G3 也可以使用手势来操作车顶摄像头。奔驰发布了首款搭载 MBUX 智能人机交互系统的车型，它采用了 AI 人工智能技术，具有一定的学习能力，能够学习驾驶者的使用习惯。此外，它还应用了“实景穿越导航”的增强现实（AR）技术，即通过将眼前实景道路环境与虚拟导航指示信息叠加从而赋予驾驶者更真实的“操纵感”。该系统还具有自然语言识别能力，能够识别更口语化的表达方式，除了普通话，还可以识别多种方言。在驾驶舱内，驾驶员可以通过触摸屏、中控台触摸板、方向盘感应触控板以及“读心语音助理”等四种方式实现交互。最重要的是，这一系统已经应用到量产车型中。如果说，用 CarPlay、百度 CarLife 将手机跟车机相连的智能互联系统是 1.0 版，拥有语音控制、GPS 导航的智能互联系统是 2.0 版，那么支持智能设备拓展、娱乐功能、社交功能甚至是支付功能的智能互联系统则是 3.0 版。

其次，驾驶功能将不断弱化乃至消失。汽车自诞生以来就被定义为交通工具；人与车辆的关系是驾驶员、乘客与车的关系，当智能汽车进入 L4（高度自动驾驶）级以上，就实现完全自动驾驶了，驾驶员的身份不存在了，只剩下用户与车。IEEE（美国电气电子工程师协会）预测，到 2040 年，路上行驶车辆总数中的 75% 将会是无人驾驶汽车。智能汽车可能颠覆当前的汽车交通运输产业运作模式；驾驶角色不断弱化乃至消失；自动驾驶解放了人类原本被占用的双手、双脚和大脑，如何让人类在车上的时间不被荒废又成了车载信息娱乐系统全新的课题。

再次，车辆将从交通工具变为移动智能终端。车辆不再是简单的交通工具，还可以根据乘客需求打造不同的工作、生活场景。根据普华永道 2017

① 《2019 年车载语音助理报告》，千家网，http://www.qianjia.com/html/2019-04/29_335228.html。

年发布的调查数据①，我国购买者中非常渴望拥有自动驾驶汽车的比例已经超过了85%。消费者希望可以在自动驾驶的车上使用娱乐系统、进餐、休息和办公等，车商们正在尽力满足这些需求。威马EX5可直接登录微信，能连接并操控家里的米家智能设备。它的触屏上有一个素描板，可以用来涂鸦或做笔记。实现“人—车—路—云”高度协同的特斯拉Model3紧凑型豪华轿车采用的是新一代车用无线通信网络（5G－V2X）。以苹果Carplay、谷歌OAA联盟为主的智能车载平台将全面介入车联网，用户可根据个人喜好定制专属界面以及个人功能，凭借iOS及Android系统的软件支持，智能驾驶舱将成为家庭、工作以外的“第三空间”，进一步满足用户的出行娱乐需要。

## 三　传统媒体面临的危机与转机

就像智能手机横空出世，其市场成为传统媒体和新媒体的兵家必争之地一样，当中国智能网联汽车产业正在以产业联姻、跨界融合的态势快速发展，智能驾驶舱内的媒体争夺战必然烽烟再起。对于报纸、电视、广播等传统媒体来说，其中的危机与转机并存。

### （一）危机

#### 1. 外部危机：小米、百度、腾讯等巨头大规模布局智能驾驶舱

2017年4月19日，百度发布的新计划“Apollo”（阿波罗）旨在向汽车行业及自动驾驶领域的合作者提供“个性化定制”服务，帮助他们通过整合车辆和硬件系统搭建起一套自有完整的自动驾驶系统，以满足不同品牌、不同车型的差异化需求。阿波罗平台是一套完整的软硬件和服务系统，包括车辆平台、硬件平台、软件平台、云端数据服务等四大部分。百度希望通过该计划让所有智能驾驶舱的接口变得统一，软件和硬件产品标准变得规

① 《2018年数字化汽车报告》，腾讯云，https：//cloud. tencent. com/developer/news/341773。

范，从而在智能驾驶舱领域一统天下。可以这么说，如果把自动驾驶汽车看作一台智能手机，那么 Apollo 计划就是汽车上的安卓，而自动驾驶厂商一旦参与到 Apollo 计划中，则像各种 App 安装到智能手机上一样。目前，已有 135 家汽车制造商、零件供应商以及汽车联盟加入百度的“阿波罗”平台，如国际知名汽车制造商沃尔沃、福特，本土新兴汽车品牌拜腾及蔚来等。智能语音和人工智能公司科大讯飞，其智能语音产品现在每年大概有 200 万台的装车量，每一天车内交互次数以百万次计，这些源源不断的数据返回科大讯飞进行优化和迭代并将沉淀为最核心的用户大数据。

2. 内部危机：传统媒体的格局将面临再次洗牌

首先，交通广播的红利期还有多久？历经电视等后来媒体的冲击而几起几落的广播因为车载传播、移动传播、分频传播等新渠道、新方式而再次焕发出勃勃生机，它的个性化、移动性、伴随性在新媒体频出的时代依然被广告主高度认可。特别是交通广播作为车辆“原生”媒体，行情一路看涨，2017 年市场占有率第一次超过了新闻广播，占据首位。可是，在大数据时代，交通广播的独家“武器”——交通路况已经通过各种新媒体实现共享，而交通广播一对多的交通信息发布形式无法像智能驾驶舱和各种交通 App 那样做到个性化的“私人定制”服务，满足不同出行者的需求。

其次，报纸、电视等传统媒体进入智能驾驶舱的壁垒被打破，广播不再独步车厢。过去，为了驾驶员的安全等因素，视觉类媒体难以进入私家车。智能驾驶舱的出现，逐步解放了司机，听、说、读、写、看都可以在车内完成。

再次，传统媒体的通病——不注重大数据的收集应用，过于依赖第三方平台使得他们面临受众资源不足、数据平台欠缺和缺乏有竞争力的数据产品等三大难题。传统媒体的受众数据长期以来主要来源于第三方公司的调查以及节目互动、活动组织等的积累，这些数据大多存在未经过精准画像且频率低的弊病，难以将受众转化成真正的用户。

危机之中往往也蕴含着转机。在智能驾驶舱中，传统媒体如何谋求新的增长点呢？

## （二）转机

首先，要保持公信力。在媒体竞争日益加剧的今天，媒体形态更加多样化，通过各种信道传播的信息堪称海量，媒体公信力所面临的挑战更是前所未有。2019年2月28日，中国互联网络信息中心CNNIC发布了第43次《中国互联网络发展状况统计报告》[①]（以下简称《报告》）。《报告》显示：截至2018年12月，中国网民规模达8.29亿，同比提升了3.8%；全年新增网民5653万人，互联网普及率为59.6%。《报告》还显示，我国手机网民规模达8.17亿人，全年新增手机网民6433万人，98.6%的网民使用手机上网。微信《2018微信数据年度报告》显示，2018年每月有10.825亿位活跃用户，其中55岁以上用户数量为6300万；每天有450亿次的信息发送在微信用户之间。受众每天面对浩如烟海、真伪难辨的信息，无所适从。如果传统媒体能始终秉持客观、真实、公正、全面的原则，恪守新闻底线，不随风起舞，才能够做到“不忘初心，方得始终”。

其次，必须打造数据精准、技术先进、用户黏度高的大数据资源平台，扩大影响力、拓展盈利模式，努力从内容供应者转变为服务提供者。如中国国际广播电台以往的节目主要通过传统的收音机以及“蜻蜓FM”等第三方媒体收听，这样貌似节约了成本，扩大了收听渠道，但是最核心的用户大数据不在自己手中。中国国际广播电台依托“中华云”建设媒体融合新型生产制作系统，于2017年初步完成融媒体技术支撑系统的建设工作，实现中华媒体云、中华云融合传输覆盖网、中华云终端应用服务等三个层面的完整架构。以客户端ChinaNews、ChinaRadio、ChinaTV为引领，打造中英、中俄、中意、中老、中柬、中塞等“中华”和“China”系列的多语种特色化客户端，实现多语言阅读、收听和收视。[②] 为了引流，国际台还终止了与

① 《中国互联网络发展状况统计报告》，中央网信办官网，http://www.cac.gov.cn/2019-02/28/c_1124175686.htm。

② 《中国新闻事业发展报告（2017年）》，人民网，http://media.people.com.cn/n1/2018/0619/c40606-30066337.html。

“蜻蜓 FM”等第三方媒体的合作，引导受众下载自主开发的 App 收听广播、进行互动。截至 2017 年 12 月底，中国国际广播电台全台新媒体用户数超过 3 亿，多媒体阅听量日均接近 3200 万。

再次，传统媒体尤其是地方媒体要牢牢抓住“最后一公里”，深耕本土，发挥贴近性优势和地缘优势。对于地方新闻的传播过程来说，因为占据“地利”，所以更具有得天独厚的新闻时效性优势；同时，根据受众接收信息的习惯，人们对身边事总是更加感兴趣。另外，贴近性还为媒体带来了成本优势，不必四处开花、面面俱到，可以集中优势资源深耕聚焦，通过布局垂直服务性的开放式平台来深度垂直服务区域用户。像羊城晚报报业集团早在 2016 年 3 月就推出了羊城派客户端[①]，该产品定位是为本土老百姓提供基于生活资讯、邻里社交等方面的智能化本地服务，成为区域社区活动和社会治理平台。经过三年多的发展，羊城派客户端从 1.0 跃升至 4.0，它充分利用各种新闻大数据、云计算和人工智能互动技术，实现了大屏、PC 端和移动端的三屏合一，全面提升了全媒体指挥中心在数据支持、报道策划、指挥调度、流程监控等方面的综合能力，实现了大屏、PC 端和移动端的三屏合一，从而改造了个性化的新闻和社交内容相融合的阅读模式，方便了用户通过提交视频、音频、图文等各种新媒体手段咨询、投诉、建议并能得到记者及时响应，集中整合了活动派、问 TA 吧等生活社交板块，提高了用户的黏性。再如厦门日报社在 2019 年 5 月推出的“潮前智媒”App[②]，这是一款集人工智能技术、大数据、云计算与地理位置智能推荐、语音交互等 AI 赋能于一体的新型智慧媒体。他们在宣传中特别提出：“潮前智媒 App 根据用户沉浸式体验的需求，在原厦门日报 App 基础上融合了最新的互联网基因。”用户除了根据个人喜好，可以对喜爱的新闻版块等进行自定义排列外，还能在这里找到各种本地号。“潮前智媒”App 还将平台的主动推送和

---

① 《羊城晚报移动客户端——羊城派 4.0 项目启动》，人民网，http://media.people.com.cn/n1/2018/0514/c40606-29987504.html。

② 《黑科技、新闻、服务……你打开“潮前智媒”了吗？他们已经玩嗨了！》，“厦门日报”微信公众号，https://mp.weixin.qq.com/s/J62mOFj158SRxhP8W9jRXA。

用户的主动搜索相结合，为用户提供了社交平台“社群”，用户既可以加入“社群”，又能组建“社群”，从而建立自己的人脉与群落。简而言之，这些传统媒体都在致力于打造智能生产、传播平台、用户沉淀三位一体的终端，在激烈的媒体竞争中牢牢抓住用户。

此外，还值得传统媒体注意的一点是，随着5G时代的到来，流量、资费等门槛日益降低，短视频悄然成为各大巨头纷纷占据的新风口。根据2019年5月27日中国网络视听节目服务协会公布的《2019中国网络视听发展研究报告》，截至2018年12月，中国网民中87.5%为网络视频用户，规模达7.25亿；网络视频中的短视频用户规模占了将近九成，达6.48亿，且这部分用户的使用短视频的时长占总上网时长的11.4%，超过了综合视频（8.3%），成为仅次于即时通信的第二大应用类型。网络直播用户、网络音频用户规模则分别为3.97亿和3.01亿。未来，短视频作为一种信息传播方式和信息载体，将在多个领域渗透交叉、发展融合。及早布局短视频市场，可以更好地抓住用户的碎片化时间，也将成为传统媒体叩开智能驾驶舱的利器。

对于未来媒体，谁能充分整合大数据、AI（人工智能）和5G等前沿技术的应用能力，重新定义人、车、信息的连接方式，打造融合信息、服务、文娱的跨媒体互联网生态平台，就意味着谁能早日登顶智能驾驶舱这块“高地”。

# B.11
# 智能预测模型在未来媒体中的应用模式

李建勋 *

**摘　要：** 随着硬件设施的不断升级和人工智能的不断发展，人们的生活已逐渐步入智能化。各种智能化的设备除了可以帮助我们解决一些繁杂、琐碎、耗时的事情以外，甚至可以代替我们思考想要什么。令人惊讶的是，这种被猜测出来的东西，往往会与我们自己真正想要的相差无几，这就是所谓的人工智能的预测本领。在传统媒体行业里可以导入预测模型来为用户制定更加准确的协助性服务方案。今后，随着智能预测产品制造工艺的不断精进，这种发展应该具有加速的态势。本文针对人工智能的预测技术可以通过怎样的形式与未来媒体相结合以及在未来生活场景中的实际应用进行简略分析。

**关键词：** 未来媒体　人工智能　预测模型

## 一　经验之谈的计算机智能预测

### （一）千古难题：预知未来

人类是一种有欲有求的生物，希望自己能够拥有更大的财富、更多的资

---

* 李建勋，博士，厦门理工学院设计艺术学院讲师，主要研究方向为大数据、算法优化以及交互应用。

源，但在为之奋斗的同时人们又有一种不切实际的想法，想要以尽可能少的付出获取最大限度的回报。其终极的表现就是希望知道未来将会发生什么，从这种被预知的未来事件中寻找到对己方有利的选项，从而轻而易举地获得最大的收益。

当然，无限精确预测宏观事件已经可以利用混沌理论以及微观量子世界中的不确定性原理证明其不可实现性，但是其仍然保留一个让人产生无限遐想的缺口："概率的存在"。因此，对于某些事件我们仍然能预测出其下一步有多大的概率将被激发。尤其是对有时效性、有规律性的人、事、物来说，我们可以判断出接下来将会有什么事件可能发生。

比如说，人们可以通过身边人的一举一动判断其下一步的行为；有经验的人可以通过风云的变幻、鸟兽的行为预知天气的阴晴雨雪；医生则可以通过望闻问切以及医疗检测的结果对问诊者的潜在病情进行预判；还有经济学家可以通过市场状况分析出将要发生的通货膨胀或是通货紧缩，来提前采取预防与应对措施。这些都证明了并不是所有的事件都不能被预知，对那些前后的行为具有某种相关性的事件来说，是可以通过一定量的相关数据积累来实现对未来事件的预见及预防的。

### （二）计算机也是在凭感觉做事情

在说明计算机预测方式之前，我们先将它和人类的判断力进行一次比较。如果不考虑运算层面的话，计算机在预测的领域也同人类一样，需要有一定经验的积累，然后将现实情景与经验比对后再对相应的事件做出相对合理的决定。但这个决定的正确与否就有待事件发生后的结果来进行验证。因此我们会发现一个现象，不同的人做出的判断在准确性方面往往会有天壤之别。像战场上的英雄将领一样，那些久经沙场、百战百捷的将领往往有两种相同的特征，首先他们要有过人的天分与学识，其次是丰富的战场经验。就算放到当今社会的各行各业，我们也不难发现那些能够在关键时刻做出准确决断、披荆斩棘，并能够在该领域崭露头角、频夺头筹的人物同样天分过人且几经挫败还能够总结教训奋勇向前。

由上述内容可知，人类想要对某种事件进行较为准确的预判所需要的特质是“天分”和“经验”。对应到人工智能的预测上时，这两种特质也是必不可少的，并且也一样起到了决定性的作用。

当下，在人工智能领域有两大最具影响力的技术，一个叫深度学习（计算机算法的一种），另一个叫大数据。其实这两种技术就分别对应着上面的天分与经验。计算机通过对数据的收集与分析来积累大量的经验，然后利用合理的算法（这里不仅限于深度学习）将积累的数据经验制作成事件判断的模型，从而利用该模型对现实情景特征的计算来判断出事件的结果。当然，这种结果和人的判断类似，同样也不是绝对的，一般情况下计算机会同时得出多种事件结果的发生概率的分布，然后输出概率最高的一项。[①] 这个概率最高项的结果是否就是现实中发生的那一种情况，成为评判该模型好坏的最主要依据。这种依据也说明了该算法是否对预测该事件有着足够的“天分”。因此，我们也不必把人工智能的预测能力说得多么神乎其神、所向披靡，计算机除了比我们人类看得多、算得快，其内部的算法远不及我们人类的思维。现今的各类预测算法归根结底都只不过是相对单一的分类法与回归法，虽然从效率方面来说远远超出人类的能力范围，但从单一事件的分析上看计算机也是在凭着自己的感觉做出判断。

## 二　我们越发难以理解的未来媒体

### （一）“可怕”的互联网新时代

由于近些年互联网设备的发展与普及，全球化的态势愈见明显。原本立体的工业化生产销售模式和传统媒体的传播框架，都被网络化这一新生概念

① O. Chapelle, E. Manavoglu and R. Rosales, “Simple and scalable response prediction for display advertising”, *ACM Transactions on Intelligent Systems and Technology*, Vol. V, No. N, Article A, 2015.

蹂躏得几近支离破碎，然后又被无情地压缩在巴掌大小的屏幕当中。曾经单纯地由生产商来决定产品样式的单向销售模式逐渐衍生出了“私人订制”这种多样化的营销模式。在网络化的大潮流下，任何人都可以成为决定生产的主导者，轻而易举地调动产业链条，并可以在全球范围内找寻、比较，发展自己中意的业务，从而改变了逆来顺受的信息流向。

在传媒领域同样有着相似的变革过程，并且进程相对更快、影响范围更加全面。被冲击得最严重的是印刷制品产业。自从进入21世纪10年代，美国印刷业市场率先遭受冲击，小型的报社及印刷商相继倒闭，而像《纽约时报》一样大型的报纸也纷纷宣布停止发行印刷刊物，进而向数字媒体转型。[①] 至今为止，世界范围内倒闭的大大小小印刷制品商可以以千位来计算。然后是电视、电信等产业，也都随着网络新媒体的出现不得不把已经占据的市场份额大幅度地分散出去。相比之下广播产业反而受到的冲击最小。

### （二）与新技术磨合好的媒体才能上路传播

进入互联网新时代以后，社会事物和现象都变得越发难以理解。比如，Smartisan的创始人罗永浩，为什么一个英语教师会去改行做手机？物流为什么那么快，远在几千公里外的东西怎么可能次日就送达呢？难道他们不需要大量的物品分拣，只是为一个人送东西的吗？为什么每次在网络终端设备上看到的广告几乎都是自己比较在意的内容？这背后的原因可以说与“技术”两个字密切相关。新技术是推动社会发展的重要因素之一；利用新的技术手段可以让我们以一当百，与时间赛跑；有了新技术在现实中的应用，我们如今的生活变得简单快捷，甚至自己的部分生活所需都可以交给机器去思考。

1. 功能性方面的技术

令传媒产业发生翻天覆地变化的无疑是新兴媒体的介入。这些新兴媒体毫无例外都具有相同的特点，可以实现社会信息的实时融合与传播。这一特

① 梁小昆：《互联网思维模式下的新媒体》（第一版），中国传媒大学出版社，2016。

点的实现离不开三种技术的发展：传输技术、网络媒体技术和实时通信技术。

（1）传输技术的发展使信息内容的传播速度大幅加快。就拿无线通信来说，在1G、2G的时代由于民用移动网络的落后，人们都是利用有线设备来进行信息的交换，十分不便，只有像电视台一样的大型企业和团体才有实力利用特殊的卫星设备进行无线实时通信。然而历经了3G到4G，再望眼刚刚商用的5G，这些新技术的普及意味着我们普通的个人只要手持一部联网的设备就可以拥有像电视团队一样的通信能力。

（2）随着网络技术的不断进步和各种网络设备的更新迭代，原本相互独立的电信网、广播电视网和互联网三大网络，由于主营业务与服务内容的相互渗透和信息资源的共享互通，“三网合一”的新技术理念成为传媒界的主导思想。在这种思想的驱使下，全新的网络会为我们提供更广阔的传播渠道并增强互动的多向性。新的媒体形式会层出不穷，加之新兴媒体与传统媒体之间的界限愈渐模糊不清，“媒介融合”将成为媒体发展的必然趋势，最终导致整体媒介形态的融合。好处是新的媒介将会包含全部媒体的优点，进而使媒体终端的功能更加强大。①

（3）实时通信技术看似是数字时代本该有的特征，真的要实现数据的实时传播可并不是一件容易的事情。虽然光电信号可以以光速传播，但传播途中考虑到多种中间设备和错综复杂的通信路径，一串信息的传播路程必然也是个天文数字，并且网络的结构是多层级的，层与层之间的通信都需要遵守各种网络协议的计算来翻译信息的内容，因此信息的交换也会消耗大量的通信时间。尽管如此，上述技术的蓬勃发展仍然推动了实时通信技术的不断攀升，对于讲求时效性的媒体而言，分秒必争的信息获取才是抢占市场先机的决胜之道。同时，也正是这种传播速度的快捷化才推进了全球化的发展，使得当今国与国之间的通信延迟进一步降低到毫秒级别。但即使时间如此精

① 杜积西、严小芳：《人即媒体：2050年传媒大预测》（第一版），北京师范大学出版社，2016。

确，在特定的行业中（如金融、商贸通信）由于时区差异和延迟的存在，仍然需要由特种协议和法律条文来对其进行规范和裁决。

2. 管理应用层面的技术

未来的媒体经过软硬件的发展和媒介的融合，走向智能将是它们下一步的选择。企业的转变也将是颠覆性的，由于智能化新媒体的产生，他们有了更加节能、有效的运作方式。多数的企业会从集中化的生产方式转化为交易平台，利用媒体的智能与便捷来为小企业提供平台服务，从而使生产、交易和物流等产生的费用成本降低，达到一种新模式下的业态平衡。[①]

（1）互联网思维

在这种万物互联的社会潮流和互联网的发展推动下，我们对用户、市场，乃至企业管理中的细枝末节都要尝试着去用互联网的思维重新审视一下。当然，所谓的互联网思维并不是让我们去思考网络技术，而是通过模仿互联网的结构和工作模式，在我们的头脑中构建一种类似的系统的思维框架，并将我们关注的内容对应地放入思维框架当中来进行全新的审视与思考。

（2）点、线、网的社会构成

对于未来的企业和个人来说，其表现出来的生存状态也许绝大多数转变成点和线两种。在没有变故的情况下，未来的我们应该是生存在一个高度网络化的社会，在强大的网络调配机制下社会分工多元化、细分化，不论是人还是企业都没有必要去做多种事情。只要基于兴趣做好本职，其他的事情自然会由网络智能系统按最优的方案调动其他人为你解决。关于点与线可以用如今的送餐服务来说明。点餐的个人和接单的餐饮店就是点，而送餐的快递小哥就是线。在这中间，三个角色都没有过多地参与其他工作，但智能网络的分配让我们获得了前所未有的便捷与效率。最终各行各业在这种点与线的模式下将整个人类社会编织成一个网，一个无比庞大细密的网。

---

① 梁小昆：《互联网思维模式下的新媒体》（第一版），中国传媒大学出版社，2016。

（3）边缘性竞争

边缘市场容易被忽略并且很多大型企业不愿去触及，原因在于过于边缘的业务市场规模小、盈利低，并且未经市场验证的业务不稳定、风险还高。像这种边缘市场大型的企业一般不会涉足，通常只有小型企业和创业公司为了避免与企业巨头正面冲突而暂时选择远离市场中心，将目光指向市场的边缘。令人意想不到的是，往往正是这种来自边缘的冲击最具破坏力。就如同行军打仗一样，正面交锋是歼敌一千自损八百，如若用奇兵险招，虽有被歼的可能，但胜则大胜，不予敌喘息之机。像马云建立的电商帝国，20 年前这种销售模式无人理会，如今它却变成线下商铺的梦魇。15 年前由于智能手机的研发与量产过于昂贵，各大手机巨头始终消极地对功能手机进行完善。突然间电脑生产商苹果公司推出了一款叫 iPhone 的智能手机，正是这一突发事件将当时全世界人追捧的 NOKIA 从神坛上拉了下来，并且摔得支离破碎，只给人们留下了满满的回忆。

在互联的社会中，由集中变为分散，边缘内容变得更庞杂，人们成功的机会也就多了起来。同时大型企业也应该分出部分精力关注一下边缘业务，这样就不至于将来的某一天被不明来历的人打个措手不及。

## 三　智能预测的手法未来将渗透各个行业

今天人们的生活方式同 10 年前相比可以说是天差地别，技术的升级和产品的批量化使我们每人至少拥有一台智能移动终端设备，随时随地都可以畅游宽带网络。各行各业也都与时俱进，提倡无纸化、数字化，再加上经营理念与管理方式都向着互联网层面靠拢，随之产生的便是海量的数据，经过专业人士定向收集的海量数据。数据是信息时代最宝贵的财富，再利用具有分布式处理能力的云计算对之加以分析挖掘，人们便可以得到意想不到的收获。如目标样品的分类、潜在客户的预测、危机状况的预防、社会动向的指引以及人员潜能的分析等，都可以基于大数据和云计算的能力，再利用合理的智能算法将预测结果计算得与实际状况相差无几，真正做到提前感知、提前准备、提前出击、提前获益。①

## （一）传统媒体行业

传统的媒体经过数字化与网络互联的洗礼正在通过媒体融合的形式来化解新时代的冲击，曾经种类繁杂、如日中天的报刊行业，如今存活下来的基本都将主营形式转为网络数字阅读，通过销售服务或跨界互助的形式获取收益，而报纸与刊物均已变为辅助产品。

那些通过广播电视来获取信息的用户更是受到了较大的限制，其播放的内容无法根据用户喜好和时限随意更改，对于电视而言，由于自身硬件的限制更是把用户固定到了单一的位置。这样一来，时、地、人均无法得到满足，用户流失也就成了必然。为了尽可能地减少用户的流失，广播电视行业的解决方案是利用“三网合一”的技术构建，将自己的节目同时发布到网络中，并通过法律法规将部分内容限制捆绑在某些指定的网络服务商内，以谋求收视的集中，从而达到收益的最大化。②

细细想来，上述这些解决方案都是以传统的思维方式来利用新的媒体技术。上文已经提到，新媒体除了可以达到对信息传播和交流的目的以外，还有另外一种超级强大的功能——数据的收集和对附加信息的挖掘功能。通过各种终端设备我们可以收集到关于用户的习惯性信息，观赏时间、观赏内容、观赏频度，还有位置信息、俯卧信息、时间路径和观赏路径等等，各种相关和不相关内容都可以收集过来，然后按需对某些信息进行升维、降维、离散、锐化和特征整合等一系列处理。经过对数据的筛选，我们再将这些处理过的数据当作特征向量导入相应的特征模型中进行计算，从而对某一目标内容进行模型的构建。当然在选取数据的时候并不是特征维度越高、对目标内容的描述越全面，获得的模型就越准确。维度太高反而会使模型的结果趋

---

① 勾俊伟等编著《新媒体数据分析：概念、工具、方法》（第一版），人民邮电出版社，2017。

② 卫莹：《传统媒体如何应对新媒体时代的转型》，《新闻研究导刊》2018 年第 6 期。

于平滑。这并不只是高维度使数据的体量增大而导致的计算困难，最主要的原因是，数学模型中维度过高会把一切数据推向不相关，致使获取再多的数据也都无济于事，它无法算出目标结果之间的差异，导致所有的结果在计算机看起来都是一样的。这就是所谓的高维度的诅咒。

那么，对模型的建立目的和方式做进一步钻研就可以收获更加细化且准确的分类、预测结果和更广泛的预测内容。比如，利用用户发生改变的观赏习惯的特征判断用户当前的心情、近期整体的规划意图、性格发展走向的脉络、健康指标的阶段性变化以及其他相关的功能性状态，从而为用户专门定制出各种协助性服务。当然，初期的这种协助性服务需要专职人员和相关企业之间不断的摸索尝试才能获得一套比较成熟的方案与经验。到了发展的后期，这些方面的经验积累达到足够完善的时候，同样也可以将这部分的数据拿来作为特征，然后用预测模型来为用户制定更加准确的协助性服务方案。

### （二）影视歌曲行业

在媒体技术的发展中，影视歌曲行业看上去并没有受到冲击，由于几乎所有的媒体都是它们的载体，从近些年的票房与发售结果来看，该行业显出一番欣欣向荣、蓬勃发展的壮大态势。虽然在网络普及的初期，一些盗版资源的泛滥和法律法规的欠缺导致正版发行商的损失。但经过这些年国家对网络环境的整治和对版权追诉的维护，影视歌曲行业的生存环境已经大有改观，整体朝向正规化发展并逐渐趋于平衡。而且，由于国民整体生活水平的上升，民众对版权维护的意识也逐渐增强，愿意为别人的辛苦劳作埋单。

尽管该行业的发展整体看好，但仍然存在一定的问题。问题出现在两部分人群当中，一部分是业内人群，另一部分是消费人群。业内人群的问题是，随着环境的变好，业内人士的群体在逐年变大，每年发行的作品部数也在不断增多。这就导致在消费人群体量不变的情况下来分食蛋糕的人越来越多，最终导致该行业平均收入降低。对于消费人群而言，逐年增多的作品致使人们眼花缭乱，究竟要为哪部作品贡献出宝贵的一票实在难以抉择，并且经过长时间的心理斗争后，做出的选择也同样可能是马马虎虎，甚至与己所好天差地别。这样一来不仅没能得到消遣，反而浪费了大量时间和金钱，得不偿失。[①]

解决这两类问题的方法就是在该行业中导入智能预测模型。不仅可以为消费者省去做斗争的时间、提升视听体验，而且还可以直接为新作品划分消费人群，精准传播，为宣传造势节省资源、提高效率。当然，如今的各大影视与各大音乐也都是这么做的，但是在这些模型制作的方法里面还有很大修正和发展的空间。[②]

比方说，我们要预测出一部作品的潜在消费人群，最初要做的事情是对该作品贴标签。据了解，时下业内人士基本都是通过个人对作品的赏析，再人为地进行评价和贴上标签。所以难免会有主观意识的存在，造成解读的偏差。再有，标签的样式也过于简单，影视作品一般只有地区、类型和时间标签，音乐作品的标签还稍微复杂一些，如情感、节奏、表达和意境等描述抽象概念的种类。但有了这么多抽象性的内容，就更难以选到相对准确的标签了。因为情感、意境与表达等都是见仁见智的东西，并且还会随欣赏者的心情而发生改变。所以我们会发现，现有的 App 所推荐的作品大多与用户需求的匹配度还不那么高。

要改变这一状况还是需要把人工的部分解放出来，让计算机来做。具体的做法仍然是利用构建智能分类模型将作品的标签计算出来，这样一来，在贴标签的步骤中就可以大幅度地降低主观意识的存在，从而减少对下一步模型制作的干扰。这种方法的技术含量会更高一些，需要计算机直接通过音频信号中跌宕起伏的变化来对音乐的含义进行判断。如果将该技术手段应用到影视当中则需要对视频内容再做其他整理，毕竟视频与音频不是同一维度的事物，信息量相差几个数量级。

---

① 仝美慧：《新媒体背景下电影的营销方式》，《新媒体研究》2019 年第 1 期。

② 许正林、杨瑶：《基于大数据的移动互联网 RTB 广告精准投放模式及其营销策略探析》，《上海大学学报》（社会科学版）2015 年第 6 期。

## （三）教育教学领域

教育这个词因其直接关系人类文明的传承与发展，所以千百年来始终是社会上的主流话题之一。古今中外，无论是从古时的打通社会阶层等级的科举，还是从当今各国校园中大批华人学子频夺头筹的社会现象来看，中国人对教育的重视程度始终不输于其他国家。但是，近些年发生的一些高校生愤生歹心、轻言短见等现象屡见不鲜，更甚之这些现象有向中小学校发展的倾向，因此社会上又出现了重新审视我国教育制度的呼声。再加上网络新媒体时代的来临，以及各种移动设备的普及，各种国外的、新式教学方法以及教育机构不断涌入，导致现阶段我国的教育市场鱼龙混杂。①

因此，义务教育领域在不久的将来也会向新媒体方向转型，如当今各大校园中翻转课堂已经成为最时髦的教学方式。由于移动互联的引入，课堂教学不仅可以获得即时反馈、双向互动的体验效果，更重要的是可以加快并且完善各种数据的收集，再结合机器学习的算法就可以有针对性地计算出各种问题的相应解决方案。② 虽然从情感上家长更希望从名师专家口中得到教育的良方，但从人工智能的发展情况来看，像 ad：tech（国际广告技术大会）中谈及的网络广告精准投放技术应用以及 AlphaGo（人工智能围棋手）与人类顶级选手智慧博弈等，都可以说明经过大量数据训练的智慧模型所得到的结果，均远远胜于通过人类自身判断所得到的方案。因此，只要在教学应用层面把好关，这种教学新方式便可以达到改善教学环境、因材施教、预知问题、提供教学方案的目的。

## （四）自然灾害的感知

人类自诞生之日起，就不断地在与自然和自我本身相抗衡。直到今天我们也无法在与自然的争斗中全身而退，全球每年因自然灾害造成的生命财产

① 耿亮：《家庭教育、学校教育及学生心理健康教育之探讨》，《中国校外教育》2018 年第 31 期。

② 张照辉：《数字媒体技术在教育中的应用》，《信息与电脑》（理论版）2017 年第 22 期。

损失不计其数。能够预测自然灾害的发生一直是人类的刚性需求，可这又是何等困难。就算是饱受地震侵扰的日本，对于地震的预警也只是停留在感知地震波的层面上，提前10秒左右。

这并不是说科学家们没有对灾害的预警做更多的尝试，他们其实也在通过构造智能预测模型的方法来对灾难的发生进行预测。[①] 由于像气象、地质类的问题，各种影响因子均为随机变量，因此该类问题更贴近于混沌理论，难以预知。想要略微准确一点地预知都需要付出更多的努力。再加上数据的收集需要架设密集的传感网络，测量范围广、位置不定对于数据的收集来说更是难上加难。为了解决上述问题，是否有办法将某些传感装置安放在未来的大众媒体设备中，然后将这些从监测灾害的传感器上收集来的数据实时共享到互联网，从而用这种简单高效的数据收集方式来进行相关灾害的预测？这样一来，不仅无须架设传感网络以节省消耗，又可以达到大量收集相关数据的效果。

### （五）社会问题的解决

智能预测模型在社会问题上的应用屡见不鲜，在金融方面，大到预测金融危机、小到预测股票涨跌，都不乏人工智能的身影，很多银行对贷款和信用发放也同样会用智能模型来判断发放的金额。在构建智慧城市方面，城市规划建设可以用到分类统计模型，还有智慧交通、智慧医疗、智慧民生等也都离不开数据收集和模型的建立。还有电商的配货能力和现代货运的运输能力，也都是按照智能模型计算出的最优路径进行分配和运输的。

## 四　智能预测产品无处不在的未来生活

如今的社会已经略具未来的雏形，一切事物均朝向数字化、智能化的

① 早川辉：《CAE × AR/VR × AIによる防災》（翻译：根据 CAE × AR/VR × AI 技术进行的防灾），年報 NTTファシリティーズ総研レポート，No. 29，2018。

方向发展，只不过当今的硬件设施还过于笨重，缺少一种玄幻的感觉。随着制造工艺的不断精进，未来的硬件设施必定朝着小型化、模块化、集成化并且可植入、可远程、无杂项的方向发展，而且这种发展应该具有加速的态势。

### （一）智能穿戴

我们在工作生活中用的很多器物都属于辅助设备，比如，工作用的电脑、通信用的手机、体检用的医疗器械以及消遣时用的游戏主机等。人们对于这类辅助设备始终追求携带方便、操控简单的交互形式，在硬件工艺发展到一定程度时，这些设备便可以具备无须携带、不必操控的极简状态。这时人们再谈及智能穿戴的时候就不只是智能手表、智能眼镜、健康手环或者智慧服装及鞋帽，还有另外一种穿戴方式，皮下植入。人们可以把健康指标检测装置直接埋入体内，让其 24 小时监测人体的各种健康数据，然后通过网络传到家庭云端，再利用人工智能时刻为人们的健康进行测算，并将结果与其他设备同步分享给个人。如果有需要，家庭云端还会自动接入医疗网络，为用户寻求最佳的帮助。

### （二）智能家居

提及智能家居一般人能想到的应该是一些通过互联网可以异地操控的全网络家居设备，但这些设备早已屡见不鲜并且近些年已经得以普及。如果研发资金充足，推出更加科幻的全触控、多透明的智能家居设备也完全不是问题。所以，另外一种由可编程材料制作的智能家居才应该是未来的发展方向。

所谓的可编程材料是一类根据用户输入或者自主感应并以某种编程的方式改变自身外形、密度和光学性能的物质。虽然这类物质尚在实验室中并且可编程的内容还非常有限，但是，一旦材料的问题得以解决，一种全新的生活方式将颠覆我们的想象。

试想我们未来的起居全部由一台中央计算机来进行调配，由它来预测和感知用户的需求和想法。而所谓的家居就是一组或多组由中央计算机来控制的可编程材料。家中无人时它们在完成规划任务后都处于待命防御状态，无固定形态或是收缩至一隅。如果中央计算机接收到由家庭成员的穿戴设备上发回来的信息、指令，或是感知到家庭成员的存在，便会立即唤醒可编程材料，指定其变成某些理想的形态与工具，以供家庭成员享用。家居的换新与添置也同样变得简单高效。我们只需要指定中意的材质和产地，随意买一组回家，然后将其接入家庭网络，形态、颜色或是用途就由计算机来调控，完全不需要我们花时间来研究。

### （三）智能街道

对中国的街道来说，天眼系统遍布各个角落，其中的人脸识别利用的就是人工智能，若要导入预测的内容也未尝不可。如果说预测人的犯罪倾向有些本末倒置，无法对未发生的犯罪内容定性，但利用此功能可以进行犯罪的预防与跟踪，而且还可以将预测的目标转换到街景上面，来预测一些潜在的安全隐患。

还有自动驾驶汽车，在不久的将来也将被准许上路。路途全程的规划是由路况系统的数据与智能模型计算得来，而自动驾驶的实现则是在车身内部装上上百个传感仪器，由行驶中的汽车不断获取周围的环境信息，然后经过复杂的运算得到的操纵指令。指令的发出需要准确、迅速，任何一点未达要求都会招致生死攸关的大事故。但如果可以将路况预测装置导入其中，在汽车行驶的过程中结合当前的传感信息，事先预测出前方 100 米的路况场景，这样便会为下一步操纵指令的下达争取到更多时间，并进行实时比对，防患于未然。

其他设备，比如智能路牌、智能公交站或者智能广告橱窗等，都可以成为构建智慧城市的重要一环。再结合智慧预测的思想，未来城市的发展还有很宽的路可以走。

## 五　深思：被超级大脑看穿的生活真的安全吗?

当今社会有很多人对人工智能的发展抱有恐惧心理，担心智能机器会利用它们的过人本领威胁人类的生存，包括像比尔·盖茨和霍金那样的 IT 行业和科学界的领军人物都属于悲观队伍中的成员。但笔者对人工智能的发展始终保持乐观的态度，计算机应该是我们最忠诚的朋友，即便是比我们聪明，它们也只会为人类出谋划策、排忧解难。

人类远比计算机危险得多，智能计算机会从设置上使其不能伤害人类，并且计算机理论上不存在真正的情感与欲望这类东西。动物的欲望和情感的产生是由类似多巴胺一类的各类激素控制机体机能，使部分组织接受奖励出现亢奋状态等。但计算机想要让某部分硬件亢奋（超性能工作），就只能更改算法或是更新设备，所以对于智能计算机来说解决问题才是使它们产生亢奋状态的唯一动力。即使纯智能被唤醒也不会发生那些被限制的事情，除非是被人为篡改。

计算机的发展会像艾萨克·阿西莫夫的短篇小说《最后的问题》中写的一样，它会一直为人类解答各种问题，服务于人类，直到宇宙达到热寂状态，收集到全部信息，从而计算出打破热力学第二定律的方法。在开始熵减的瞬间说出了沉重的一句话：“要有光！”

B.12

# 县级融媒体中心的建设与探索

刘晓敏*

**摘　要：** 当前，县级传统媒体受到新媒体冲击和媒体竞争大环境变化的双重挤压，传播力和影响力遭受前所未有的挑战，如何应对挑战和扎实抓好县级融媒体中心建设，成为县级媒体需要研究的课题。本文分析了县级融媒体中心的建设背景、建设目的、建设原则和建设目标，从顶层设计的角度出发，对县级融媒体中心建设的组织架构、功能版块、技术平台、业务流程和运营管理模式等几个方面进行详细的分析，为正在参与县级融媒体中心项目的建设者提供很好的指导。

**关键词：** 县级融媒体中心　融媒体　网络舆情监控　全流程管理

随着信息技术与互联网技术的高速发展，以及资讯的海量化、传播方式的移动化、传播内容的碎片化和快速交互化，以县广播电视台、县报刊、县报道组为首的县级传统媒体，受到新媒体冲击和媒体竞争大环境变化的双重挤压，传播力和影响力遭受前所未有的挑战。县级媒体是我们党和国家政令传达的最前沿阵地，是发展经济、保障民生、维护稳定的重要工具。新闻工作者如何切实按照习近平总书记在全国宣传思想工作会议提出的要求，如何

* 刘晓敏，硕士，厦门广播电视集团技术委员会委员，集团首席工程师，主要研究方向为广播电视、媒体融合及计算机网络技术。

承担起举旗帜、聚民心、育新人、兴文化、展形象的使命任务，更好完成新形势下的宣传思想工作，真抓实干，做好县级融媒体中心的建设，更好地为人民群众服务，成为各县级媒体当前需要研究的课题。

## 一　融媒体中心建设的总体要求

### （一）政策背景

2014 年 8 月 18 日，中央全面深化改革领导小组第四次会议将媒体融合上升为国家战略。2016 年 7 月 20 日，国家新闻出版广电总局发布《关于进一步加快广播电视媒体与新兴媒体融合发展的意见》，要求尽快实现广播电视传统媒体与互联网新兴媒体从简单相“加”向深度相“融”的根本性转变。

2018 年 8 月 21 日，习近平总书记在全国宣传思想工作会议上的讲话中首次指出：“要扎实抓好县级融媒体中心建设。”县级融媒体中心（以下简称“融媒体中心”）这个新机构名首次在国家级会议上亮相，引起了很大的反响，也意味着推进媒体融合工作重点从省以上媒体延伸到基层媒体。根据中央部署的要求，到 2020 年底在全国范围内实现县级融媒体中心的基本覆盖。

2019 年 1 月 15 日，中宣部、国家广电总局联合发布了《县级融媒体中心建设规范》。另外，国家广电总局还发布了《县级融媒体中心省级技术平台规范要求》（标准编号为 GY/T321 – 2019）的广电行业标准。中宣部和国家广电总局的规范要求对融媒体中心的建设提供了明确的指导方向和建设思路。

### （二）建设目的

县级媒体目前主要包括广播、电视、报刊、网站、微信矩阵、微博矩阵、App 客户端、抖音公众号、户外大屏和应急广播等融媒体资源（以下简称“融媒体资源”）在内的全媒体舆论阵地，为当地的社会发展提供有力的舆论支持。但现有的媒体存在节目源和管理分散、项目重复建设、硬件资源利用率不高、系统维护成本较高、业务流程复杂、发布渠道单一、人才缺乏、效率和影响力低下等问题，新媒体建设存在“小、散、弱”问题，既没有考虑与县级各单位的横向连接，也没有真正做到新旧媒体间的“相加相融”，相反形成一个个信息孤岛，成为媒体融合进程中的瓶颈，各个媒体无法形成统一的IT基础支撑、汇聚共享、指挥调度、融合生产多元传输和发布的合力，因此建设统一管理的县级融媒体中心成为当前非常重要的工作。

按照中央和国家广电总局关于媒体融合相关会议精神要求，各县应以县委宣传部为主导，积极推进县级融媒体中心的建设，直面县级媒体当前面临的诸多问题，整合辖区内融媒体资源和各信息服务中心的力量，强化县级党媒喉舌阵地，建立一套完善的融媒体中心组织架构、技术平台、业务流程和运营管理模式，打通媒体融合工作的“最后一公里”，构建媒体融合、协同生产与多方互动的立体传播体系，提升主流媒体的影响力。

### （三）建设原则

（1）坚持正确的舆论导向和发展方向。坚持马克思主义新闻观，牢固树立“四个意识”，以人民为中心，唱响主旋律，确保媒体融合的发展始终朝着正确方向前进。

（2）坚持创新融合、转型发展。遵循新闻传播规律和新兴媒体发展规律，强化和创新互联网思维，加快媒体深度融合和整体快速转型。

（3）坚持移动优先、形成传播矩阵。实行移动优先战略，积极探索新技术在融媒体系统中的应用，推出更多支持移动端的新媒体产品，形成多样形式、多种媒体的移动传播矩阵。

（4）坚持“新闻+党建+政务+服务”模式。积极探索“新闻+”运营模式，从单一的新闻宣传向政务和服务等领域进行延伸和拓展，把融媒体中心打造成“新闻+党建+政务+服务”的综合新闻信息服务平台，为人民群众的生活提供更多的生活和信息服务。

（5）坚持平稳有序、改革有力的策略。加强统一规划、统一管理，强化各业务部门的主体责任，制定周密的融媒体中心实施方案，确保改革平稳有序进行。

### （四）建设目标

通过融媒体中心的建设，构建县级融媒体平台，再造融媒体工作流程，培养融媒体人才队伍，探索融媒创新机制，加强传播手段和话语方式创新，更好引导群众和服务群众。

通过融媒体平台的建设，将多种的汇聚、生产、管理和发布渠道进行完整的融合，建立统一的业务流程、统一的内容管理、专业的生产工具、完善的发布渠道，同时通过指挥调度平台对相关业务流程进行可视化监看，实现更加直观、快速、灵活的业务调度和舆情管控，形成流程化的、高效的、统一的融媒体管理中心。

（1）宣传服务层面。融媒体中心是舆论导向服务的主要阵地，牢牢把握正确舆论导向，提升“决策参考、解决问题、正面引导、负面管控”四大能力，唱响主旋律，壮大正能量，做强做大主流思想舆论。

（2）经济效益层面。经济效益方面，通过融媒体中心的建设，将所辖区域内的宣传力量拧成一股绳，力出一孔，形成兵合一处，将打一家的局面，集中力量将优质产品宣传出去，吸引外部优秀人才、良好社会资本投资合作，促进本地产业环境优化，提升经济发展效率。

## 二　融媒体中心建设的设计思路

融媒体中心的建设主要包括组织架构、功能版块、技术平台、业务流程和运营管理模式等几大方面的设计。

### （一）组织架构设计

县级融媒体中心，是由县委宣传部直接牵头，从顶层设计的角度出发，整合辖区内的广播电视台、报道组、新媒体组和传媒公司等媒体，以及县属其他单位（部门）的媒体或媒体属性的资源，建立的一个全新机构。它是在县级成立的一个宣传机构，是县级党委和政府唯一的宣传部门，负责全县包括新闻资讯、党建、政务、服务等在内的所有信息收集、管理和发布服务，更好地为县级党委和政府服务，为当地群众服务。

通过融媒体中心的建设，推动编制体制、机构职能、人员配置实现重大改革、调整和深度融合，建立一套全新的激励机制，激励工作团队，提高运营团队的整体战斗力。

组织架构的设计是融媒体中心的第一要素。融媒体中心主任通常是由县委宣传部副部长兼任。下面以 30 人编制的融媒体中心为例，按照工作职能进行规划，主要设立总编室、采集部、编发部、活动策划及影视制作部、舆情管控部、技术部和管理保障部等部门，各部门通常的人员分配和具体职责见表 1。

**表 1　融媒体中心的部门、岗位和工作职责规划**

| 部门 | 岗位 | 工作职责 |
| --- | --- | --- |
| 总编室 | 总编辑 1 名，<br>副总编辑各 1 名 | 负责对融媒体中心进行总体指挥调度和运营，召开编前例会，部署每天、每周、每月、每个季度乃至全年的重要宣传任务，安排选题策划，通报新闻线索，确定重要稿件，协调采编对接联动工作，点评总结每个阶段的传播效果 |
| 采集部 | 组长 1 名，<br>策划 2 名，<br>记者 5 名 | 策划负责联系记者、汇聚资源、文案策划、反馈线索等；<br>记者负责搜索线索，接收任务进行采集，形成文字、图片、视音频稿件 |
| 编发部 | 组长 1 名，<br>编辑 4 名 | 负责处理记者采集的稿件，生产各种各样的媒体产品，在不同平台进行分发 |
| 活动策划及影视制作部 | 组长 1 名，<br>策划制作 3 名 | 负责组织开展各类群众性文化、体育、科普、公益活动，社会主义核心价值观宣传践行活动，开展各类商务、会展、节庆等活动；<br>负责对接辖区内所有影视资源，做好影视资源的统一整合规划和制作，对接各级影视团体，做好影视产品收集管理，建立县级影像媒资库 |
| 舆情管控部 | 组长 1 名，<br>职员 2 名 | 负责开展舆情监测管控、民意收集、数据分析、建言资政等工作，服务工作决策，处理突发应急事件的信息发布、媒体协调等工作 |
| 技术部 | 组长 1 名，<br>职员 3 名 | 负责所有系统运营和设备维护等技术工作 |
| 管理保障部 | 组长 1 名，<br>职员 3 名 | 负责开展所有的行政、后勤、财务、外联、商务拓展以及党建工作 |

## （二）功能版块设计

融媒体中心的功能版块主要可分为中央厨房式采编、权威新闻发布平台、自媒体管理与舆情监测、统一监控管理和指挥调度和融媒体内容支撑服务等五大部分。

（1）中央厨房式采编。通过多种汇聚手段，将融媒体资源各种聚合内容推送到融媒体中心，实现汇聚共享、统一策划、面向服务、融合生产，发掘内容的最大价值，生成多种融媒体产品。

（2）权威新闻发布平台。通过将县下属媒体与县属其他单位（部门）的媒体或媒体属性发布资源进行优化整合，形成一心（融媒体中心）、二翼（广播电视、报业）、多端（移动终端 App、官方微博、官方微信、官方网站、抖音、户外大屏、应急广播等）为主体的融媒体矩阵，实现全县宣传的融媒体快速发布和传播等工作。

（3）自媒体管理与舆情监测。完成辖区内媒体资讯的动态舆情监测业务，监测相关社会热点、敏感问题和突发事件舆情，梳理需要进行舆论引导的新闻热点等工作，为舆论引导提供精准依据，从而帮助网信办疏堵结合，调度网军力量，有力引导正面舆论，有效抑制负面声音，提升舆论引导和应对能力。

（4）统一监控管理和指挥调度。统一监控管理能力主要分为以下三个方面。

①指挥调度与联动。县级融媒体平台定位为区域新闻工作的在线指挥神经中枢，对辖区内新闻宣传工作进行统一的指挥调度和管理，特别是在完成重大宣传任务时，实现对各级各类媒体进行统一指挥、统一调度、统一发布、权威发声。同时，与中央和省市级融媒体平台建立对接机制，形成有效的协同联动。

②业务监管。实现融媒体中心整体业务从素材的汇聚到内容发布影响力的有效监看管理，确保全业务流程流转的畅通和高效。

③线索舆情。利用互联网技术和大数据平台，实现对全网及本地热点线索的发现，以及对当地主要传播舆情的渠道进行定向监控，确保第一时间对当地热点进行舆论引导与管控。同时，也为政府各部门的决策提供舆情大数

据分析支持。

（5）融媒体内容支撑服务。在完成舆论引导宣传的基础上，实现“新闻＋”的服务，从单向传播向多元互动方向传播和延伸，从单纯的新闻宣传向政务和民生服务相关领域拓展，以综合性、服务型为主打，把融媒体中心打造成县域范围内的“新闻＋党建＋政务＋服务”的综合信息服务管理平台，更好地服务群众。以下主要从政务、民生、旅游、电商、活动等几个方面来进行“新闻＋”服务版块的功能规划（见表2）。

**表2　“新闻＋”服务版块的功能规划**

| 版块 | 二级 | “新闻＋”服务版块的功能规划 |
|---|---|---|
| 新闻＋政务 | 政务发布 | 搭建一个政府实施政务公开和为人民服务的开放平台，用来发布最新政策法规、办事流程、机构地址及咨询电话等信息，是政府推行阳光运行机制的明亮窗口，在政府和群众之间架起了一座沟通的桥梁。重点发布精准扶贫、就业安置、婚育收养、社保福利、救助管理等信息 |
| | 智慧党建 | 基于有线电视、手机、电脑多终端向广大党员同志提供党组信息发布、党员学习、党内新闻资讯、党组活动等功能，是支持信息获取、在线学习、党组活动的综合信息平台。充分满足党员教育需求，加强党执政能力，提高党员信息化水平 |
| | 政务办事 | 各级政府部门将办事流程、办事材料信息进行公布，同时简化流程，让群众能方便在多终端里了解办事流程，并预约办事，提交信息等。同时，根据辖区的情况，将不动产联办、商事登记办理、投资项目审批、社会事务办理、公共资源交易事务办理等功能接入融媒体中心多终端中 |
| 新闻＋民生 | 智慧社区 | 其一，充分考虑居民在社区范围内的各类需求，为社区管理工作提供便利、提高工作效率、降低工作强度；其二，要为社区商家提供露出机会，增加盈利机会；其三，让多方在智慧社区平台上同时受益，形成多方参与、资源共享以及互利共赢的新生态。<br>统一平台输出：通过云计算集中部署，用于社区基础能力的提供和三方服务的对接。<br>三端接入：以有线电视服务端、手机移动客户端、线下社区服务店形式打造区县智慧社区，实现三端联合，大大提升社区的信息达到率和传输效率。<br>五大类服务：由以上用户终端承载政务服务、物业服务、生活服务、智能生活、管理网格。<br>建设完成智慧社区后，以媒体属性为主的县融媒体中心对于本地化服务更加深入化、持续化，真正做到贴近群众、形成多方参与互利互赢的融媒体生态 |
| | 民生服务 | 接入天气查询、交通出行、房产查询、招聘、空气质量查询、水电缴费、医疗预约、社保查询、养老保险等咨询发布、预定、查询等民生服务，建成后成为民生服务一体化平台，使融媒体中心深入本地民生服务的方方面面 |

续表

| 版块 | 二级 | “新闻+”服务版块的功能规划 |
|---|---|---|
| 新闻+旅游 | — | 通过信息化和智能化全面提升景区的管理、营销、体验和服务，让景区监管方便，让游客玩得舒心。基于整体综合服务平台、综合运营平台、综合管理平台，实现景区旅游管理数据化、智能化。解决旅游风险防范应急指挥问题，解决数据分析决策问题，旅游运营状态管理问题、公共服务资源监督问题，提升旅游营销和宣传能力 |
| 新闻+电商 | 精准扶贫 | 依托融媒体中心平台，打造精准扶贫点的新型电商模式，利用自媒体平台建立起扶贫点推至全域的联系，利用直播手段向外推广，利用电商平台完成扶贫商品推出，形成集平台、渠道、推广手段于一体的精准扶贫模式，同时在融媒体中心可建设扶贫栏目，推送相关知识讲座、商务模式等内容 |
|  | 全域农村电商 | 建立全县一体化电商体系，基于辖区居民基础，将县特色商品推送至市级平台，建立线上农贸市场，对乡镇农林渔牧业供求信息进行统计展示，帮助外界了解本地乡镇特色经济、特色产业和相关名优企业、产品等，并帮助属地农民开拓销售市场、走向全市乃至全国市场。同时，通过内容整合，将进行农产品市场行情和动态传递、商业机会撮合、产品信息发布等，最终实现线上渠道销售 |
| 新闻+活动 | — | 基于“新闻+”活动，开展如群众舞蹈比赛、旅游景区推广、商家开业庆典、辖区名人/明星评选、商城团购、会议直播等新媒体运营，可获得广告冠名、付费投票、技术服务费等新媒体运营收益 |

## （三）技术平台设计

融媒体技术平台，是在融媒体中心建设过程中，起到整体技术支撑功能的技术关键，能够统一支撑融媒体中心建设的各项业务需求。建设融媒体技术平台，采用互联网、云计算、虚拟化、大数据、移动智能化等架构对 IT 设备和业务系统进行集中运营、统一管理，能有效降低投入和运维成本，建立一个“一次采集、多种生成、多元传输与发布、全天滚动、多方向覆盖”的现代化资讯中心。

1. 设计原则

（1）规范性原则。融媒体技术平台的建设，必须按照中宣部和国家广电总局发布的《县级融媒体中心建设规范》的要求，结合各县现状和需求，统一规划和设计。

（2）安全性原则。融媒体技术平台的建设，必须符合国家广电总局发布的《县级融媒体中心网络安全规范》以及《县级融媒体中心运行维护规范》，融媒体中心信息系统要按照网络安全等级保护二级以上，进行系统的安全设计。整个融媒体生产系统安全可靠，系统具备完善的冗余设备与安全防范，内部具有多重安全防护机制，不能出现单一的崩溃点。

（3）先进性原则。在保证安全性的基础上，系统必须具备一定的前瞻性，所应用的技术与设备能在未来几年都不落后，具备很好的可扩展能力。系统需引入云计算与大数据技术、先进的 AR 技术、移动智能分发技术，采用先进的技术构建融媒体技术平台。

（4）实用性原则。系统设计做到一切面向应用，由应用的实际需求层出发，从网络、存储、主机、软件等各个方面对系统进行优化。

（5）高效性原则。通过对业务进行梳理和分析，设计高效合理的业务流程，把握内容为王原则，尽可能简化工作步骤，实现高效率的流程运转。

（6）可扩展性原则。考虑到未来发展的需要，系统必须具备可扩展性，能在不影响现有系统正常使用的情况下实现平滑扩展。

2. 建设方式

建设方式可以参考全国优秀县级融媒体中心建设和运营成功经验，如借鉴浙江长兴、甘肃玉门和河南项城等融媒体中心的建设模式。目前县级融媒体中心主要采用纯本地化建设和“本地 + 云”的建设两种模式。纯本地化建设就是把融媒体中心技术平台放在本地，这种方式一次性投入大，对本地化的技术要求高。“本地 + 云”的建设模式，采用“云服务为主，本地建设为辅”（以下简称“建设方式一”）和“本地建设为主，云服务为辅”（以下简称“建设方式二”）两种建设方式。建设方式一相较于建设方式二而言，具有建设周期短、首次投入资金量相对较小、后期系统升级维护成本低等优势。因此采用建设方式一，更符合大多数融媒体中心建设的实际情况。下面以建设方式一为例来进行规划设计。

（1）融媒体中心云服务平台建设。云服务平台主要包含基础云平台服务、节目生产工具、网络安全设备、互联网大数据及舆情监控等模块，实现内容多源汇聚、统一策划生产、多渠道发布。同时，与省级融媒体平台

（以下简称“省平台”）进行打通，借助省平台技术资源，实现党建、政务和服务，以及节目素材内容共享交互等功能，并由省平台提供大数据分析推送服务，实现区域一体化协同作战。

（2）本地建设主要包括生产指挥调度监控系统、网络直播系统、节目快速回传系统、互联互通系统、办公基础设施等模块。

①生产指挥调度监控系统，实现重大新闻、突发新闻、常规新闻的协同指挥调度和大屏监控。

②网络直播系统，保证辖区内突发新闻或大型活动可以实时进行网络直播。网络直播系统的播出信号，可以通过调度系统分成三路进行传送：第一路送电视演播室和广播直播间显示，实现广播电视与新媒体直播的实时互动；第二路送融媒体生产调度中心的指挥大屏进行展示；第三路送网络直播服务器，通过 CDN 实现网络的分发。

③节目快速回传系统。记者或者节目人员可以通过移动回传系统，快速把视音频、文字和图片等素材上传到融媒体生产系统，实现新闻线索的快速捕捉和编辑。

④互联互通系统。通过互联互通系统打通本地的广播电视、报刊、应急广播和户外大屏等系统，实现各种系统的数据交互。

⑤办公基础设施。办公基础设施的规划设计还需要包含融媒体中心办公场的装修、机房的动力配电和空调基础设施，以及外包技术人员支持服务等方面。

3. 设计规模

根据融媒体中心的投入规模、人员配备和技术装备分成实惠型、实用型和实力型供设计参考（见表 3 和表 4）。

4. 技术平台设计

融媒体中心通过公有云或私有云，或者混合云，建立分布式架构、超融合、负载均衡和高可用的技术平台，打通云平台和本地各种业务系统，通过协同生产工具集，实现内容汇聚、生产和分布，为媒体、政务和服务等平台提供内容服务。图 1 为县级融媒体技术平台框架。

**表 3　三种县级融媒体中心投入模式**

| 名称 | 场地 | 投资 | 设备 | 人员 | 技能 | 主要内容 |
|---|---|---|---|---|---|---|
| 实惠型 | 100～200 $m^2$ | 150 万～300 万元<br>初级装修 | 选题、策划、采集、编辑、调度和发布，<br>初等规模，<br>满足需求 | 10～20 名 | | 新闻 + 政务 + 服务 + 民生 + 小创收 |
| 实用型 | 200～400 $m^2$ | 300 万～800 万元<br>中级装修 | 选题、策划、采集、编辑、调度和发布，<br>中等规模，<br>档次提高 | 20～30 名 | 管理、采集、编辑、美工、技术、经营 | 新闻 + 政务 + 服务 + 民生 + 中创收 |
| 实力型 | 400～1000 $m^2$ | 800 万～1500 万元<br>高级装修 | 选题、策划、采集、编辑、调度和发布，<br>高级规模，<br>层级提升 | 30～50 名 | | 新闻 + 政务 + 服务 + 民生 + 大创收 |

**表 4　三种规格对比**

| 项目 | 实惠型 | 实用型 | 实力型 |
|---|---|---|---|
| 场地面积 | 100～200$m^2$<br>（初等装修） | 200～400$m^2$<br>（中等装修） | 400～1000$m^2$<br>（高等装修） |
| 融合服务器 | 基本配置，租用云服务，满足策采编发各项需求 | 提升配置，超融合云平台 | 硬件化分离，超融合云平台，或纯本地化建设 |
| 可视化生产指挥调度系统 | 小尺寸拼接展示屏，初等生产指挥调度系统 | 中尺寸拼接展示屏，中等生产指挥调度系统，高清触摸一体机 | 大尺寸拼接展示屏，高等生产指挥调度系统，4K 触摸一体机 |
| 移动生产客户端 | PGC 采访软件（授权 20 个） | PGC 采访软件（授权 30 个） | PGC 采访软件（授权 50 个） |
| 融合生产工作站 | 20 个工作站点 | 30 个工作站点，专业非编 3 个站点 | 50 个工作站点，专业非编 5 个站点 |
| 融合发布客户端 | 简易 | 根据实际情况定制开发，更大化满足民众多方面的接收需求，与民众更多新闻、服务和互动 | |
| 新媒体采编 | 手机端 | 移动导播一体机，4G 移动传输，无线通话，无人机 | |
| 网络直播 | 分发到第三方平台 | 分发到自有平台和第三方平台 | |
| 大楼监控接入 | 无 | 无 | 大楼监控信号接入 |
| 安全生产设备 | 双 UPS + 空调 + 安全网关 + 防火墙 | | |
| 云线索 | 简易型（按年收费） | 定制型（按年收费） | |
| 利用现有设备 | 高清非编系统、高清收录系统、高清硬盘播出系统 | | |
| 其他 | 舆情监控，应急广播等 | 舆情监控，应急广播，户外大屏，简易融媒体演播室等 | 舆情监控，应急广播，户外大屏，标准融媒体演播室，新闻发布厅，融媒体资产库等 |

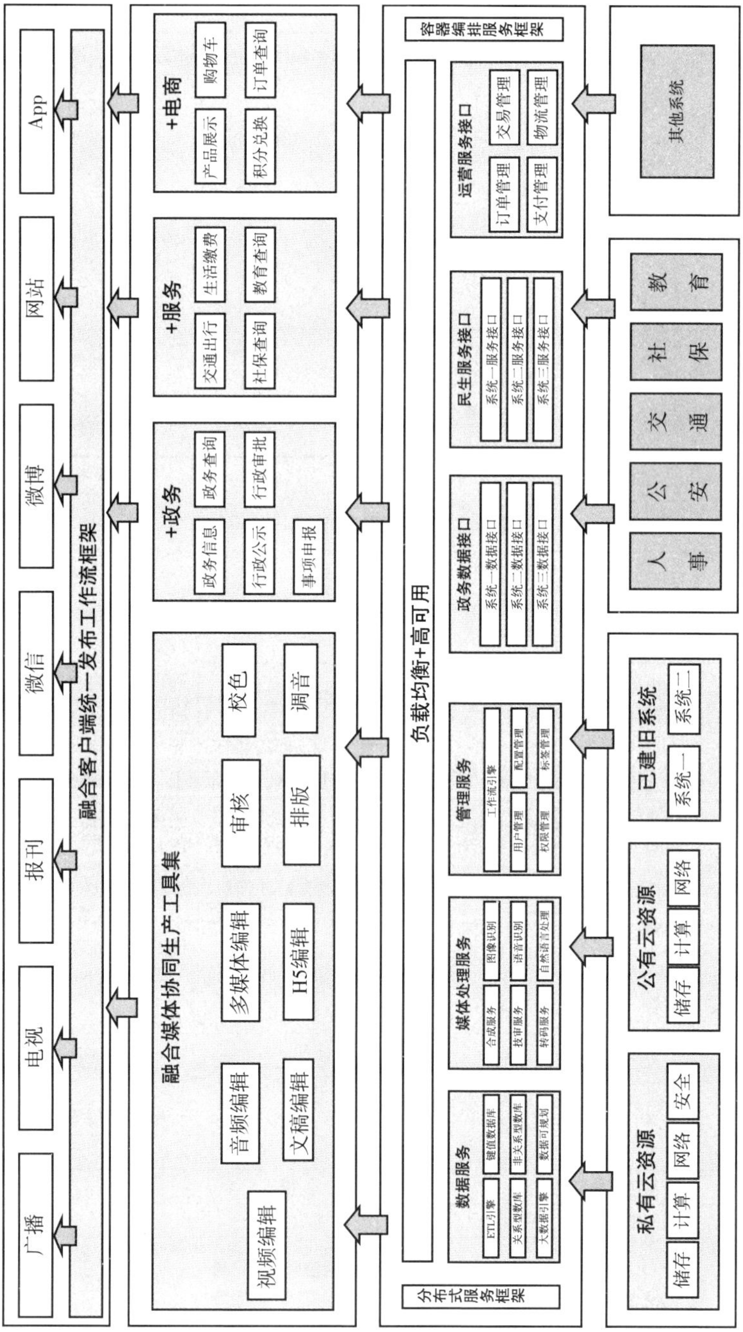


图1　县级融媒体技术平台框架

## （四）业务流程设计

融媒体中心总体业务流程（见图2）主要包括统一的媒体内容汇聚、数据采集、策划调度、融合生产、快速发布和系统展示等，以及通过政务数据接口、智慧城市等数据接口，实现媒体与政务、智慧城市等服务的相加相融。

## （五）运营管理模式设计

1. 建立全新的工作流程和管理模式

要在“融”字上下功夫，按照习近平总书记要求的“新技术、新机制、新模式”来推进媒体融合，从媒体融合的顶层架构进行设计，整合现有的所有资源，采用全新的工作流程、高效的业务模式和安全友好的工作交互方式，积极拓展移动端的各种应用，进一步拓宽全媒体宣传管理的能力。

2. 提升技术和运营团队的能力

按照中央要扎实抓好县级融媒体中心建设和一把手工程的要求，争取当地党委和政府在政策、资金和人员上的大力支持，加大投入建设融媒体技术平台及生产指挥调度中心，建设所辖区域内的第一新闻生产发布平台，不断加强培训，提升融媒体技术和运营团队的整体水平，实现对融媒体平台的可管可控。

3. 以用户、服务和市场为主导，生产更多的全媒体产品

加大融媒体网络直播的力度，特别是加大包括针对突发事件、政府新闻发布和各种活动在内的个性化直播的力度；充分利用互动版块拓展功能，包括频道订阅、新闻评论、相关推荐、问卷调查、答题、报名、爆料、问政、新闻汇聚推送等；成立各种融媒体工作室，或者小运营团队，以活动方式策划及生产各种全媒体产品，为民众提供更多的服务，增加用户的黏性，实现更多的“媒体+”；用户在哪里，我们的产品就在哪里，与当前热门的第三方互动分发平台进行深度合作，直接扩大用户覆盖面和影响力。

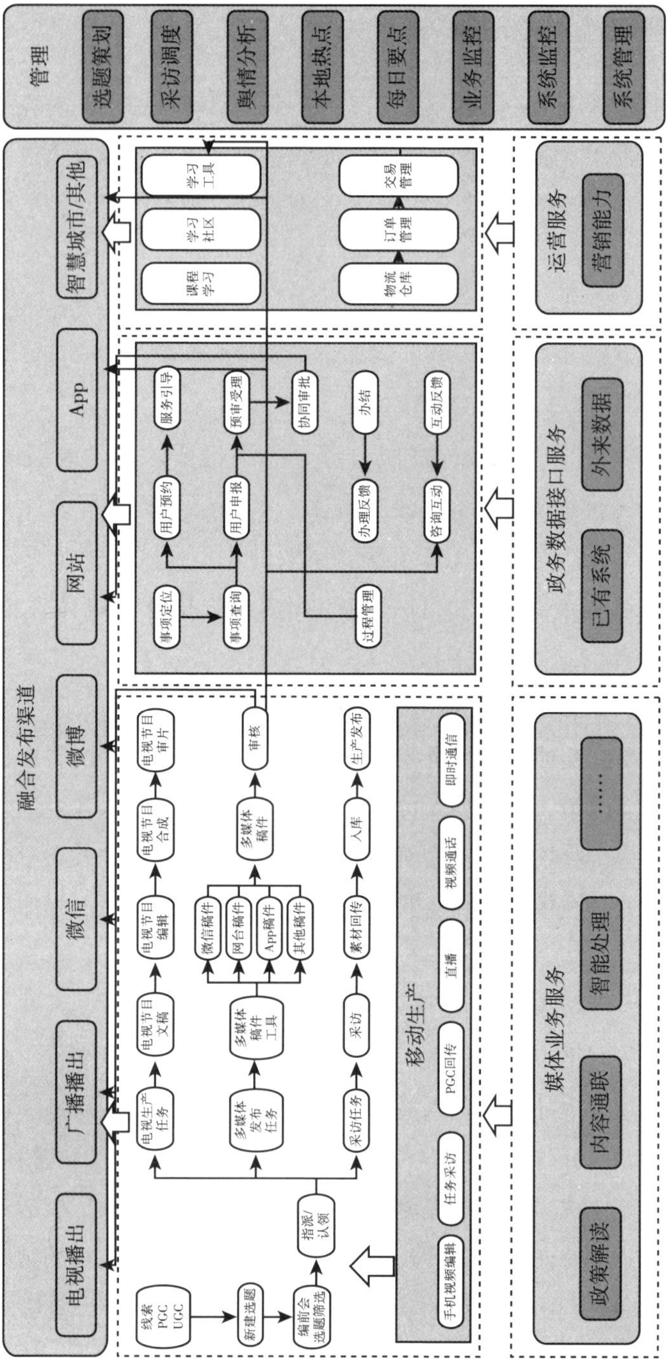


图 2 县级融媒体中心总体业务流程

4. 与省级融媒体技术平台的对接

在融媒体技术应用上，可以充分利用省级融媒体技术平台的共享机制，在融媒体业务中开展资源整合，建立技术平台的共建共享机制，更好地助力“县级融媒体中心”的建设。

《县级融媒体中心省级技术平台规范要求》明确了用于支撑县级融媒体中心的省级技术平台的设计、建设和运行维护等相关规范。省级技术平台将按照媒体服务、党建服务、政务服务、公共服务、增值服务等分类，为县级融媒体中心在平台、内容、渠道、运营、管理等方面的深入融合提供技术支撑。图 3 为县级融媒体中心与省级技术平台的对接模式。

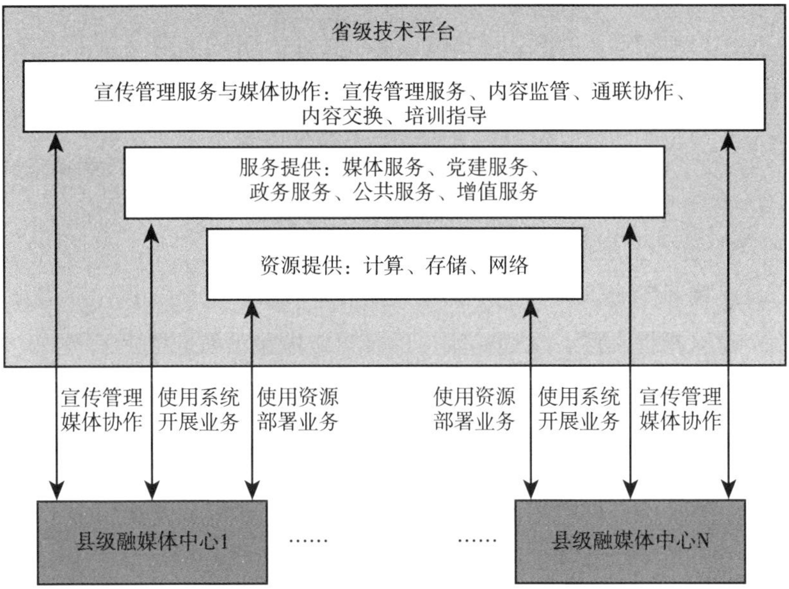


**图 3　与省级技术平台的对接模式**

同时，省级平台应该按照“统一规划、按需定制、资源共享、多元联动与分发”思路积极牵头规划全省各县级融媒体平台的建设，实现全省各县统一的政务发布、媒体发布、服务发布和舆情监控等几大功能，以及完成省、市两级宣传部对辖区内所有新闻资源的统一调度、分发和管控。

5. 县级融媒体中心“借船出海”，合作共赢

各县可以结合自身现状和需求，依托中央级媒体（包括人民日报、新华社、中央电视台等）、省级媒体（包括省广电集团、省报业集团、省网络公司等）、市级媒体（包括市广电集团、市报业集团、市网络公司）平台的技术支撑优势及电视端、广播端、新媒体端、媒资库、融媒体平台融为一体的视音频优势，特别是省市级广电集团拥有一整套完善成熟的符合广播电视及新媒体运行的技术管理、安全播出和用网治网的制度规范，能够确保县级融媒体中心的安全运行。融媒体中心要强化与中央、省级和市级媒体资源、服务资源、软硬平台和技术运营团队的共享，探索一种成本节约、高效运行的合作模式，以避免重复投资。通过积极探索融媒体平台多种合作模式，既响应了党中央号召，又顺应了媒体发展趋势，建成后又能实现产业跨界融合，具有非常大的政治、社会和经济效应。

## 三　展望

通过融媒体中心的建设，汇聚全县所有媒体资源，建立健全新型流程运转机制，建立指挥调度、沟通协调、保障日常策采编发业务运营模式，激发编辑记者创造性、创新性地开展工作，不断提升选题策划、采集、编辑和发布的质量。

通过融媒体中心的建设，县级媒体将不断壮大宣传阵地、扩展平台、融合资源、打破壁垒、创新理论、强化宣传舆论话语权。按照习近平总书记提出的推动媒体融合向纵深发展的要求，提高新闻舆论传播力、引导力、影响力、公信力，开创宣传思想政治工作新纪元。

2019 年，5G 试点城市的铺开和应用的快速推广，以及视频的 AI 智能化、4K 超高清化、VR 虚拟现实化，将给县级融媒体的内容汇聚、生产和发布，带来革命性的改变。践行“守正创新、深度融合、移动先行”理念，全力打造“互通式、智能化、全流程、全覆盖”的县级媒体融合平台，实现信息内容、技术应用、平台终端、管理手段共融互通，将人工智

能运用贯穿在新闻采集、生产、分发、接收、反馈全流程中，值得我们积极探索。

## 参考文献


《习近平：举旗帜聚民心育新人兴文化展形象，更好完成新形势下宣传思想工作使命任务》，新华网，http：//www. xinhuanet. com/politics/2018 －08/22/c_ 1123310844. htm。

《习近平总书记说的“抓好县级融媒体中心建设”怎么做?》，人民网，http：//media. people. com. cn/GB/143237/421031/。

《习近平谈媒体融合发展：关键在融为一体、合而为一》，人民网，http：//cpc. people. com. cn/n1/2018/0822/c164113 －30242991. html。

《推动媒体融合向纵深发展做大做强主流舆论——习近平总书记在中共中央政治局第十二次集体学习上的讲话引发热烈反响》，新华网，http：//www. xinhuanet. com/zgjx/2019 －01/28/c_ 137781360. htm。

《中宣部长谈媒体融合：加快发展客户端，终端随人走、信息围人转!》，新蓝网，http：//n. cztv. com/news/12381741. html。

《推动媒体深度融合　抢占传播制高点》，人民网，http：//cpc. people. com. cn/n1/2018/0226/c216373 －29835376. html。

《关于 2019 年媒体融合 10 个重要论断》，搜狐网，http：//www. sohu. com/a/284788847_ 99997521。

《〈县级融媒体中心省级技术平台规范要求〉〈县级融媒体中心建设规范〉发布》，人民网，http：//media. people. com. cn/n1/2019/0115/c14677 －30541139. html。

《〈县级融媒体中心网络安全规范〉、〈县级融媒体中心运行维护规范〉、〈县级融媒体中心监测监管规范〉等三项行业标准通过审查》，搜狐网，http：//www. sohu. com/a/291019008_ 683129。

# 环球视野篇

**Global Vision Reports**

# B.13 英国智慧媒体发展报告（2018 ~2019）

李　昂*

**摘　要：** 英国的人工智能发展一直走在世界前列，起步早、发展快，政府提供政策支持的同时重视高精尖人才储备。在全球媒体数字化、智能化转型的浪潮中，英国本土媒体也在积极进行从传统媒体到智慧媒体的转变，在保持以受众为中心的基本方针不变的前提下，从新闻报道形式和新闻采集整理方式上寻求突破，积极拓展变革思路。同时，英国媒体还强调智能化改革应在道德框架中进行，不能在发展人工智能的过程中侵犯受众的基本权益。

**关键词：** 英国　智慧媒体　BBC　人工智能　数字化

---

* 李昂，英国谢菲尔德大学全球新闻硕士研究生，CCTV《乡约》节目原编导。主要研究方向为中英媒体对比和英国媒体数字化进程。

## 一　英国人工智能的发展背景和政策支持

人工智能是目前科技发展的主流趋势之一，表现在媒体上更是如此。英国从某种程度上说是人工智能的起源国。英国数学家阿兰·图灵被称为“人工智能之父”，他为英国乃至世界人工智能的发展做出了开创性的贡献。他提出了著名的“图灵测试”，即如果第三者无法辨别出超过30%的人类与智能机器反应的差别，就可以论断出该机器具备人工智能。[①] 这种思想作为人工智能的直接起源之一，带动和启迪了人类对人工智能的探索和研究，直到今天，它仍然是人工智能进步和发展的重要指导思想之一。

英国的人工智能技术不仅起步早于大多数国家，政府对其后期的发展也给出了强有力的支持，保证其发展可以一直保持在世界先进水平，具体表现在政策支持、资金支持和教育支持三个方面。

### （一）政策支持

英国政府于2018年4月16日发布了一份报告《英国人工智能发展的计划、能力与志向》（*AI in the UK: ready, willing and able*）。报告指出，为达到加速发展人工智能的目的，英国政府已经宣布打造数个新型机构来促进人工智能的发展。[②]

1. 人工智能委员会（AI Council）和政府人工智能办公室（Government Office for AI）

人工智能委员会的主要职责为协调人工智能的发展，政府人工智能办公室负责支持人工智能委员会。这两个机构相互配合，共同促进人工智能在英国的创新和发展，加快与整个经济部门的联动，使得人工智能的劳动力更加多元化。

① 孙秋霞：《曲折中前进的人工智能》，《中国科技奖励》2016年第9期，第22～24页。

② 曹建峰：《解读英国议会人工智能报告十大热点》，《机器人产业》2018年第3期，第20～27页。

2. 数据伦理和创新中心（Centre for Data Ethics and Innovation）

数据伦理和创新中心将建立数据信托（data trusts）。[①] 这将监督组织和公司之间的数据集共享。审查强调，这些信托基金“将不是一个法律实体或机构，而是一组关系，其基础是一个可重复的框架，符合各方的义务，以公平、安全和公平的方式共享数据”。[②]

3. 全国人工智能研究所（National AI Institute）

在宣布成立数据伦理和创新中心、人工智能委员会和政府人工智能办公室的同时，英国政府宣布阿兰·图灵研究所将成为国家人工智能研究中心，并将支持图灵奖学金和与学院相关的博士生奖学金，同时专注与人工智能相关的课题。英国借鉴德国等国家先进的人工智能成功经验，形成全国研究枢纽。[③]

英国前首相特蕾莎·梅对这些机构在推动英国人工智能方面的发展寄予厚望。她在2018年的达沃斯论坛上提到，英国希望保持在人工智能发展领域的领先地位。英国已经成立了人工智能委员会，将对行业设立相应的规则和标准。未来，英国将成为全球最杰出的人工智能创业、创新中心，希望培育出更多的像DeepMind这样的人工智能公司。[④] 可见，英国政府在发展人工智能的政策方面给予了高度的支持。

## （二）资金支持

英国政府近年来十分重视对人工智能的资金支持。2017年1月发布的《现代工业战略》就指出，在人工智能、“智能”能源技术、机器人技术和

① 曹建峰：《解读英国议会人工智能报告十大热点》，《机器人产业》2018年第3期，第20～27页。

② 曹建峰：《解读英国议会人工智能报告十大热点》，《机器人产业》2018年第3期，第20～27页。

③ UK Parliament Business, Energy Industrial Strategy Committee, 2018. Government response to House of Lords Artificial Intelligence Select Committee's Report on AI in the UK: Ready, Willing and Able, pp. CM 9645.

④ 《英国力争人工智能“世界之最”》，央视网－新闻，http://news.cctv.com/2017/10/19/ARTIqPsAIUjdX2 gfMaWUKRkD171019.shtml。

5G 无线等领域增加 47 亿英镑的研发资金。2018 年，英国规划制定了金额超 9 亿英镑（约 78.7 亿元人民币）的一系列人工智能扶持计划，还将投资一系列跨国科技公司。2019 年 2 月，英国政府宣布投资 1300 万英镑（约 1.13 亿元人民币）支持 40 余个人工智能项目，目的在于提升人工智能的生产力，改善英国的智能专业服务。①

根据英国商业能源与工业战略部以及文化媒体与体育部联合发布的专题报告《促进英国人工智能产业发展》（*Growing the Artificial Intelligence Industry in the UK*）的预测，到 2024 年，英国人工智能解决方案的市场巨大，预计将达到 300 亿英镑（约合人民币 2700 亿元），人工智能还会帮助英国一些行业的生产力提高 30%，节约总成本的 25%。②

## （三）人才支持

在人才方面，2017 年英国计划将在四年内培育 8000 名计算机以及人工智能专业教师；未来七年内通过培训让 5000 名学生具备多样化的数字和人工智能技术；新增 200 个人工智能硕士学位，支持增加近 500 个与人工智能相关的博士点；加大海外特殊人才的引进力度，每年增加 1000～2000 个人才引进名额。这些人才支持计划都将为渴望进入人工智能行业的人士提供机遇，为英国未来各领域的人工智能人才储备打下广泛且坚实的基础。同时，包括剑桥大学、帝国理工学院在内的 16 所英国高等学府将设立专门的人工智能博士培训中心（CDT），未来 5 年将有 1000 名学生获得这一学位。③

---

① 罗羽：《英国更注重人工智能基础性研究》，《经济参考报》2019 年 3 月 12 日，第 6 版。

② 参见 https://assets.publishing.service.gov.uk/government/uploads/system/uploads/attachment_data/file/652097/Growing_the_artificial_intelligence_industry_in_the_UK.pdf。

③《为发展 AI 英国斥巨资全球抢人》，新浪财经，https://finance.sina.com.cn/world/2019-02-21/doc-ihqfskcp7350364.shtml。

## 二　英国智慧媒体的发展现状

### （一）英国互联网使用概述

截至2019年1月，英国人口总数为6677万，互联网用户数为6343万，占总人口的95%。社交媒体活跃用户数为4500万，占总人口的67%。移动社交媒体活跃用户数为3900万，占总人口的58%。[①]

截至2019年1月，英国手机拥有率为92%，智能手机拥有率为77%；台式电脑或笔记本拥有率为74%；平板电脑拥有率为53%。90%的英国网民每天使用互联网。[②] 英国网民在使用搜索引擎或查询产品信息方面更偏好使用台式电脑或笔记本电脑，但在访问社交网络和看视频页面时更倾向于使用智能手机。

在数字媒体的巨大冲击下，超过三成的18~24岁的年轻人表示，在过去一年没读过报纸，超过一半的年轻人说自己在过去一年只在网上看新闻。[③] 传统媒体的影响力每况愈下，纷纷进行数字化、智能化转型。

### （二）英国人工智能在媒体中的应用表现

1. BBC在智能媒体融合方面的表现

在英国无线电广播中，BBC到今天依旧保持着统治地位，也是英国谷歌搜索指数最高的关键词。现在，BBC除了是一家家喻户晓的媒体，还为读者提供其他各种服务，包括英语教学、图书出版、互联网新闻等。在这样的影响力下，BBC也在努力地进行数字化转型，在设备和信息统筹方式上进行积极改革，目前也取得了一些阶段性进展和成果。

① 参见https：//wearesocial.com/uk/digital - in - the - uk。

② 参见https：//wearesocial.com/uk/digital - in - the - uk。

③ 马汉清：《痛并快乐着：英国报业转型一瞥》，《中国记者》2014年第1期，第126~127页。

（1）Juicer

在信息处理层面，BBC 新闻实验室研发了一款叫作“Juicer”（榨汁机）的人工智能机器人，它是一款语意新闻分析工具。它首先从 BBC 新闻在线以及其他报纸获取内容，这些内容以文章形式为主，但它也可以获取图像数据元或视频数据元，然后实验室的工作人员会对其进行处理，这个信息加工过程就是 Juicer 的工作过程。它使用一种叫作 NLP 的技术，这种技术用于查找人们在文本中使用的语言组织和其他概念。工作人员使用一个名为 dbpedia 的源代码，它来源于维基百科，是数据的一种机械可读取形式。比如人们可以在 Juicer 里看到一篇文章中哪些人和地点被读者标记和提取出来了，从而对提取出的信息做进一步处理。Juicer 还有一个功能是进行弹性搜索。它将类似的查询与多个不同的标记组合在一起，进行压缩合并，并显示出结果，还可以统计出问询重复的频率。它可以对大量的数据重新编排统筹，甚至可以将各个部门的信息联动起来，做出符合逻辑的统计。Juicer 的出现大大减轻了新闻工作人员检索新闻、统计数据和挖掘其中规律的时间压力，用更少的时间对用户的兴趣点、关注对象做出更准确的统计，更好地做出以用户为中心的信息编排。

（2）Blue Room

在《英国人工智能发展的计划、能力与志向》（*AI in the UK：ready, willing and able*）这份报告中，编者还通过 2017 年 11 月 20 日人工智能委员会对 BBC 的访问，总结了 BBC 在人工智能方面所做的工作。委员会的六名成员会见了 Blue Room 的工作人员，Blue Room 是探索观众发现、消费、创造和与内容互动方式的一个媒体技术演示团队。BBC 首席技术和产品官 Matthew Postgate 及其同事首先概述了人工智能的最新发展，以及 BBC 在该领域面临的一些挑战。Matthew 指出，招聘技术人员是一项长期挑战，世界上估计只有大约 10000 人能够编程神经网络，无论传媒领域还是其他领域，人工智能对人才的需求都是巨大的。成熟的技术人才的缺失也是制约目前人工智能技术发展的主要原因之一。

委员会展示了其他媒体公司在人工智能和机器学习方面所做的一些技术

演示。这包括知名视频网站 Netflix 运用大数据算法，努力对他们向客户展示的节目进行超个性化、精准投放的呈现。他们还展示了一种叫作 Lyrebird 的人工智能服务，可以使用少量数据复制个人语音。BBC 对人工智能所做的工作还包括使用机器进行终端信用检测的实验，BBC 希望通过该实验减少人类耗时且乏味的工作。英国广播公司还在探索使用人工智能来增强人类摄像机操作员的工作，该系统经过多年的 BBC 档案录像培训，可以使用某些适当的节目镜头。人们预计，随着时间的推移，这些“AI 导演”可以大大提高 BBC 的生产力，使其能够覆盖更多的活动，特别是在地区层面。这些不同层面上的技术进步都将帮助 BBC，以及整个英国的媒体行业在人工智能领域迈上一个新的台阶，加深人工智能与媒体的融合，让更多的受众享受到人工智能给生活带来的便利。

（3）Media City UK

在硬件设施方面，BBC 于 2011 年在曼彻斯特建立了欧洲首个以发展创意、媒体及科技行业为目的商业中心——英国媒体城（Media City UK）。它是欧洲第二大创意与数字媒介集成中心，这座媒体城目前有超过 200 家科技创新企业入驻，预计未来可提供将近 20000 个工作岗位，既能解决就业率下滑问题，又能为智能媒体发展提供人才保证。它为各个传播平台提供了最前沿的技术服务与交流网络，不仅保证了新的变革机遇中对于高速宽带的要求，还减少了企业在运营中所面临的风险。媒体城中除了包含儿童、戏剧、娱乐、商业等几种常规的内容制作形式，还包括一些增强现实类互动体验项目，其中包括计算机合成图像（GGI）游戏、特殊技术摄影（SFX）、沉浸式 3D、视觉特效（VFX），使受众与媒体平台产生更多元的互动，同时也更全面直接地展示人工智能在媒体层面的应用和发展。

技术层面，媒体城中的 dock10 作为世界先进的数字化服务提供者，为各大制作单位提供高清电视演播室、优质的数字化后期制作和媒体管理服务。dock10 便捷的接入技术可以使制作内容通过各种智能平台进行高效且低成本的制作和应用。SIS 是电视产业的世界顶级引领者，是媒体城中另外一家大名鼎鼎的国际企业，它使媒体城与全球的广播电视平台高效联通。同时，另外一家制作单位 Betfred TV 也由这里制作并传输。目前在曼彻斯特有近十万人从事智能媒体平台行业，曼彻斯特也因此成为专业内容制作和数字媒体传播新中心，完善了英国整体智能媒体产业布局。

2. 传统纸媒的数字化变革

（1）《卫报》（*The Guardian*）

《卫报》是英国最早致力于数字化的报纸，从 2006 年开始走媒体融合之路，建立起四大技术平台，包括 2006 年的“开放评论平台”、2009 年的“开放数据平台”、2010 年的“开放技术平台”、2011 年的“开放新闻平台”，因此，在 2012 年的全英媒体排名中，《卫报》从第九位跃升为第一位。①

对于新闻的数字化，《卫报》早有尝试并取得了卓越成效。2010 年 10 月 23 日，《卫报》用一张伤亡数据地图展现了伊拉克战争的死伤情况，不仅让受众对战争的残酷感到震惊，更对英国政府在战争中的判断产生了影响。《卫报》使用谷歌地图以及 Google Fusion Tables 制作了一个点图，用户将鼠标放到地图上任意一处就可看见这个地点伤亡的数量、时间和情况。地图给人的感受力是数据无可比拟的。英国民众因此对政府施压，英国政府最终从伊拉克撤军。②

这是“可视化数据新闻叙事”与传统新闻叙述模式相比较体现出的最明显的优势。传统新闻报业借助人工智能的发展，用更加直接、受众更易感知的方式呈现新闻内容，促进了受众与新闻内容的交流。相比传统媒体枯燥单一的新闻报道方式，数字新闻具有立体感，打破了传统媒体的二维时代，创新了数据新闻报道模式。③ 图片和视频的结合，增强了新闻报道的可视化，可以用全新的方式报道新闻。同时《卫报》还将自主研发的新闻软件

① 陈培华：《推倒媒体与受众之间的墙——前〈卫报〉网站视频节目主管三问融合》，《传媒评论》2017 年第 10 期，第 69～70 页。

② 滕瀚、张双弓：《大数据时代可视化新闻生存之道——以英国〈卫报〉为例》，《新闻世界》2014 年第 6 期，第 104～106 页。

③ 李月银、夏春杰、白长燕：《从英国〈卫报〉数据新闻报道看我国可视化数据新闻的发展策略》，《科技传播》2016 年第 8 期，第 5～6 页。

免费在网站上公开，并且开设相关的辅导课程，用户可以通过课程了解如何使用工具编辑数据新闻，让用户不仅是新闻的接受者，而且能体验“记者”的工作。受众成为新闻生产者的这种模式使大众传播的双向效果更为明显了。

《卫报》在2011年宣布了一项“数字优先”计划，把工作的重心从传统新闻转移到了数字化新闻上。《卫报》在某种程度上将自己当作一家互联网科技公司，商业布局和做事风格都追求快速。他们希望用这种更为明确的方式展示自己数字化变革的决心。《卫报》网站前视频节目主管汤姆·哈珀尔德认为，今后可能还会有“移动优先”“视频优先”，甚至“可穿戴技术优先”。在数字化时代下，《卫报》产品的每个细节，都始终把受众的感受置于第一位。对于出现在《卫报》App上的新闻，编辑部都对它们的位置进行编程控制，按照新闻的重要程度编排在页面的不同位置。2015年，《卫报》在此基础上还推出了3D广告业务，建立了专业的数据团队，推广“可视化数据新闻叙事”。2016年，《卫报》在其脸书账户上引入聊天机器人，帮助读者选择阅读新闻的版本、推送的时间，并完成推送。这种类似客服的服务更加体现出《卫报》看重受众，利用人工智能技术提供人性化服务的进步。

（2）《每日电讯报》（*The Daily Telegraph*）

《每日电讯报》是英国有影响的全国性报纸，创刊于1855年，由电讯报业公司出版。在新闻媒体数字化这场没有硝烟的战斗中，《每日电讯报》把“视频”作为突破口，数倍扩充视频部人员，足以看出其对发展视频新闻的重视。《每日电讯报》在其官方网站上划分出了视频新闻版块，其位置甚至比新闻版块还要显眼。此外，《每日电讯报》的每个采编部门特别设立了计划师，而非普通的新闻策划人。大数据部门与计划师对应联系，整理近期受众搜索和关注的热点和趋势，由此计划新闻专题和报道，使新闻报道更贴合受众需求。《每日电讯报》在数字化的过程中，以发展视频新闻为表现形式，核心还是用更精确的方式体现受众的兴趣点，并用更加生动有效的方式表现出来。

（3）《金融时报》（*Financial Times*）

《金融时报》是英国目前最主要的商务媒体之一。2014 年底，《金融时报》总编辑 Lionel Barber 表示，2015 年将对编辑室做出巨大改革，要求新闻采编者更多地使用数字化方式编写新闻，用智能媒体的形式来思考故事，用数据、图表或其他形式在智能设备上加以呈现。他强调，在对信息化要求逐渐升高的将来，记者必须学会制作包含数据、图片、影像的复合式新闻。这并不是采集和制作分离的过程，而是在新闻的制作初期就应该做到的要求。《金融时报》下大力气对员工进行数字技术培训，除了平时开设新媒体培训班，每年还会举行一次大的“数字周”（digital week）。在一段时间内，为报社员工密集安排数字技术相关的培训课、讲座等，也会请专家到编辑部与大家交流。媒体数字化的进程也加速了媒体从业者的更新换代，许多年龄稍大的编辑、记者都表示不能适应这种节奏，《金融时报》也允许这部分员工自愿离职。这种现象从侧面体现出媒体的数字化对从业者专业素养要求的提升。这不仅对其生产新闻质量提出要求，也对其技术手段提出了要求。从这一角度来看，英国大力发展人工智能教育的决策符合当下的人才需求，也将为智慧媒体的发展铺平道路。

（4）《泰晤士报》（*The Times*）

英国老牌媒体《泰晤士报》早在 2006 年就开始了数字化转型之路，网站采用文字、图片结合视频的报道模式。2010 年 7 月，创建了网络“收费墙”这样一种新型收费模式。同时，《泰晤士报》也是英国率先研发 App 的新闻媒体，在智能新闻领域开了先河。它不仅提供新闻内容，而且推出了多种服务，用附加服务吸引订阅用户。受众在原有服务的基础上还享有增值会员（Times +）身份，会员除了可以订阅新闻，还可以得到很多其他服务，比如名人和明星讲座的名额、电影首映式参加资格、优惠券和用餐券等。《泰晤士报》的这种尝试还解决了数字化媒体转型的时代，新闻制作者如何创收的问题。“收费墙”的模式不仅让受众对接收到的新闻有了更多选择，而且提升了受众接收到的新闻的质量。这种新型的盈利模式后来也得到了其他报社的效仿。

## 三　英国智慧媒体的未来发展趋势

### （一）人工智能技术的发展方向

《促进英国人工智能产业发展》（*Growing the Artificial Intelligence Industry in the UK*）这份报告从四个方面对人工智能在英国的未来发展提出了建议。

在数据获取层面，报告建议，首先，为促进持有数据的组织和希望使用数据开发人工智能的组织之间共享数据，政府和行业应提供一个程序来开发经过验证和信任的数据信任框架和协议，以确保交换安全和互利；其次，政府应确保公共研究资金明确，公布基础数据，并提供明确的权利信息；再次，对于原创作品，在评估如何支持文本和数据挖掘时，政府应该限制对人工智能数据的潜在用途，进一步保护作品的原创性不被人工智能影响和打破。

在人才培养方面，报告指出接受多元化工作人员对人工智能的价值和重要性，应共同努力打破陈旧观念并扩大参与度。行业应赞助学生将人工智能作为主要课程，开展人工智能硕士课程。在课程设计方面，高校将对计算和数据科学以外专业的毕业生提供为期一年的人工智能硕士学位的培训，进一步为人工智能行业吸纳人才。大学应鼓励开发先进的信用承担人工智能 MOOC 和在线持续专业发展课程，为具有 STEM 资格的人员提供硕士学位，以获得更多的专业知识，建立图灵人工智能奖学金，以保证对先进人才的开放性。

同时，报告还建议推动人工智能商品化。报告指出，阿兰·图灵研究所应成为真正的国家研究所，并扩展到目前的五所大学之外，其主要目标是以人工智能为中心。大学应该使用明确的，利用可获取的和可能的共同政策和做法来许可知识产权并组建衍生公司。

在支持未来人工智能发展方面，政府应与行业和专家合作，建立英国 AI 委员会，以帮助在英国协调和发展 AI。信息专员办公室和阿兰·图灵研究所应制定一个行为框架，解释人工智能服务提供的流程和结果，以提高透明度和确定责任制。国际贸易部应扩大目前的人工智能业务支持计划。TechUK与皇家工程院、数字弹射器以及工业领域的主要参与者合作，为英国经济成功采用人工智能的机遇和挑战制定实用指南。政府应确保工业战略挑战基金（ISCF）和小企业研究倡议（SBRI）所面临的挑战真的可以解决英国人工智能产业中存在的问题，旨在吸引和支持人工智能在各个挑战领域的应用和设定资助的挑战，将公共部门数据用于人工智能。

英国不允许人工智能的发展以打破道德框架为代价。英国在引领人工智能发展的同时，还要求确保人工智能的创新是以符合道德为核心和基础的。在涉及公民人身安全和财产安全的特定场景中，技术透明也是必须要注意的。为保证整个系统的公开，英国的人工智能体系甚至能以牺牲系统的准确性为代价。

### （二）人工智能技术与媒体传播的融合

虽然目前英国将人工智能发展的重心放在医疗、金融、建筑等领域，传媒领域所涉及的先进技术和代表公司有限，但是在大力发展人工智能的大背景下，英国智慧媒体还是表现出了积极的态度。无论新闻网站还是传统报业都在力求创新，丰富媒体表现形式，围绕以受众为核心的服务宗旨，加快数字化变革。一方面，媒体领域借助先进的人工智能技术，完成自己的产业升级；另一方面，智慧媒体的兴起也增强了英国人工智能发展的全面性，平衡了各领域的发展模式，为受众提供了更为直接的、来自人工智能的发展成果。

英国虽然在人工智能方面有着良好的发展基础和强大的政府支持，媒体数字化也势不可当，但在这样的背景下，与美国和中国这样的人工智能强国相比，英国近年来的智能媒体发展仍显得后劲不足，特别是在近两年，在媒体数字化以及智慧媒体发展方面没有较突出的表现。媒体数字化的模式没有取得新突破，依然沿用先前的技术作为支撑。与其他行业相比，技术层面的表现也中规中矩，在传媒领域没有体现出其人工智能大国的发展能力。媒体智能化是全球媒体都在面临的挑战和机遇，英国要想抓住这次机遇，还应该花更大的力气落实和兑现《促进英国人工智能产业发展》（*Growing the Artificial Intelligence Industry in the UK*）报告中提出的发展建议，在不违反道德框架的前提下，确保数据来源、人才来源和人工智能与市场的结合，实现智能媒体更全面的发展。

英国智慧媒体发展有其独特的优势，人工智能技术发展迅速，政府政策支持、人才储备充足等都是其快速发展的原因。对其他国家而言，英国政府对于发展人工智能以及智慧媒体提供的政策支持等均值得借鉴和学习。

# B.14

# 日本人工智能应用发展报告（2018～2019）

杨　阳*

**摘　要：** 在打造超智能社会5.0的过程中，日本政府高度重视人工智能的发展，大力推进人工智能技术应用，借以带动各产业的智慧化发展。在制造业领域，日本政府积极利用人工智能技术，根据图像对生产对象进行外观检验、检品，对工厂内作业实施监督，分析制造设备的传感数据等，借以实现生产系统的自动化与服务产业的效率化，迎来了“智慧工厂时代”。为实现超智能社会5.0，日本将继续构建三省联动机制，加速传统产业与人工智能技术的结合，积极制订新的人才培育计划，以期通过人才培养带动人工智能技术的发展。

**关键词：** 日本　人工智能　智慧媒体

2019年4月10日，日本政府的监管机构正式向其国内的NTT Docomo、KDDI、SoftBank三大传统通信公司，以及2019年末加入的乐天公司分配了5G信号频谱，5G技术将于2020年迎合东京奥运会的举办正式在日本国内开始商用。此举成为日本5G高速大容量服务发展过程中重要的里程碑，也

* 杨阳，工商管理学博士，厦门理工学院文化产业与旅游学院讲师，主要研究方向为新媒体与市场营销、流通体系等。

必将推动日本人工智能技术的开发，推动数字化媒体发展的进程，带动智慧媒体行业的发展。

## 一　日本人工智能发展政策环境分析

自2001年1月始，日本政府设立了高度信息通信网络社会推进战略本部（IT综合战略本部），出台了《构建先进信息与通信网络社会基本法》（即IT基本法），借助国家政策力量，开启了日本社会信息化建设的进程，“E-Japan战略”的启动，带动了日本ICT技术的开发，拉开了日本成为信息化产业强国的序幕。①

### （一）顶层设计下的战略新机遇

在安倍晋三首相的提议下，2013年6月，日本政府颁布了IT战略《创造世界最尖端IT国家宣言》，致力于日本社会大数据的发展，将大数据与各产业相结合，制定了IoT（物联网）的综合战略，大力发展ICT、信息通信，从网络、平台、终端、服务等层面制定了具体发展目标，借以将日本社会打造成高水准的信息产业技术社会。

2016年12月，为了更有效地综合运用官民数据，整顿信息环境，日本政府出台了《官民数据活用推进基本法》。2017年5月，为了进一步实施《官民数据活用推进基本法》，“官民数据活用推进战略会议”成立，并设立了“IoT新时代的未来建设研究委员会”，旨在促进社会信息化进程，带动相关政策的改革与完善。同年6月，政府提出《未来投资战略2017》，倡导构建数据活用的政策基础，发展5G移动通信系统的导入与实现所需的基础技术，强调发展ICT技术的重要性，从国家宏观发展战略上推动了日本社会ICT发展的进程。

---

① 杨阳：《日本智慧媒体发展报告》，《中国未来媒体研究报告（2018）》，社会科学文献出版社，2018，第233页。

随着ICT技术的不断进步，在人工智能发展方面，2014年6月政府颁布的《日本再兴战略2014年修订版——对未来的挑战》将机器人技术研发作为国家重点项目后，日本加快了人工智能的开发步伐，并将2017年定为日本人工智能元年。2018年7月，日本最高科技创新政策咨询机构——综合科学技术创新会议（CSTI）颁布了《第二期战略性创新推进计划（SIP）》，该计划致力于发展ICT、IoT、人工智能、大数据、光量子技术开发等，为人工智能与各产业的技术融合提出了新的指导方向，带动了科学技术的基础研究向实际应用的转化，同时推动了人工智能等技术的研发与创新。

### （二）推进ICT化社会发展新举措

2015年7月，日本总务省在“2020年全社会ICT化推进座谈会”发布了《面向2020年的ICT综合战略（第一版）》，奠定了ICT作为国家基础设施的发展战略地位，聚焦信息化公共设施的建设、多种语言翻译系统、数字化媒体技术、5G移动通信系统建设等，带动了日本ICT技术的快速发展，同时也促进了ICT创新技术的开发与应用。2017年12月，面向2020东京奥运会，“2020年全社会ICT化推进座谈会”召开第11次会议，扩充了2016年提出的《IoT服务云事业》的具体内容，强调IoT技术对智慧城市服务的重要性，自然语言翻译系统Voice Tra①的全面应用，以及确保网络安全等方面的问题。

### （三）实现超智能社会发展新策

“综合科学技术创新会议”于2016年1月提出打造“超智能社会5.0”② 后，为了进一步解决日本社会结构改革问题，于2017年11月设立了“IoT新时代创造未来委员会”，对日本2030～2040年的通信政策等

---

① Voice Tra是由日本政府主导，信息通信研究机构（NICT）与先进语音翻译研究开发推进中心（ASTREC）共同开发的自然语言处理系统。

② 超智能社会5.0是指在狩猎社会、农耕社会、工业社会、信息社会之后出现的由科技创新引领社会变革所诞生的新型社会形态，也是网络空间与现实空间高度融合的社会形态。

进行探讨，该委员会的成立促进了大数据活用环境的发展，提升了 IoT、大数据人才的培养，带动了各项技术的应用与创新。为进一步提升日本 ICT 产业的竞争力、地区经济的可持续发展，以及人才教育、老龄化社会 ICT 的援助政策等，2018 年 6 月政府出台了《抓住未来 TECH 策略》，倡导各产业积极导入 ICT 技术，实施社会结构改革，加快实现超智能社会的到来。

人工智能技术是实现超智能社会的重要基础技术之一，2016 年 4 月日本内阁府举行“人工智能技术战略会议”，对人工智能技术的研究开发进行战略部署，同时与利用人工智能技术相关的各产业有关政府部门联合，制定研发目标以及人工智能产业化发展路线，推进人工智能技术在研发与普及应用。2017 年 3 月，该会议制定了《人工智能技术战略》，并于 2018 年公布了《人工智能技术战略实施计划》，借以加速人工智能技术的研发应用，创建超智能社会。

日本内阁府 2018 年 6 月 15 日出台了《未来投资战略 2018》，进一步强调第四次产业革命中人工智能技术、ICT 技术等技术革新的重要性，将实现“超智能社会 5.0”作为《未来投资战略 2018》的核心目标。该战略进一步推动了国家对信息技术作为基础社会设备投入的进程，大规模地带动了人工智能技术的开发、5G 技术环境的建设等，在技术层面上为超级社会的到来奠定了坚实的基础。

日本人工智能技术研究与应用在国家战略布局的带动下全面开展，作为国家战略，国家各机关、民间各大企业、研究机构等积极参与配合，加速了人工智能技术在基础研究、应用领域的推广，以及产业化技术的开发与普及。

## 二　日本人工智能技术运用领域与应用实例

随着信息时代和知识经济时代的来临，全球技术不断革新，通信技术、大数据技术、网络技术、计算机技术等发生日新月异的变化，日本人工智能技术的研发与应用也发生较为显著的变化。在国家战略指导下，政府研究机关、民间各大机构、企业等积极参与人工智能的开发，在深度学习、自然语言处理、知识处理等技术领域取得了一定的成效，并积极地将成果在制造业、公共基础设施建设、医疗、教育、传媒等领域推广应用。日本社会正从“工业4.0时代”向“超智能社会5.0”转型，努力打造真正意义上的“智慧社会”。

## （一）智慧媒体——“深度学习”技术的广泛应用

近年来，在日本政府各项政策的指引下，各大研究机构不断加深对人工智能技术的探索与应用。通过对“深度学习”技术的研究，语音识别技术、图像识别技术等取得了显著的进步，将大量研究内容应用到自然语言处理相关领域，通过媒体的形式应用在旅游、医疗、交通等相关产业，在语言处理技术上有较高的精准度，目前已投入商用。

2013年，由日本总务省主导，信息通信研究机构（NICT）设立了先进语音翻译研究开发推进中心（ASTREC），共同研制开发自然语言处理系统Voice Tra。至今，Voice Tra已经实现31国语言文字的实时翻译，并提升日、中、英、韩等10国语言的旅行会话用语的精确度，已达到日常实用水平。此外，Voice Tra系统在医疗、交通、治安、娱乐等方面也发挥着积极作用。目前，在日本京急电铁站的失物招领与换乘中心、东京Metro地铁170个站点已全部导入Voice Tra系统，日本警察系统也利用Voice Tra进行地理指南、失物招领等方面的工作。同时，该中心已开发出医疗用“急救Voice Tra”App、成田机场专用翻译“Nari Tra”App，日本相关医疗机构与机场已完成系统导入，处于试用改良阶段。为迎接2020东京奥运会，Voice Tra系统通过大规模实例的举证与改良后，将更广泛地投入零售、交通、医疗、观光等产业，成为日本社会发展的基础设施之一。

日本电报电话公司（NTT）的全资子公司——日本电信电话公司于2016年5月推出该集团的人工智能业务“corevo TM”，结合该集团内部的人工智能技术，将固有的“自然对话系统”与“对话咨询系统”进行技术的升级，研发出可根据对话内容理解会话意图、情景模拟对话、知识问答、个性发音变化与用户信息提取等多功能综合信息处理系统。该系统的研发与应用，有效代替了相关的人的部分工作，带动了任务主体与相关方的协同合作与创新。[①] 2018 年 5 月 30 日，该集团旗下 NTT Docomo[②] 公司向普通消费者提供 AI Agent Services“my daiz TM”服务，该系统通过读取消费者的基础信息，学习消费者行为，结合 NTT Docomo 的合作商提供的各项服务，在恰当的时间将消费者所需的信息与服务推送到消费者的通信端。目前，NTT Docomo 已与 30 余家企业和自治团体达成合作关系，向消费者提供近 60 项 Agent 服务，例如，免费推送气候信息、出行交通信息、餐饮娱乐信息、生活日常资讯及合作商信息等。并且可以根据消费者的生活习惯、兴趣爱好等需求向消费者提供各项定制收费服务。

### （二）智慧工厂——制造业的人工智能浪潮

2018 年，日本制造业 GDP 约占全国的 21%，依旧为主要产业之一。日本政府通过“第 4 次产业革命——技术革新”，带动所有产业及社会生活的发展，提出解决各种社会课题 Society 5.0 的方针。在此浪潮中，日本的制造业也迎来了智慧工厂的时代，人工智能与 IoT 的结合与活用成为重要的探索领域。在机器人生产线方面，日本整体的技术水平已处于全球领先地位，从人工智能技术出发，在智慧工厂中，人工智能根据图像对生产对象进行外观检验、检品，对工厂内作业实施监督，防止错误的发生，分析制造设备的传感数据，进行异常检测等，借以实现生产系统的自动化与服务产业的效率化。

日本军事防务品的供应商 IHI 公司近年来致力于宇宙航空、能源机械、建筑机械等机械的研发与生产，积极采用 ICT 等先进技术，开发出人工智能系统 ILIPS（IHI group Lifecycle Partner System），用以收集产品生产过程

① 甄子健、吴松、柏燕秋：《日本人工智能发展研究》，《全球科技经济瞭望》2018 年第 3 期。

② NTT Docomo 是一家电信公司，是日本最大的移动通信运营商。

中的各种信息及数据。IIII 通过其独有的数据分析技术、人工智能机械学习技术，为客户提供故障预兆诊断、预防等业务。同时 ILIPS 作为远程监控平台收集并分析产品运行数据，系统内对信息进行综合分析，实施远程维护。该系统精准地预测生产线的隐患及故障，高效地提升了设备的生产力。

欧姆龙集团是全球知名的制动化控制及电子设备制造厂商，拥有较为领先的传感与控制核心技术。近年来，欧姆龙致力于利用数字技术提高生产效率，利用机器人、人工智能、IoT 技术等来打造并实现智慧工厂。2017 年 8 月，以 IoT 技术为服务基础，欧姆龙集团发布了“i－BELT”系统，提倡利用该系统，实现“人类无法达到的高水准精度作业、作业高度化的提高”“用人工智能代替人来进行异常声音与外观检查工作”等目标，用来服务并支援欧姆龙顾客的智能工厂打造业务。①

此外，瑞萨电子公司于 2017 年 11 月将研发成果“AI unit solution（人工智能单元解决方案）”系统投入使用；日立制作所的 Hitachi AI Technology/H 与 Cyber-PoC 系统、三菱电机公司的 e-F@ ctory 系统、富士通的 MetaArc 系统、SKYDISC 公司的 Skydisc. Inc 系统等陆续投入市场，加速了日本智慧工厂实现的进程。

### （三）智慧服务—机器人服务的商业时代

近年来，日本各大消费电子企业正在逐步加快研发人工智能并扩大其应用范围，与人进行交流对话的机器人领域内，人工智能也得到了充分应用。与其他国家相比，日本不仅注重机器人的相关功能，而且更加注重机器人的外形、灵活性，使其更加拟人化，并将人形机器人应用于服务业。

2015 年 6 月，日本软银公司（SoftBank）将人形智能机器人 Pepper 投入市场，称其为“全球首台具有人类感情的机器人”。Pepper 通过头部的 4 个麦克风阵列，可以准确地对场景内的声源进行定位和识别。将日语、汉

① 日本独立行政法人情报处理推进机构《AI 白皮书 2019》，2019 年。

语、英语等多国语言作为基础交流语言，Pepper 能流畅地与人进行对话交流，通过智能 AI 数据库可实现除人机交互外的订票查询、天气查询、交通指引等功能。同时，Pepper 通过人脸识别与物体识别系统，能同时识别多张人脸与上百类物体及文字，达到精准识别，通过判断人类的面部表情和语调的方式，识别人类情感。并能根据路面标记、路径规划、导航避障进行运动，按照用户的需求准确地移动到目标位置。[①] Pepper 的市场投放，在一定程度上加快了人工智能通过机器人服务进入家庭或个人生活领域的步伐。

IBM Watson 系统是采用认知计算系统的商业人工智能，通过自然语言理解技术，分析所有类型的数据，包括文本、音频、视频和图像等非结构化数据。2017 年 2 月，IBM 与日本理光公司宣布共同研发成功新一代的交互式智能白板，利用 IBM 的 Watson IoT 技术，通过智能与语言技术，能响应命令，记录笔记、显示图像及资料，执行行动，通过麦克风识别会议发言，为参会人员提供服务与技术支持，自动生成会议记录等。该智能白板不仅能满足参会人士在信息处理方面的需求，对会后的任务分配等也起到了提示与协助的作用。在提供一定的智慧服务的同时，IBM Watson 系统也充分发挥其智慧媒体的作用，在会议内容方面，该智能白板通过智能办公系统将参会人员的发言及会议资料等翻译成多种语言，并将其显示在智能白板或会议记录中。

日立制作所于 2018 年 12 月 11 日正式公布人形机器人 EMIEW3，在观光景点、机场、医院、商业设施等地点专门为企业或顾客提供服务，作为服务型机器人投入市场。EMIEW3 利用自带小型车轮可以进行独立行走，支持日语、英语、汉语 3 种语言，拥有 14 个麦克风进行声音分辨，通过内置的摄像头和运动传感器，识别顾客的不同需求，并且帮助顾客解决相关问题，例如服务客户、执行指路、店铺及景点介绍、基础会话交流等。与 Pepper 类似，EMIEW3 的声音、画面和语言等功能通过外部智能系统联网处理，并

---

① 参见 https：//www. cloudpepper. com. cn/。

且能进行 EMIEW3 智能机器人之间的网络信息共享。由此可见，智能机器人的行业应用与家庭服务正在逐渐扩大领域，行业的研发竞争将逐渐白热化。

同时，三井住友银行与日本微软公司共同研发 Collam 对话性 AI 自动应答系统，系统借助 JSOL 公司的云端进行商业化服务。Collam 系统被称为“下一代聊天机器人”，通过自动生成人工智能学习数据和高精准应答，在一定程度上可以减少管理人员在操作程序方面的问题，提高查询的相应速度以及效率，提高其服务方面的质量。目前，该系统已于 2018 年 5 月开始提供服务，全面投入日本三井住友银行的业务端。①

## 三　日本人工智能发展趋势

通过上述分析可以发现，日本人工智能的技术研发与应用离不开政府的顶层设计与战略引导，政府为实现“超智能社会 5.0”提供核心技术服务，不断强化国家体制建设，官民协力，共同打造超智能社会。

### （一）持续进行政府引导，构建三省联动机制

在人工智能技术方面，近年来日本社会确实取得了相应的成果，但相比中国、美国，在数据搜集、技术和商业需求等方面较为分散，难以系统发展。因此日本借鉴美国人工智能发展模式，通过政府引导，建立政府三省联动机制，搭建 AIP、AIRC、脑信息通信融合研究中心等国家级人工智能技术创新平台等，努力创建有利于产业发展的应用环境、市场基础，扶持新兴协作商业模式的发展，综合相关资源，致力于推动人工智能技术的研究开发，以及科研成果的推广及应用。②

① 《对话型 AI 自动应答系统导入服务的提供开始通知》，日本三井住友银行官网，https://www.jsol.co.jp/info/2018/180530.html。

② 甄子健、吴松、柏燕秋：《日本人工智能发展研究》，《全球科技经济瞭望》2018 年第 3 期。

### （二）发挥产业优势，带动人工智能技术发展

统观日本“超智能社会5.0”布局，未来，日本在人工智能应用方面立足于自身的发展优势，如汽车制造、机器人、医疗等领域有较好的技术基础，其人工智能的研发与应用也聚焦相关领域。

### （三）加速传统产业与人工智能技术的结合

随着人工智能技术的突飞猛进，应用范围也不断扩大。但在日本社会，人工智能产业应用仍处于初期阶段，如何搭建好人工智能与传统行业的衔接桥梁是当下需要解决的问题。例如，5G时代的到来加速了日本传统媒体向数字化媒体的转型，在传统媒体仍具有较高影响力的传媒行业，利用人工智能，通过大数据的分析与处理，深度挖掘客户需求进行精准服务、信息推送等成为衡量转型成功的重要标尺之一。

### （四）制定新的人才培育计划

伴随日本近年来人工智能技术的高速发展，人才培养方面的问题日益严重。未来，应根据产业需求，设定目标，大力培养高水平技术人才和拥有人工智能基础知识的人才。可以通过政府推动，在各大学内建立相关人工智能教育体制，在企业内增加人工智能培训项目等。通过人才培养带动人工智能技术的发展。

由此可见，日本政府高度重视人工智能国家战略布局，完善相关人工智能发展的顶层设计，推动相关产业领域的融合应用，在全球新一轮人工智能发展热潮的推动下，日本将迎来一个“全新的智能时代”。

# 调　查　篇

**Investigation Report**

# B.15
# 新媒体环境下厦门社会居民新闻接触习惯调查报告（2018～2019）*

课题组**

**摘　要：** 超过50%的厦门居民首选新闻接触方式是数字阅读，其首选接触新闻方式占比由高到低排名依次是数字阅读、电视、报纸和广播等。厦门居民的新闻媒介接触渠道按比例由高到低

* 该课题在中共厦门市委宣传部指导下，由厦门新新媒体传播有限公司报数调查中心负责数据调查，厦门理工学院未来媒体发展研究中心课题组负责数据统计分析、专题座谈和报告撰写。

** 项目组组长：上官军，厦门市委宣传部常务副部长；江曙曜，厦门日报社党委书记、社长；项目组副组长：官威，厦门市委宣传部新闻处副调研员；赵琳，厦门日报社新媒体中心主任；宁炜，厦门日报社新媒体中心副主任；项目组成员：蔡文演、杨佳音、吴一凡、洪佳彦。课题组执笔：林小勇，厦门理工学院教授/高级编辑，福建省高校人文社科研究基地未来媒体发展研究中心主任，主要研究方向为未来媒体、互联网与广播电视等；丁智才，博士，厦门理工学院教授，福建省社科研究基地文化产业中心常务副主任，主要研究方向为文化产业；潘秋月，博士，厦门理工学院副教授，主要研究方向为统计与大数据运用等；贺莹，博士，厦门理工学院副教授，主要研究方向为媒体智能应用等。

排名依次为手机、电视、报纸和电脑等。其中，微信是厦门居民所有年龄段用户中安装最多的手机客户端，其次是新浪微博、腾讯新闻和今日头条等。七成左右的厦门居民每天接触新闻时长为1个小时以内，主要集中于晚上6~9点和上午9~12点两个时段。用户经常阅听的前三位新闻类型依次是本地新闻、国际新闻和社会民生。36.22%的厦门居民通过新媒体阅听新闻时更喜欢图文形式。厦门居民选择该媒介的主要标准是其权威性（占比34.67%），其次为信息量大（占比17.7%）、口碑（占比16.89%）、阅读习惯（占比11.53%）和多方观点（占比11.32%）等。

**关键词：** 厦门居民　新媒体　新闻接触习惯　数字阅读

## 一　研究设计

在移动互联网、大数据、虚拟现实、人工智能等新技术、新应用发展以及经济社会发展的共同驱动下，广大受众用户的新闻接触习惯发生了较大的变化。在厦门市委宣传部的指导下，厦门新新媒体传播有限公司报数调查中心具体执行“新媒体环境下厦门社会居民新闻接触习惯调查”项目的数据调查，厦门理工学院未来媒体发展研究中心课题组具体负责开展问卷统计分析和专题座谈，通过一手调研数据的实证分析和专家学者、业内人士观点的规范分析，研究厦门受众用户新闻接触的基本使用情况、使用行为以及内容类型偏好等等，力求客观、公正地反映厦门居民新闻接触的概况。

在研究过程中的资料搜集、数据分析阶段采用了下列具体研究方法。

1. 文献分析法

在文献收集方面，主要通过国内外各大主要学术研究数据库，阅读相关重要文献与最新研究成果。所使用的数据库包括 Redirection Online（Nelsen）、Web of Knowledge、Springer Link、EBSCO 全文数据库、PQDD 博士学位论文数据库、CNKI 中国学术期刊系列数据库、万方数据库。

2. 调查法

本次研究通过发放调查问卷的方法对新媒体环境下厦门社会居民的新闻接触习惯进行研究数据调查搜集。同时，通过召开座谈会的形式对媒体从业者和普通受众（读者）代表分别进行深度访谈，访谈中以开放性问题为主，让研究对象能表达其真实想法与观点，尽量避免两组被调查者产生交叉影响。

（1）调查样本发布。

本次问卷调查主要分成三个部分：①基本新闻接触习惯；②新媒体的阅读习惯；③本地媒体阅读习惯。

（2）调查时间。

问卷调查时间：2018 年 11～12 月。

座谈会时间：2019 年 1 月。

（3）调查方式。

本次调查采用问卷调查和专题访谈两种形式进行。问卷调查采取网络问卷和实地发放问卷相结合的形式，即通过组织报社采编发行人员、街道社区工作者、志愿者组织等广大社会力量约 500 人次配合推进线下社会调查，开展社区入户、街头访问和校园调查以及“968820”电话问卷访问等，收集调查数据样本；《厦门日报》推出新闻报道、官方微信推文等，新媒体旗下企鹅号、头条号等同步配合发稿，推广调查问卷，扩大调查社会覆盖面。经过约 1 个月的线下、线上调查，共发放线上、线下问卷 17789 份，收回有效问卷 16397 份，其中网络问卷 12008 份，线下问卷 4389 份。男女各占 50%；年龄分布中，12～15 岁的占 3%，16～18 岁的占 7%，19～25 岁的占 17%，26～35 岁的占 29%，36～45 岁的占 15%，46～60 岁的占 15%，60 岁以上的占 14%；职业分布中，机关事业单位人员占 17%，企业单位人员占 36%，在校学生占 12%，自由职业者占 15%，离退休人员占 12%，其他职业者占

8%；收入分布中，无固定收入人群占21%，月收入5000元以下的占29%，月收入5000～10000元的占39%，月收入10000～20000元的占9%，月收入20000元以上的占2%；学历分布中，初中及以下的占13%，高中（含中专）的占24%，本科（含大专）的占57%，硕士及以上学历的占6%；居住地中，思明区居民占29%，湖里区居民占25%，集美区居民占20%，海沧区居民占9%，同安区居民占11%，翔安区居民占6%。

专题访谈采取座谈会访谈的形式进行，分为媒体从业者座谈组和受众（读者）座谈组。

媒体从业者座谈组人员构成须满足以下条件：性别比例5∶5；年龄上，50～60岁3位、40～50岁4位、25～40岁3位；学历上，硕士及以上学历者3位、本科及以下学历者7位；尽量包含一线的工作人员、中层干部或项目负责人。

读者座谈组人员构成须满足以下条件：性别比例5∶5；年龄上，60岁以上的3位、40～60岁的2位、25～40岁的3位、18～25岁的2位；学历上，包含硕士及以上学历者3位、本科及以下学历者7位。

## 二　厦门新闻接触环境分析

自第四次科技革命以来，科技影响并改变着人们的生活、学习和工作的方式，给人们带来的便利越来越多。在传统媒体与新兴媒体融合发展的大背景下，媒体融合、大数据、云计算、人工智能、物联网、5G技术及VR技术的新闻产品已经逐步进入平常老百姓的家中，新的新闻接触环境正在形成。

### （一）政策环境

近年来，党中央、国务院和国家相关部委陆续出台了一系列与新闻媒体发展紧密相关的政策文件，扶持推动与引导监管并重，新闻媒体发展的环境不断优化，具备了较强的推动力。尤其是党的十九大开启了新时代中国特色社会主义新征程，标定了党和国家事业发展新的历史方位，也为新闻媒体发展提供了新的时代坐标和历史机遇。

厦门市人民政府近年来先后发布了《厦门市人民政府关于印发进一步促进文化产业发展补充规定的通知》及《厦门市人民政府办公厅关于印发进一步提升“i厦门”平台实施方案的通知》，提出要重点培育创新能力强的文化与科技融合发展项目，将“i厦门”打造成为全媒体形态和全网传播的深度融合媒体产品和资讯平台，可以让企业和群众一键获取各类权威资讯和便民信息。厦门市不断推进媒体融合发展，加速传统媒体转型、创新新闻主题报道，融媒体整体的传播环境得到不断优化。

## （二）经济环境

近年来，我国经济保持稳中有增的良好态势，综合国力不断增强，经济发展质量不断提高，发展韧性日趋凸显。随着供给侧结构性改革进一步深入推进，产业结构得到优化，重点行业特别是数字经济等新兴产业对经济增长的贡献率逐年上升。面对全球数字经济领域的激烈竞争，我国数字经济之所以能够迅速发展，不仅在政策上得到了党和国家的重要支持（在建设网络强国、数字中国等方面做出了重要战略部署），还借助信息技术的革新与创新、国内巨大市场及庞大网民数量等有利条件得到了快速发展。2018年中国数字经济规模已达到31.3万亿元，占GDP的1/3以上，现已成为经济发展的重要组成部分，是驱动经济转型升级的重要动力。当前我国数字经济营收规模占比前三的细分领域分别是消费生活、文化娱乐及互联网金融，合计占比达75.7%，而企业服务、在线医疗、交通服务等所占比重很小。因此，今后我国数字经济在各行业的渗透程度仍有待加深，未来如何利用信息技术基础拥抱数字经济成为一个重要命题。

2017年，厦门市不断深化供给侧结构性改革，加快产业转型升级，有效地推动了全市经济社会的平稳发展。根据厦门市统计局数据统计，2017年，全市实现地区生产总值4351.18亿元，比上年增长7.6%，其中第三产业实现增加值2512.03亿元，增长7.9%，对GDP增长的贡献率为

57.7%。按常住人口计算的人均地区生产总值为109740元，增长5.5%。厦门市以“宽带厦门”“数字厦门”“智慧厦门”“创意厦门”为着力点，积极创建国家级文化与科技融合示范基地，实现市民卡App正式上线，“i厦门”平台用户总数突破216万人，四大基础数据库整合优化，为全市33个部门、多个业务领域提供市民基础数据共享服务，积极推动“美丽厦门”建设。

### （三）技术环境

党的十八大以来，党中央对科技创新进行了全局谋划和系统部署，以大数据、人工智能、量子信息等为代表的新一代信息技术对新闻媒体影响巨大而深远。创新一直是引领我国技术发展的第一动力，在大数据快速形成、智能算法不断演进、运算能力持续加强的大环境下，未来技术将在跨媒体智能、混合型智能方面发力。自2017年3月“人工智能”第一次被写入政府工作报告后，2017年7月，国务院正式印发《新一代人工智能发展规划》并提出了“三步走”的战略目标，2017年12月，工业和信息化部印发了《促进新一代人工智能产业发展三年行动计划（2018—2020年）》希望加速人工智能技术的应用落地。截至2018年10月，20多个省市都出台了人工智能产业政策，可以说2018年是地方层面人工智能的政策年。福建省积极响应国家战略，相继出台了《福建省“十三五”文化改革发展专项规划》《福建省“十三五”战略性新兴产业发展专项规划》《福建省人民政府关于推动新一代人工智能加快发展的实施意见》《福建省人民政府关于印发福建省促进大数据发展实施方案（2016—2020年）的通知》等一系列相关政策文件，阐述了未来五年福建省文化改革发展、战略性新兴产业发展和人工智能发展等总体要求。

厦门市政府积极响应政策，大力推动大数据与云计算、物联网、移动互联网等新一代信息技术融合发展，尤其鼓励大数据技术的研发，加强大数据资源的开发和利用，积极推进政府治理精准化、公共服务便捷化和产业发展协同化。为了营造适合大数据产业发展的市场环境，抢抓大数据产业发展机遇，形成大数据产业和应用特色优势，厦门市政府相继出台了《厦门市大数据应用与产业发展规划（2015—2020年）》《厦门市促进大数据发展工作实施方案》。当前，厦门市大数据产业发展迅猛，已经培育了美亚柏科、美图、南讯、易联众等知名企业，2017年，厦门市大数据产业营业收入约400亿元，同比增长超过100%，今后争取尽快成为国家级大数据综合示范应用城市。2018年，厦门市出台了《厦门市推动新一代人工智能产业发展若干措施》，就技术攻关、平台建设、载体创新、推进应用等方面出台具体的支持举措。2019年1月，再次重磅发布的《厦门市新一代人工智能产业发展行动计划（2019—2021）》，计划到2021年，厦门市将在人工智能研发方面投入超过2亿元，要建设2个以上人工智能产业共性技术研发和成果转化创新公共服务平台，培育10家人工智能细分领域龙头企业，形成3个人工智能特色产业集聚区，人工智能及相关产业规模超500亿元。今后将加大基于深度学习的类脑视觉传感器、类脑计算芯片等关键共性技术的研发力度。积极推进视频、图像处理的人工智能核心技术与传统工业的深度融合，助力传统产业智能化转型。

### （四）社会环境

现代社会是一个完完全全的信息社会，人们所掌握的信息的数量和质量越来越决定其生活水平的高低，各类媒介组织所提供的信息和内容已经完全渗透到老百姓生活的方方面面。随着用户使用习惯的改变，移动互联网及智能设备的进一步普及再次推动了我国媒体在移动端应用的快速发展，移动创新无疑成为中国媒体发展的主流方向，移动端产品成为媒体产品的标配。截至2018年12月，我国手机网民规模高达8.17亿人，每天产生海量的信息数据，今后，数据作为经济发展的重要战略资源，将为数字经济高质量发展提供新动能。

改革开放以来，从成为首批经济特区之一到开展自贸区改革试验，厦门一直是深化改革的试验田和对外开放的排头兵，积极实施“数字厦门”战略，优化数字内容产业结构，提高互联网广告、网络游戏、手机出版、博客、电子书、数字报纸、互联网期刊、网络动漫、在线音乐等产业所占比例，积极发展电子商务。截至2017年底，厦门市共有公共文化馆7个，出版发行各类报纸7种，期刊25种，侨刊乡讯13种；共有广播节目7套、电视节目7套。全市院线影院44家、银幕271块，全年商业电影票房4.72亿元。农村、社区公益广场共放映电影7348场次。市政府实施“宽带厦门”战略以来，充分发挥了广电有线网络主渠道作用，加快了三网融合，促进了新闻内容消费。依托厦门软件园和火炬高新区的园区优化，鼓励智能终端研发并发展电子商务，优化资源配置，积极构建了安全的信息消费环境，重点挖掘并培育了若干数字内容产业重大项目。

## 三　厦门社会居民媒介接触行为和内容偏好分析

在移动互联网、大数据、虚拟现实、人工智能等新技术新应用以及经济社会发展的共同驱动下，广大受众用户的新闻接触习惯发生了较大的变化。厦门理工学院未来媒体发展研究中心课题组根据厦门新新媒体传播有限公司报数调查中心于2018年11~12月开展的问卷调查和2019年1月举行的专题座谈，进行了相关统计分析，从厦门社会居民的媒介接触形式、新闻资讯阅听行为、新闻资讯类型偏好和本地主流媒介的接触行为四个方面进行分析，具体情况如下。

### （一）媒介接触形式

#### 1. 数字阅读是首选的新闻接触方式

自2014年以来，“全民阅读”上升至国家级战略部署，在网络大潮下，国民阅读方式也发生了巨大变化，数字化阅读率连续数年持续上升，并已成为国民阅读主流方式。调查显示，54.4%的厦门居民首选的新闻接触方式为数字阅读，其首选新闻接触方式占比由高到低排名依次是数字阅读、电视、报纸和广播等，且呈现受教育程度越高，数字阅读的比例越高之态势（见

图1）。本科（含大专）及以上学历的人群通过手机、电脑等渠道接触新闻的比例较高，而初中及以下学历的用户则更偏向通过电视渠道接触新闻资讯。60岁以上的居民虽然主要还是通过电视、报纸等传统媒体接触新闻，但其首选数字阅读的比例也已高达23.67%，而其他年龄段的用户首选新闻接触方式则是数字阅读。67.87%的机关事业单位工作人员通过数字阅读接触新闻资讯，为所有职业中占比最高。而其他职业人员则首选通过电视接触新闻，且呈明显“一老一幼”的现象，60岁以上居民和12～15岁居民为首选电视接触新闻最多的两个人群，分别占41.77%和30.59%。首选通过报纸接触新闻最多的人群为60岁以上居民，占比为27.32%，而35岁以下的年轻人首选通过报纸接触新闻的比例则为10%左右（见图2）。男女性别之间基本无差异。

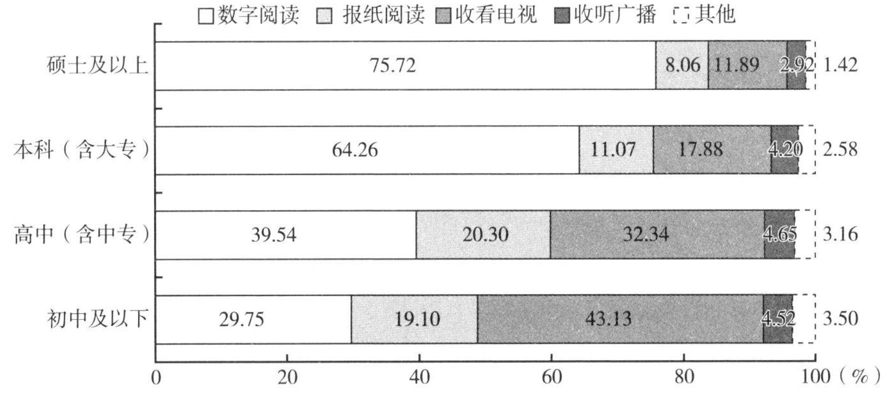


**图1　厦门居民首选新闻接触方式（学历分析）**

2. 接触渠道向手机集中趋势明显

随着智能手机的普及，加上手机在便携性、碎片化及私密性等方面的优势，厦门居民的新闻媒介接触渠道按比例由高到低排名依次为手机、电视、报纸和电脑等，呈向手机移动端迁移集中之趋势，且受教育程度越高的用户通过手机渠道接触新闻、了解资讯的比例越高（见图3）。35.26%的45～60岁受众用户更倾向于通过手机接触新闻，为所有年龄段最高。60岁以上受

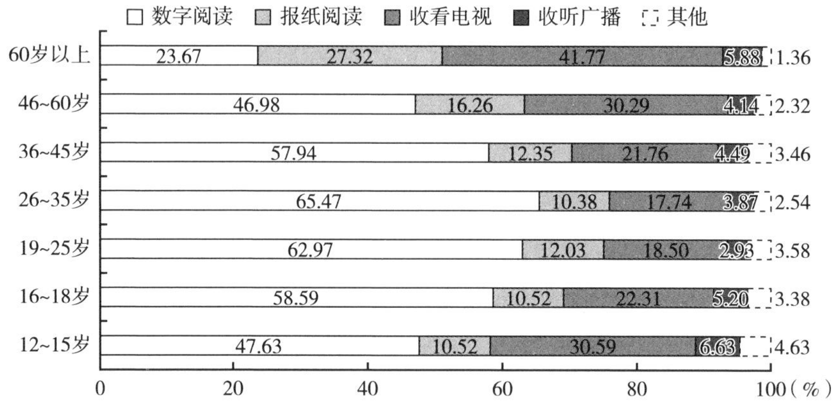


**图2　厦门居民首选新闻接触方式（年龄分析）**

众用户接触新闻的渠道是所有年龄段中最均衡的，主要以收看电视、报纸阅读和数字阅读作为新闻接触方式，分别占41.77%、27.32%和23.67%，也是所有年龄段当中通过电视接触新闻比例最高的；其他年龄段受众用户则主要通过手机渠道接触新闻。从职业分布来看，在校学生通过手机接触新闻的占比为各职业中最多，机关事业单位的工作人员更倾向通过手机接触新闻，但也有不少人通过电视和报纸接触新闻，且这两类传统媒介接触率呈相对平衡的状态（见图4）。广播则是除其他方式之外，所有年龄、职业受众用户中首选新闻接触媒介占比最低的传统媒介，为10%左右（见图3、图4）。男女性别之间基本无差异，岛内岛外地区差异不大。

3. 微信是安装最多和最经常用来接触新闻的手机客户端

2019年是微信上线第8年，微信日登录量也在2018年8月超过10亿，成为国内历史上第一款App有10亿DAU（日活跃用户数量）的客户端。调查显示，微信是厦门居民所有年龄段用户中安装最多的手机客户端，其次是新浪微博、腾讯新闻和今日头条等（见图5）。微信也成为厦门居民最经常用来接触新闻的手机客户端，平均使用率高达44.79%（见图6），且呈现学历越低，使用微信接触新闻比例越高之态势，超过47%的初高中学历的受众用户最经常使用微信接触新闻，硕士及以上学历者的这一数据为

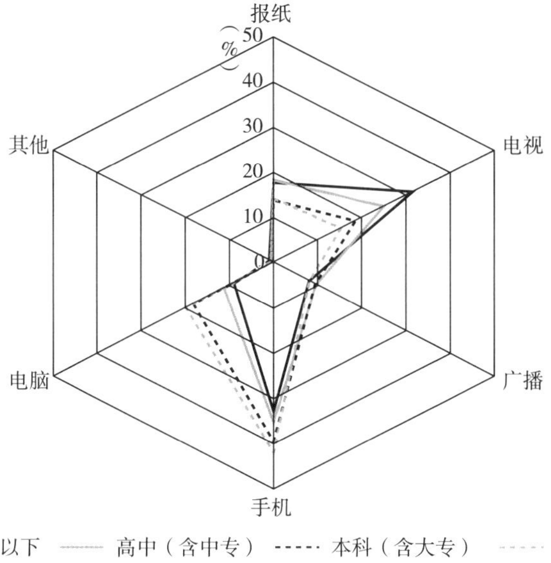


**图 3　厦门居民新闻媒介接触渠道（学历分析）**

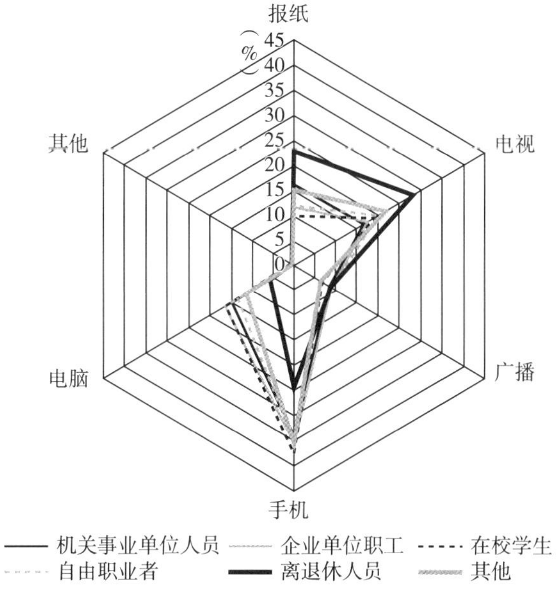


**图 4　厦门居民新闻媒介接触渠道（职业分析）**

40.07%。而在年龄分布方面，19～25岁的受众用户使用率最低，为37.88%；以19～25岁的受众用户为界，16～18岁和12～15岁的受众用户通过微信接触新闻的比例分别为46.61%和44.39%；26～35岁、36～45岁、45～60岁的受众用户通过微信接触新闻的比例分别为42.37%、42.84%和50.98%；60岁以上的老人安装的新闻手机客户端整体较少，主要集中于微信，但其使用微信接触新闻资讯的比例却是所有年龄段中最高的，高达53.59%。调查发现，厦门的受众用户最经常看的新闻类微信公众号是厦门日报官微，其余有厦门晚报、海峡导报、厦门广电、厦门招考、人民日报、央视新闻、厦门网、海西晨报、小鱼网、厦门新闻广播、福建日报、YES厦门和海峡都市报等机构的微信公众号（见图7）；而厦门的受众用户使用看厦门App、新福建App等区域性或本地新闻客户端接触新闻的比例较低，分别仅占1.5%、0.48%。

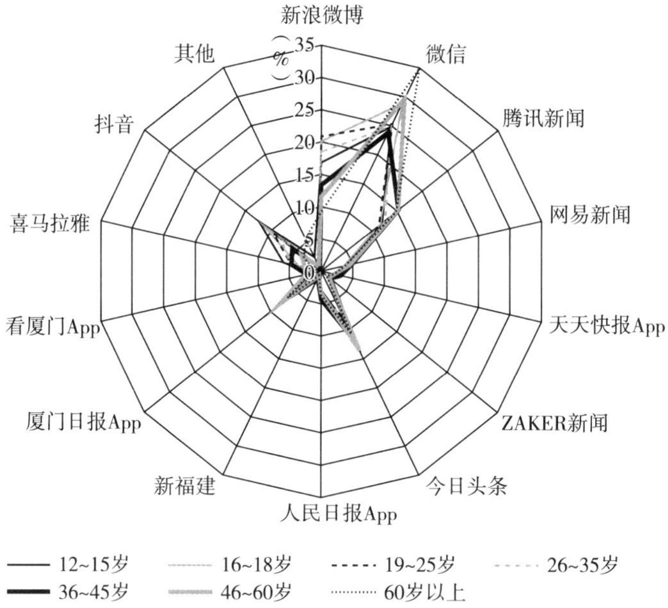


**图5　厦门居民手机客户端安装情况（年龄分析）**

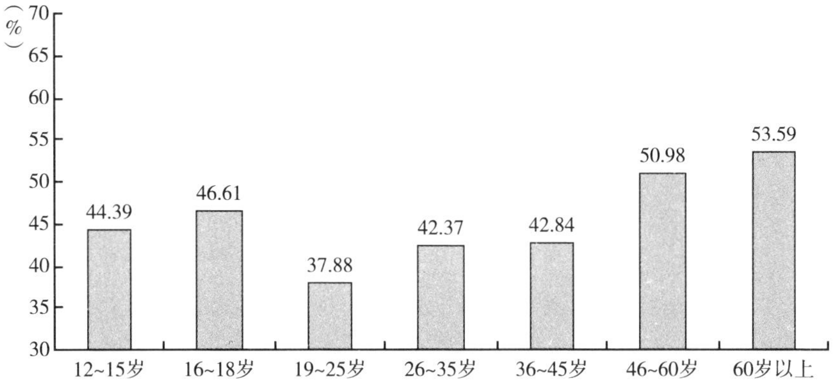


**图6　厦门居民使用微信客户端接触新闻情况（年龄分析）**

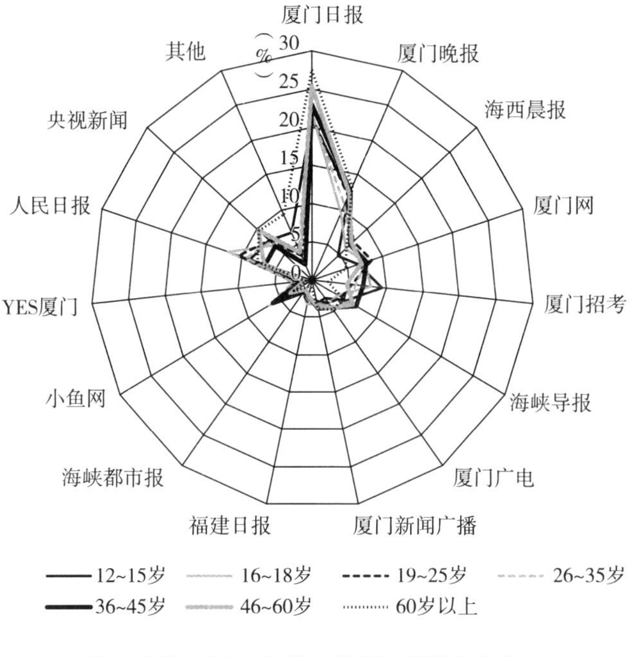


**图7　厦门居民最经常看的新闻类微信公众号情况（年龄分析）**

## （二）新闻资讯阅听行为分析

### 1. 七成用户每天接触新闻时长在1个小时以内

调查显示，新闻资讯是厦门居民的每日信息刚需，七成左右的厦门居民每天接触新闻，接触时长为1个小时以内。其中，一半以上的12～15岁的人群因为学业等因素每天只能花30分钟以内时间接触新闻，随着年龄的增长，受众用户对新闻的关注程度也不断提高，阅读时间也相应增长，但绝大多数在1个小时以内（见图8）。阅听新闻时间较多的群体为46～60岁居民和60岁以上老人，接触时长为1～2小时的占比分别为23.78%和25.65%，而60岁以上老人是新闻阅听时间最多的群体，这既与老人群体的时间较充裕有关，也与其阅听新闻速度较慢有关。阅听新闻时间超过2小时的受众用户比例整体较少。

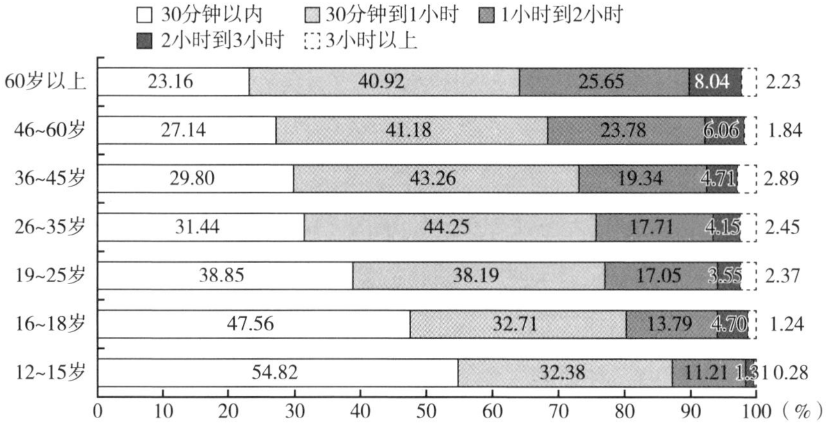


**图8　厦门居民新闻接触时长（年龄分析）**

### 2. 接触新闻较高比例的时段为上午和晚上时间

调查显示，厦门居民每天一般在上午和晚上阅听新闻的时间比例会比较高，尤其以晚上6～9点和上午9～12点两个时段最为突出（见图9），且因职业和年龄不同差异也较大。不同职业的居民因为工作生活作息时间不同，每天阅听新闻的侧重时间也有所不同，机关事业单位人员中在上午6～12点时段阅听新闻的人数最多，其次为晚上6～11点；离退休人员则呈现"一晚—早 6～9 点”的新闻阅听现象，即主要在晚上 6～9 点和早上 6～9 点两个时段进行新闻阅听，占比分别为 29.16% 和 26.49%；学生们则主要在晚上阅听新闻，也是所有职业中晚上 11 点后依然阅听新闻比例最多的群体（见图 10）。60 岁以上人群一天中接触新闻的时间相对比较均衡，除下午 3～6 点和晚上 11 点后两个时段外，上午 6～9 点和晚上 6～9 点及上午 9 点～中午 12 点三个时段都是他们接触新闻较多的时段（见图 9）。

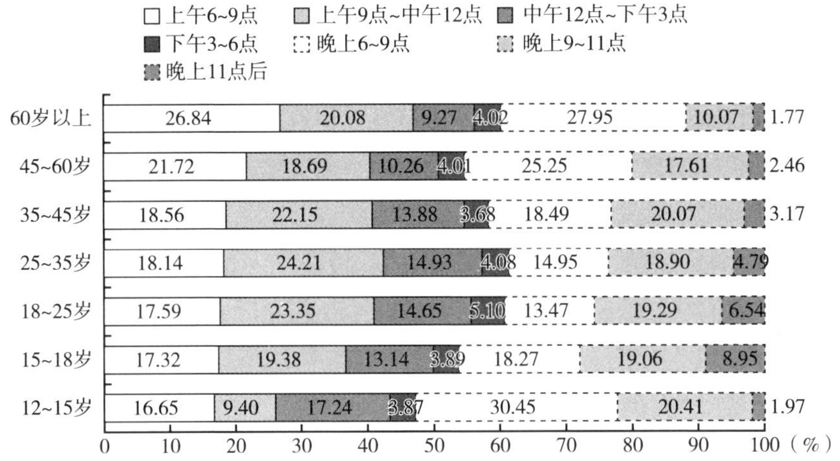


**图 9　厦门居民新闻接触时段（年龄分析）**

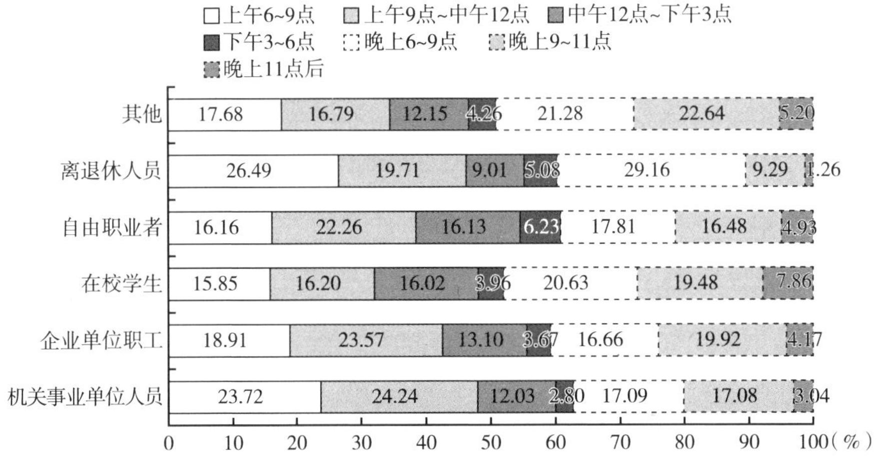


**图 10　厦门居民新闻接触时段（职业分析）**

3. 家里是最主要的新闻阅听场所

由于家里环境的私密性较好，不易受干扰，加上家居场景的休闲随意性和多样化，以及家里的网络或 Wi-Fi 可支撑数字阅读随时在线，家里也成了厦门所有年龄层和所有职业的居民最主要的新闻阅听场所，占比高达 47.35%；其次为工作或学习场所、交通过程中，分别占 26.26% 和 16.86%，且呈现学历越低在家阅听新闻的比例越高、学历越高在工作或学习场所阅听新闻的比例越高以及收入越高在工作或学习场所阅听新闻比例越高的状况（见图 11、图 13、图 14）。75.15% 的初中及以下学历的受众用户在家阅听新闻；硕士及以上学历的受众用户在家阅听新闻的比例最低，仅占 28.21%，但其在工作或学习场所进行新闻阅听的比例则最高，占 34.30%；同时，29.18% 的硕士及以上学历的受众用户会选择在交通过程中阅听新闻，也是在交通过程中阅听新闻比例最高的群体（见图 13）。除了家里以外，超三成月收入在 1 万元以上的受众用户会在工作或学习场所阅听新闻（见图 14）。从职业分布看，83.50% 的离退休人员是在家里进行新闻阅听，为所有职业中最高；机关事业单位人员的主要新闻阅听场所是在家里和工作或学习场所，且呈现较为均衡的分布状况，占比分别为 39.14%、36.20%（见图 12）。厦门居民在休闲场所进行新闻阅听的比例整体不高，仅占 7.87%。

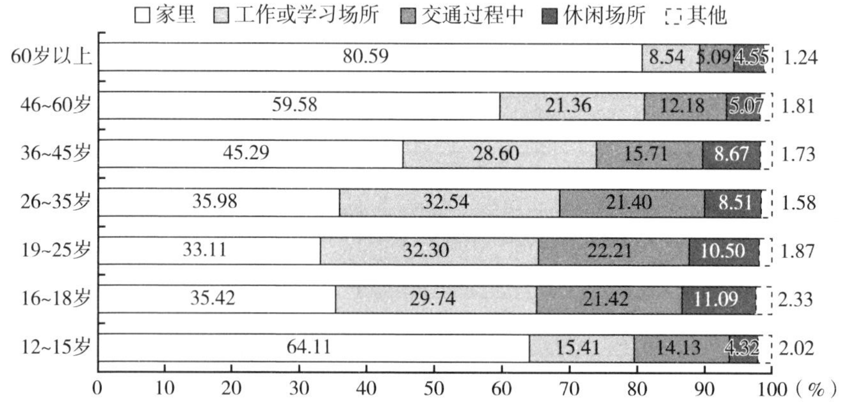


**图 11　厦门居民新闻接触地点（年龄分析）**

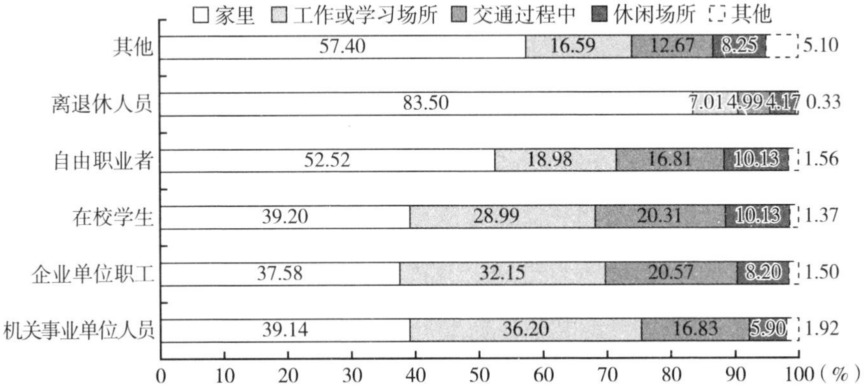


图 12 厦门居民新闻接触地点（职业分析）

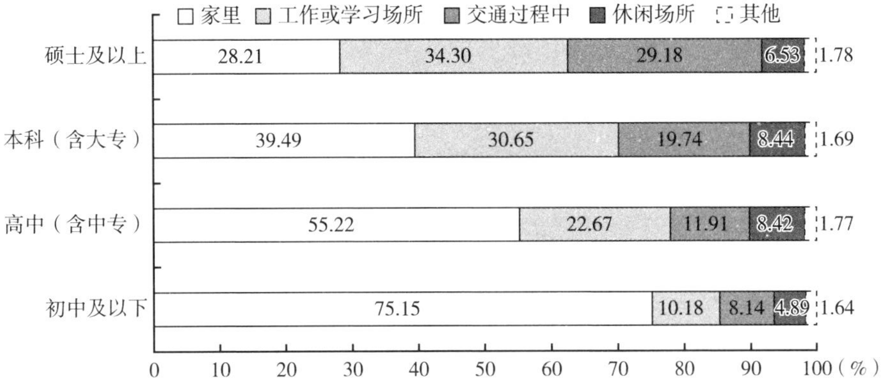


图 13 厦门居民新闻接触地点（学历分析）

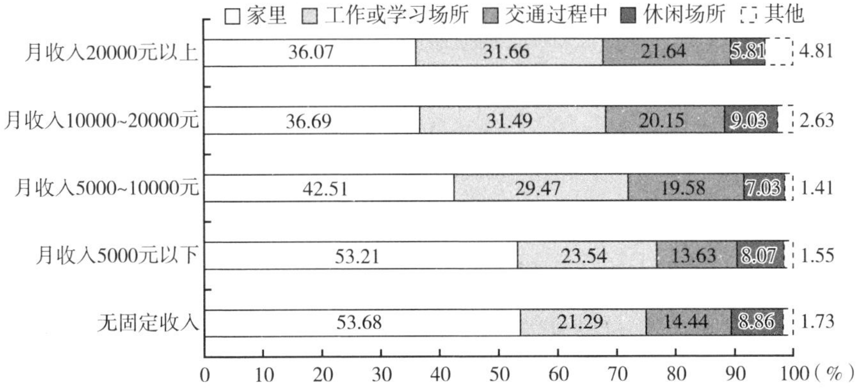


图 14 厦门居民新闻接触地点（收入分析）

4. 手机对用户接触传统新闻媒体有较大影响

调查显示，绝大多数人认为当前手机的普及对自己接触传统新闻媒体有一定影响和较大影响，影响程度呈学历越高受影响越大之趋势（见图15）。约六成的本科（含大专）及以上学历人群认为有一定影响和较大影响。约20%的高学历人群已基本不看传统媒体（见图15）。同时，从年龄情况来看，影响程度呈现“两头小中间大”的倒“U”形（见图16）。消费能力较强的中间年龄人群比较明显受影响。32.96%的26～35岁居民认为受影响很大，这一年龄段的人群中已有21.26%的人基本不看传统媒体了；受影响较大的人群依次为26～35岁、36～45岁、19～25岁、16～18岁和46～60岁人群；12～15岁（尤其在校学生）和60岁以上（尤其离退休人员）的居民则受影响最小，但也有近20%的人群认为有较大影响（见图17）。

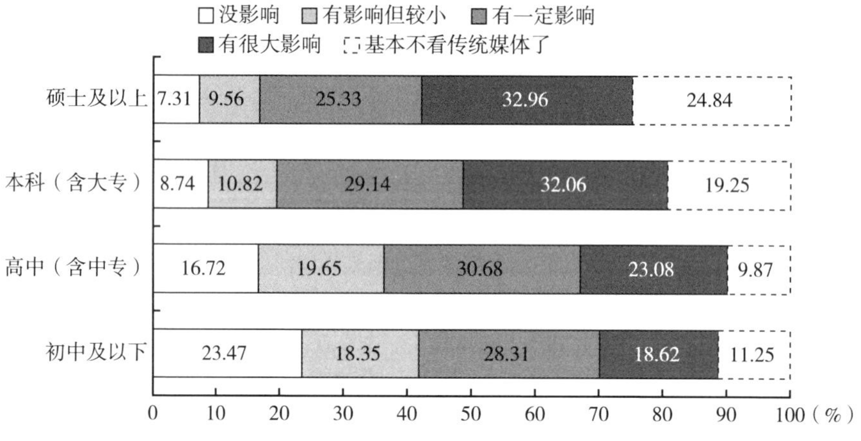


**图15　手机的普及对接触传统新闻媒体的影响（学历分析）**

5. 不同居住地的首选媒介接触行为有所不同

调查显示，厦门六个区的居民首选的新闻接触方式皆为数字阅读，平均占比50%左右；其次为收看电视、报纸阅读和收听广播。其中，岛内、岛外有一定差异，思明区居民数字阅读习惯占比最高，为57.23%，比岛外居民的数字阅读习惯平均占比高出10个百分点，比六个区中数字阅读习惯占

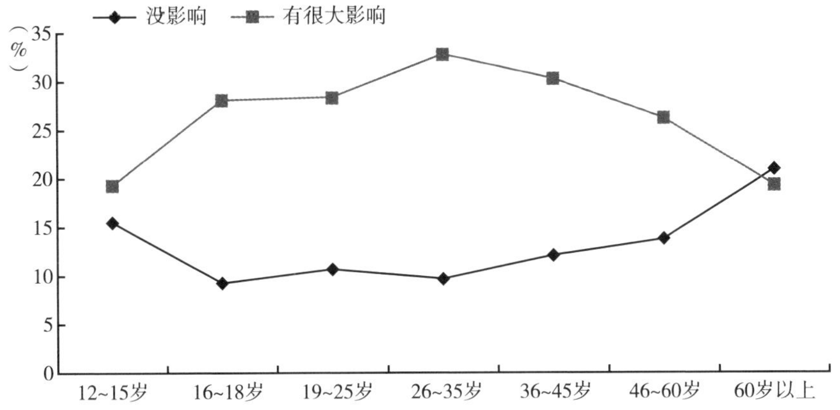


**图 16　手机的普及对接触传统新闻媒体的影响（年龄分析）**

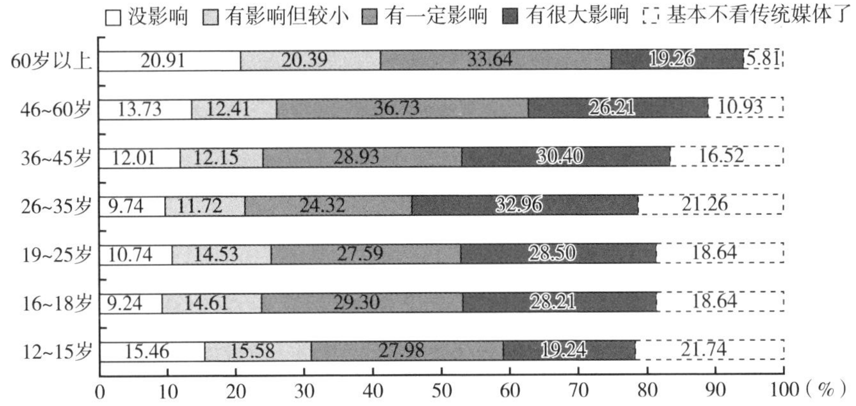


**图 17　手机的普及对接触传统新闻媒体的影响（年龄分析）**

比最低的集美区高出近 14 个百分点。居民数字阅读习惯占比由高到低依次为思明区、海沧区、翔安区、同安区，而湖里区、集美区比例略低，占比分别为 44.28% 和 43.52%。同安区是六个区当中首选收看电视和阅读报纸比例最高的，占比分别为 28.08% 和 16.28%。海沧区则是六区中首选报纸阅读为新闻接触媒介比例最低的，仅为 14.97%。湖里区、集美区则是六区中首选收听广播为新闻接触媒介比例较高的，占比分别为 10.13% 和 10.03%（见图 18）。

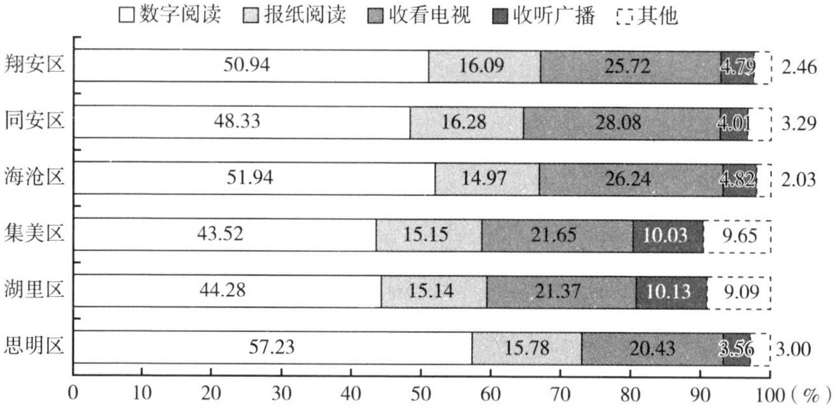


**图 18　厦门各区居民首选新闻媒介情况**

## （三）新闻资讯类型偏好

1. 不同年龄、收入和学历的用户新闻偏好不同

调查显示，受众用户经常阅听的前三位新闻类型依次是本地新闻、国际新闻和社会民生。除了两成左右的受众用户都比较关注本地新闻外，不同年龄、不同收入和不同学历的受众用户偏向不同类型的新闻资讯。从年龄因素看，60 岁以上受众用户更关注社会民生；12 ~35 岁的用户更关注娱乐影视；36 ~45 岁的更关注财经新闻。最经常阅读本地新闻的是 60 岁以上的老年人；最经常阅读国际新闻、娱乐新闻和体育新闻的是 15 ~18 岁人群；最经常阅读财经新闻的人群是 36 ~45 岁；而多少有点出人意料的是，12 ~15 岁的受众用户竟是经常阅读文化副刊比例最高的（见图 19）。从收入因素看，经常阅听本地新闻排列前三位的受众用户是月收入 5000 元以下者、无固定收入者和月收入 5000 ~ 10000 元者，占比分别为 22. 03% 、21. 63% 和 20. 1% ；经常阅读社会民生新闻的是月收入 5000 元以下和月收入 5000 ~ 10000 元的用户，占比分别为 15. 31% 和 15. 2% ；经常阅读娱乐影视新闻的是无固定收入者和月收入 5000 元以下人员，占比分别是 12. 25% 和 11% ；最经常阅读文化副刊的是无固定收入者（见图 20）。收入越高、学历越高越

关注财经新闻（见图20、图21）；收入越高的居民越经常阅读国际国内新闻和体育新闻，两者呈一定正相关性（见图20）。学历越高者越经常阅读国际国内新闻和财经新闻，学历越低者越经常阅读本地新闻、健康教育新闻和社会民生新闻（见图21）。

男士主要阅读本地新闻、国际国内新闻。女士主要阅读本地新闻、社会民生新闻和娱乐影视新闻。

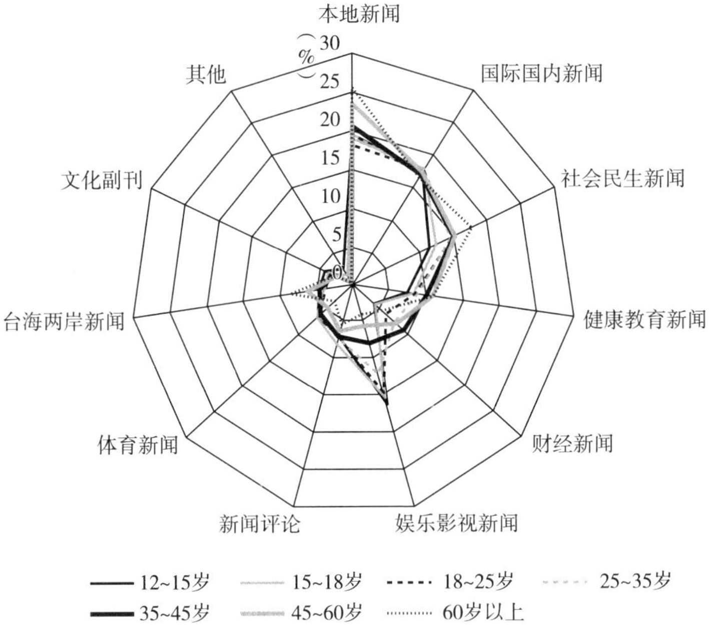


**图19　厦门居民经常阅读的新闻类型（年龄分析）**

2. 了解国内外的动态是用户阅读新闻的首要出发点

调查显示，超三成的厦门居民阅读新闻的首要出发点是了解国内外的动态，且呈现学历越高，阅读新闻的人所占比例越高之态势，其次是了解所在城市资讯、满足日常生活需要和满足工作学习需要等（见图22、图23）。随着年龄不断增加，人们越来越关心所在城市的资讯；同时，整体上看，学历越低者也越关注所在城市的资讯（见图22、图23）。整体上看，年龄越小者越重视满足工作学习需要的新闻接触。学历越高者越重视了解国内外动

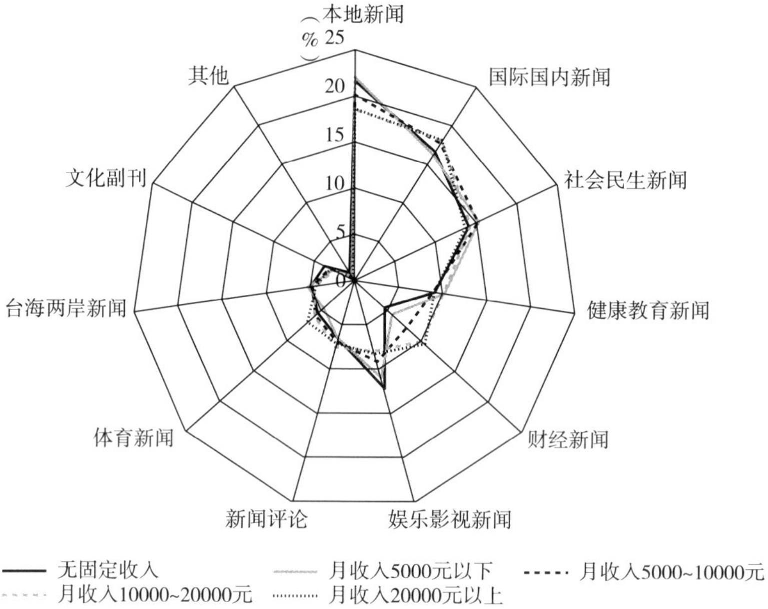


**图 20　厦门居民经常阅读的新闻类型（收入分析）**

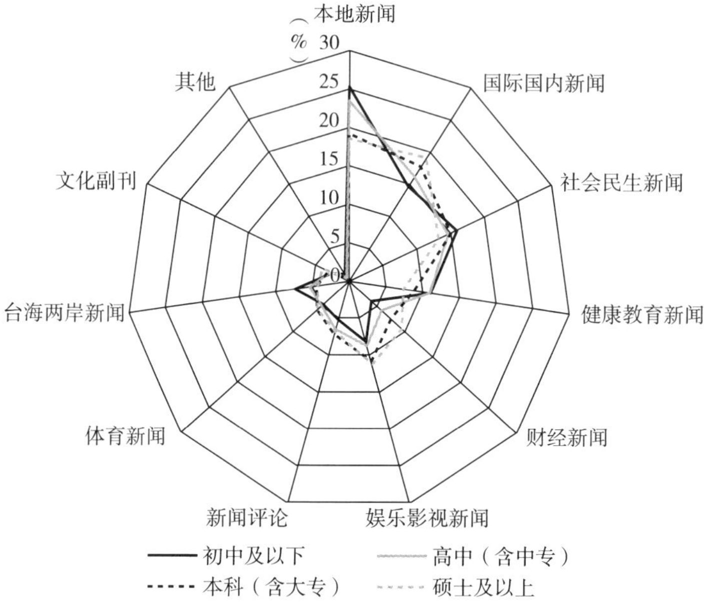


**图 21　厦门居民经常阅读的新闻类型（学历分析）**

态和满足工作学习需要的新闻接触（见图23）。从事不同的职业者其新闻接触的首要出发点也有所不同。机关事业单位人员新闻接触的首要出发点是了解国内外动态，离退休人员了解本地资讯的比例最高，在校学生满足工作学习需要的比例最高。

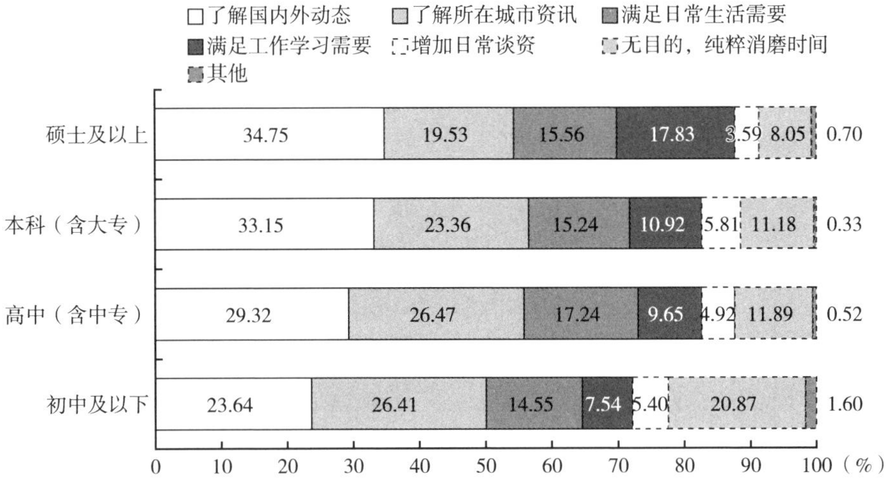


**图22　厦门居民阅读新闻的首要出发点（学历分析）**

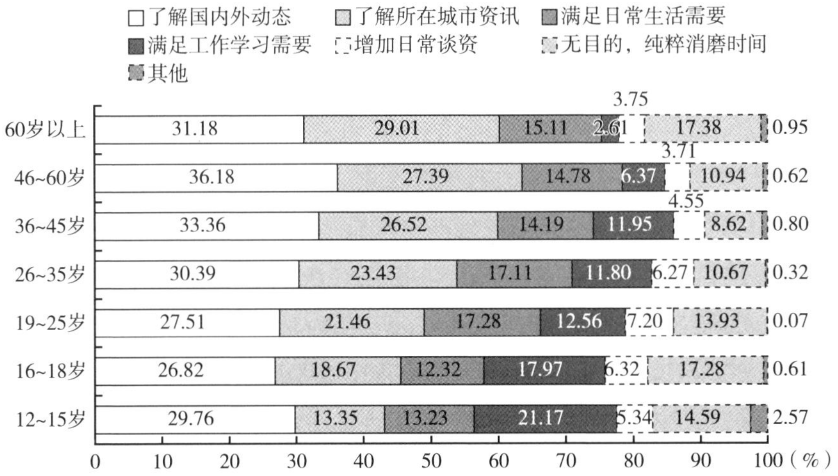


**图23　厦门居民阅读新闻的首要出发点（年龄分析）**

3. 居民在采用新媒体阅听新闻时更喜欢图文形式，且只阅读感兴趣的内容

调查显示，36.22%的厦门居民通过手机、PAD等进行新媒体阅听新闻时更喜欢图文形式，52.62%的受众用户只阅读自己感兴趣的内容，有明显主动选择性（见图24、图25）。厦门居民更喜欢的新媒体表现形式依次为：图文，占36.22%；多种形式结合，占22.60%；文字，占15.77%；短视频，占15.71%；音频，占6.68%；曾经火热一时的H5仅占1.54%（见图24）。学历越高，喜欢图文形式的比例越高；学历越低，越喜欢短视频形式（见图26）。

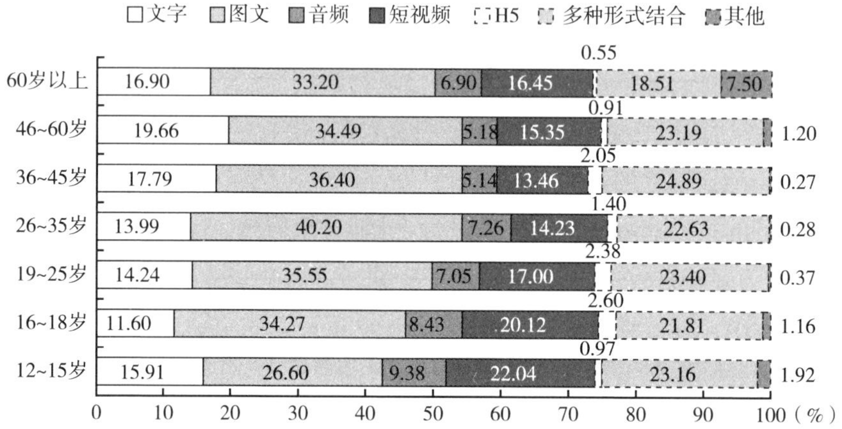


**图24　厦门居民新媒体阅听新闻的形式（年龄分析）**

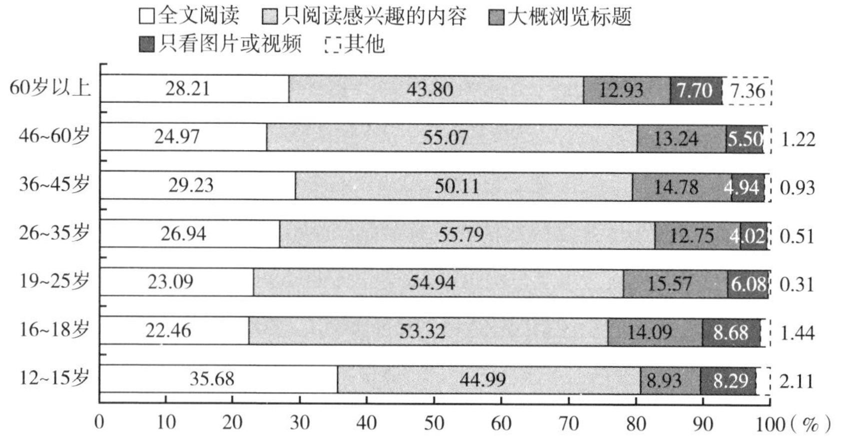


**图25　厦门居民通过新媒体阅听新闻的偏好（年龄分析）**

随着生活节奏的加快，人们所处的场景更加碎片化、多样化，以手机为首的新媒体也逐渐占据了大多数用户的碎片化空间场景。受众用户在进行新媒体阅听时有明显兴趣导向，且呈现碎片化、即时性倾向。厦门居民在进行新媒体阅听新闻时只阅读感兴趣的内容者占52.62%，进行全文阅读的比例占26.44%，大概浏览标题者占13.63%，只看图片或视频者占5.68%，其他占1.64%（见图25）。

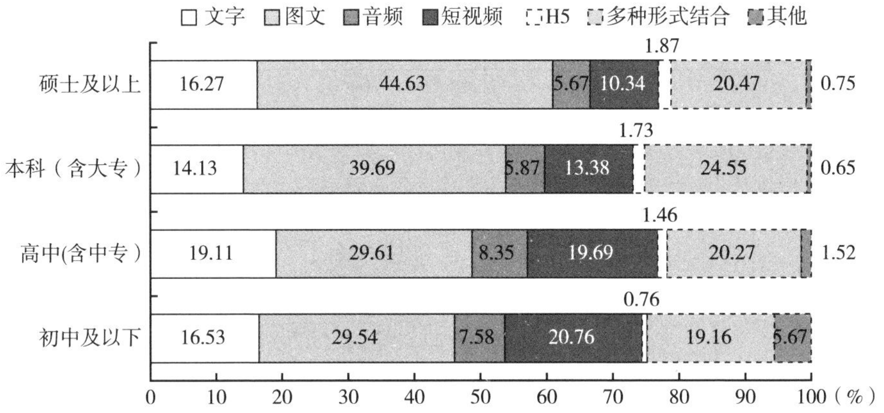


**图26　厦门居民通过新媒体阅听新闻的偏好（学历分析）**

4. “客户端推送”和“主动浏览”皆有，更偏向主动浏览

调查显示，一半以上的厦门居民了解新闻动态时，“客户端推送”和“主动浏览”两者情况同时存在，“主动浏览”的比例整体上略高于“客户端推送”（见图27）。从年龄分布看，通过客户端推送浏览新闻比例最高的是18～25岁的受众用户，最低的则是45～60岁的受众用户；主动浏览分布呈现“两头一高一低”状态，主动浏览比例最高的是60岁以上老人，最低的则是12～15岁人群。从性别分布看，男性较女性更倾向于主动浏览（见图28）。

## （四）本地传统主流媒介接触行为分析

1.《厦门日报》、厦门电视台等本地传统主流媒体仍是首选渠道，厦门本地新媒体尚需努力

调查显示，厦门居民首选接收新闻资讯的本地媒介渠道中，《厦门日

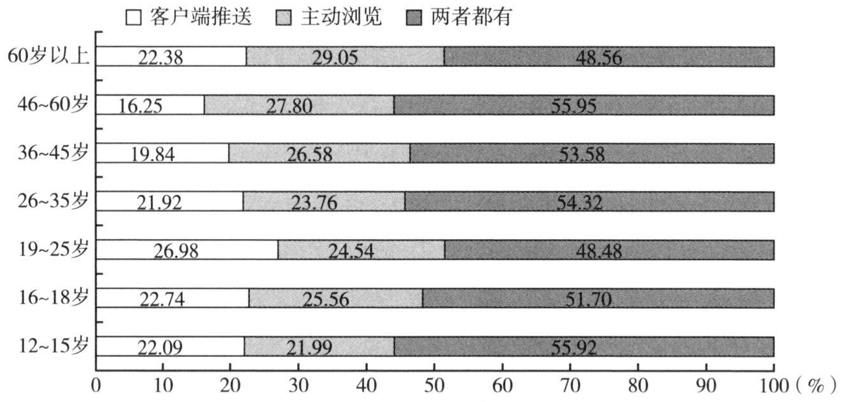


**图 27　厦门居民了解新闻动态的主动性情况（年龄分析）**

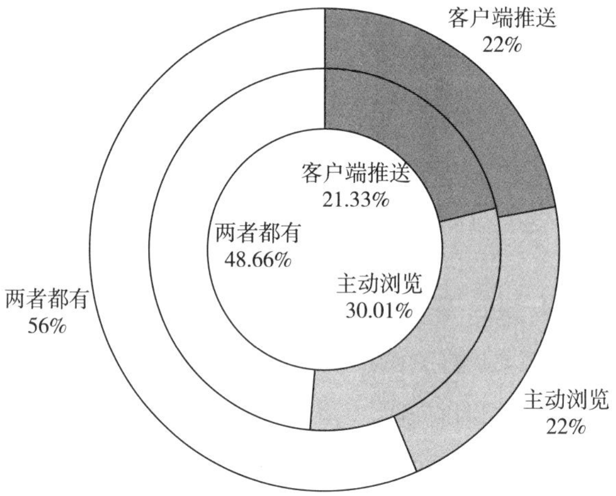


**图 28　厦门居民了解新闻动态的主动性情况（性别分析）**
**（里圈为男，外圈为女）**

报》、《厦门晚报》、厦门电视台等传统主流媒体依然是主要选择。传统主流媒体中，主要集中在厦门日报系和厦门广电系的媒介，《厦门日报》成为接收新闻资讯的首选渠道，占比高达 37.85%，《海峡导报》所占比例较少，仅占 3.77%（见图 29）；学历越高，将《厦门日报》作为首选媒介渠道的比例也越高（见图 30）。厦门受众用户首选作为新闻资讯渠道的本地新媒体所占比例整体不高，其中，厦门网占6.45%，小鱼网占3.72%，厦门广电网占2.20%，台海网占0.88%，厦门房地产联合网占0.72%（见图29）。这一方面与厦门本地新媒体大多在移动互联网转型过程中没有抓紧机遇推出市场认可的相应移动端产品有关；另一方面则与厦门区域传统媒体与新兴媒体融合发展尚未真正从相“加”进入相“融”阶段有关。

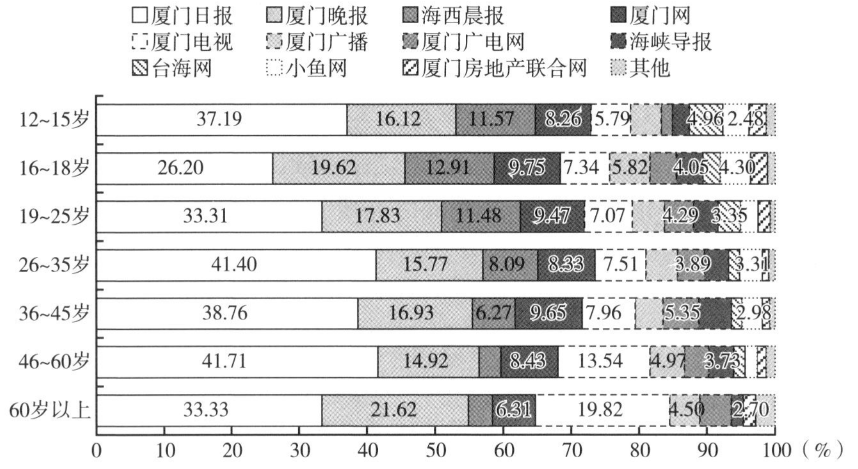


**图29　厦门居民首选接收新闻资讯的渠道情况（年龄分析）**

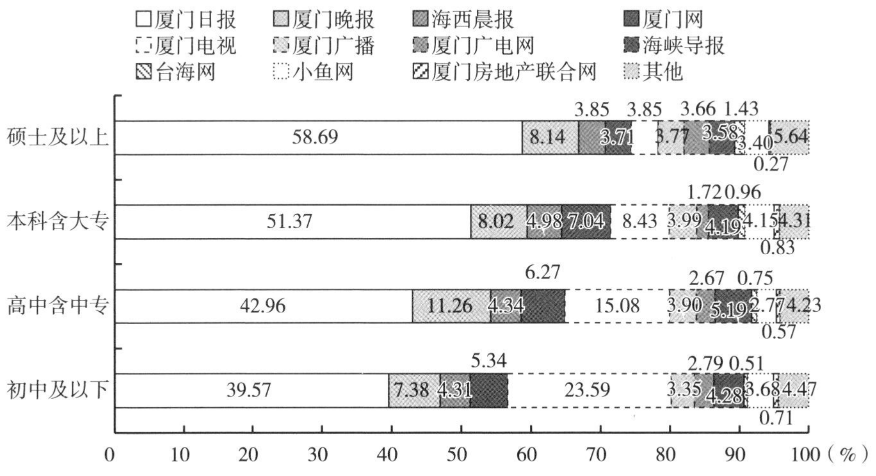


**图30　厦门居民首选接收新闻资讯的渠道情况（学历分析）**

2. 重大突发新闻发生时，厦门居民更信任传统主流媒体

调查显示，本地重大突发新闻发生时，绝大多数厦门居民更信任厦门本地传统主流媒体渠道发布的信息（见图31），同时明显呈现更信任主流纸媒之状况，且整体呈学历越高越明显之态势（见图32）。40.09%的厦门居民更信任通过《厦门日报》渠道发布的突发新闻信息，其次是《厦门晚报》，占17.27%；厦门电视，占15.41%；《海西晨报》，占7.88%；厦门网，占6.47%；厦门广电网，占3.24%；厦门广播，占2.91%；《海峡导报》，占2.4%；小鱼网，占1.56%；台海网，占1.54%；厦门房地产联合网，占0.92%。从职业分布看，最信任《厦门日报》渠道发布突发新闻的是机关事业单位人员，高达48.95%；最信任厦门电视渠道发布的是离退休人员，占26.45%（见图33）。

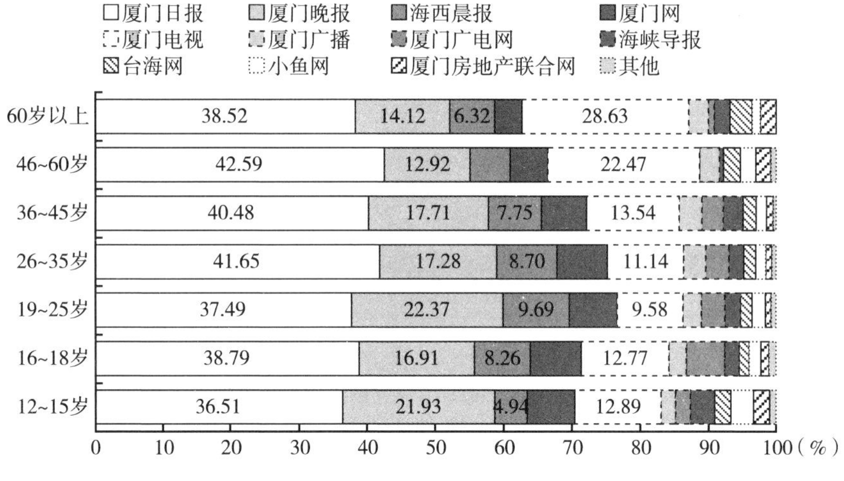


**图31 重大突发新闻事件发生时，厦门居民更信任的新闻发布渠道（年龄分析）**

3. 权威性是厦门居民选择媒介的主要标准

调查显示，厦门居民选择该媒介的主要标准是其权威性（占比34.67%），其次为信息量大（占比17.7%）、口碑（占比16.89%）、阅读习惯（占比11.53%）和多方观点（占比11.32%）等（见图34），且学历越高越看重其权威性，39%的硕士及以上学历的受众用户将权威性作为选择

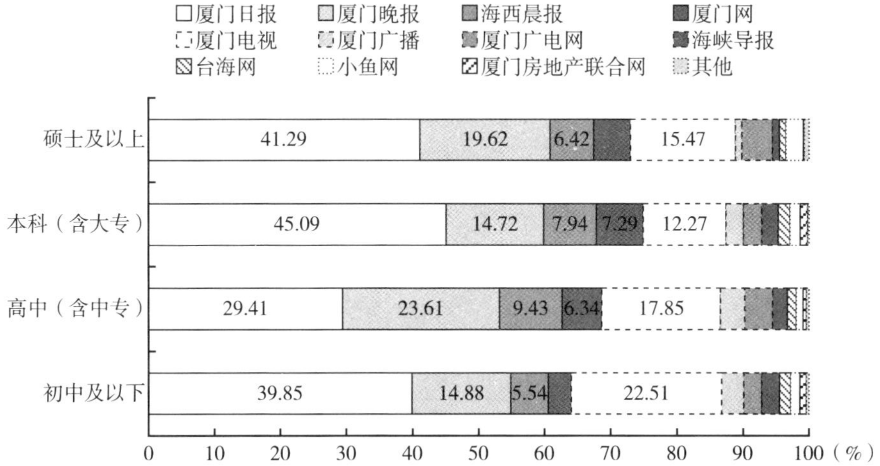


**图 32　重大突发新闻事件发生时，厦门居民更信任的新闻发布渠道（学历分析）**

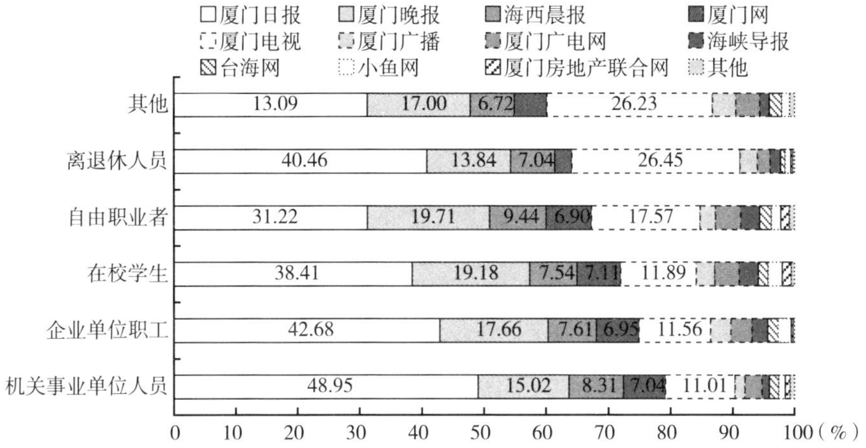


**图 33　重大突发新闻事件发生时，厦门居民更信任的新闻发布渠道（职业分析）**

该媒介的主要标准（见图 35）。同样的，63.18% 的厦门居民认为报社、电视台等专业新闻机构最主要的优势也是其消息渠道权威，其次为采编人员专业（13.1%）、内容形式丰富（11.73%）、文字准确优美（8.36%）等（见图 36）。长年累月积累下来的权威性、公信力无疑成为报社、电视台等传统主流媒体最大的优势，也是厦门居民选择的主要标准。

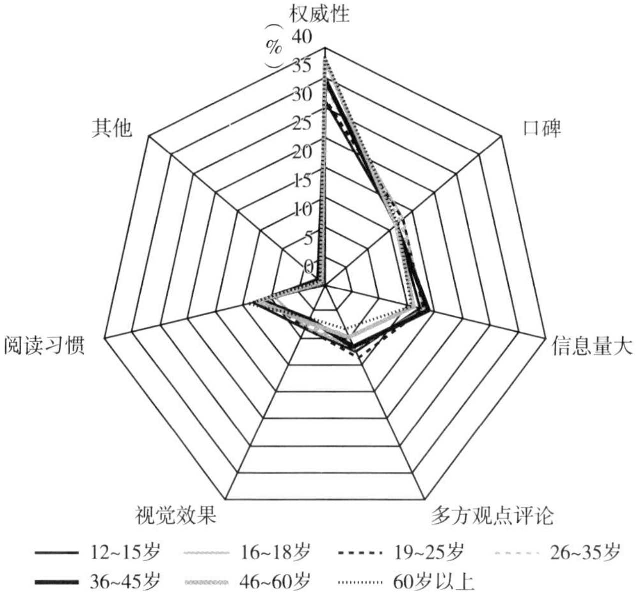


**图 34　厦门居民选择媒介的主要标准（年龄分析）**

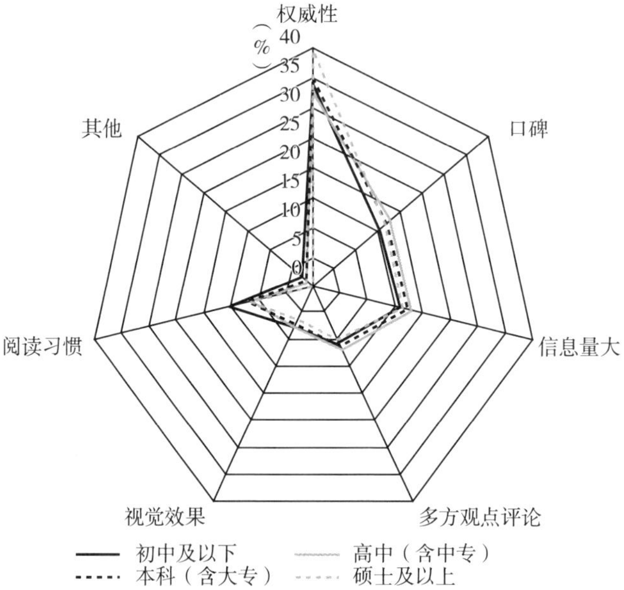


| | 权威性 |
|---|---|
| 初中及以下 | 32.81% |
| 高中（含中专） | 33.57% |
| 本科（含大专） | 35.07% |
| 硕士及以上 | 39.00% |

**图 35　厦门居民选择媒介的主要标准（学历分析）**

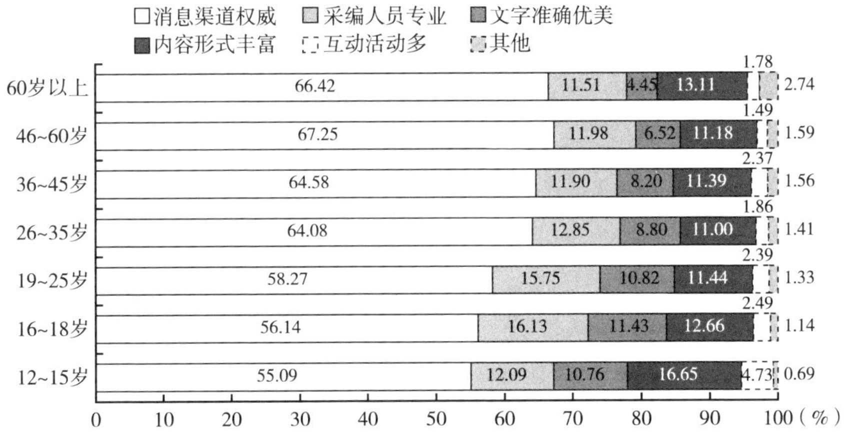


**图36　厦门居民认为报社、电视台等专业新闻机构的最主要优势（年龄分析）**

4. 舆论监督、深度调查和民生资讯是用户最期待加强的三类报道

在熟悉了互联网上的碎片化阅读后，用户对本地主流媒体的舆论监督和深度调查报道的期待逐步增多。调查显示，厦门居民认为本地新闻最应该加强的报道前三位依次是舆论监督（19.29%）、深度调查（18.38%）和民生资讯（18.14%）（见图37）；且整体上学历越高越期待深度调查和舆论监督报道，两成以上（22.38%）硕士及以上学历的受众用户和近两成（19.38%）本科（含大专）学历的受众用户认为应该加强深度调查报道，其对舆论监督报道的期待也较高，接近20%（见图38）；老年人和初中及以下学历的受众用户则对民生资讯的需求更多，占比分别为21.33%和21.44%；年纪较小者对文体娱乐较感兴趣，占8.57%。

5. 厦门居民对本地主流媒体的预期

本次调查中的第20题、第21题，是针对厦门居民对本地报纸、电视、广播、网站和新媒体上印象深刻的栏目、版面的开放性调查，大多数被调查者选择了本地报纸、电视上的栏目，比如，《厦门日报》的《城市副刊》《都市新闻》《国内新闻》；《厦门晚报》的《我要说》《今日看点》《两岸文创》；厦门电视台的《厦视直播间》和厦门广播的《新闻招手停》等，对本地新媒体上影响深刻的栏目和版面除《厦门招考》外，其他则较少被提及。

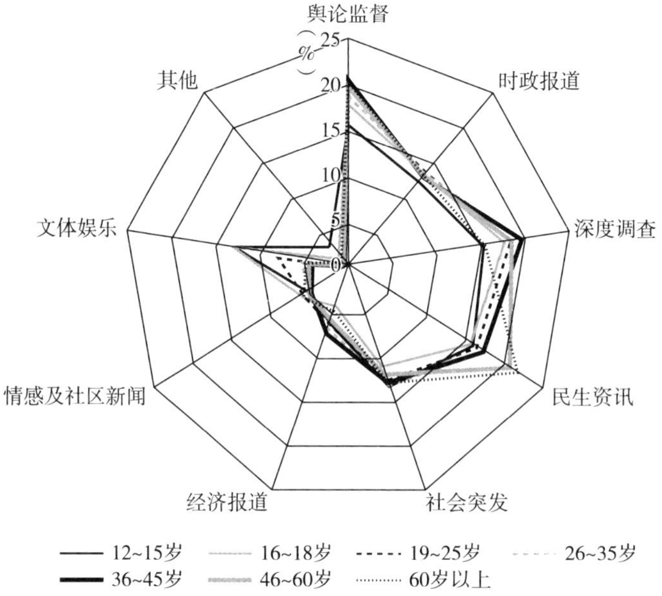


**图 37　厦门居民认为本地新闻机构应该加强的报道（年龄分析）**

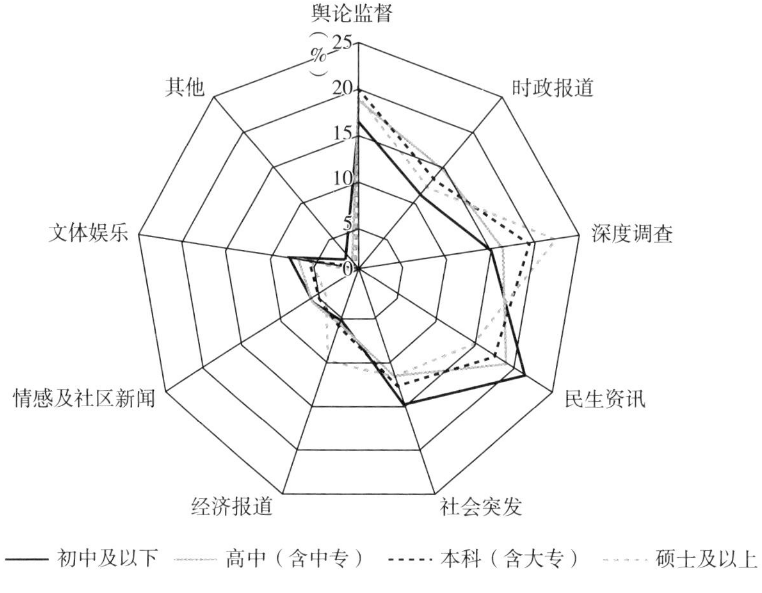


**图 38　厦门居民认为本地新闻机构应该加强的报道（学历分析）**

厦门居民在对本地主流媒体的内容表示“很满意”的同时，还对本地新闻媒体提升新闻报道的内容、形式和体验提出了一些具体建议，如，“新闻内容更丰富”“进一步深刻推广厦门文化”“多报道时事新闻，更贴近百姓生活”等。这些建议和意见也表现了厦门居民对本地主流媒体的信任和期待，在各种新媒体的强烈冲击下，本地传统主流媒体仍然拥有不可完全被取代的地位。

# 案 例 篇

**Case Reports**

# B.16

# 央视网：融媒体数据中台实践

韩 嫕 展祎萌 李义彪*

**摘 要：** 2017 年，央视网正式启动了大数据战略，历经一年多的探索实践，围绕 One ID、One Data、One Service 的数据管理体系，央视网已形成集数据采集、计算、萃取、交换等于一体的完整数据技术中台。不同类型的内容、用户和终端，通过数据中台连接起来，有效打通了生产与传播链条。本文着重介绍央视网融媒体数据中台的管理体系、构建实施方案以及数据中台在媒体业务中的应用实景。

* 韩嫕，香港科技大学硕士，央视国际网络有限公司技术事业群副总经理兼技术管理办公室主任，主要研究方向为网络视听技术与大数据；展祎萌，央视国际网络有限公司技术事业群工程师，主要研究方向为视听大数据；李义彪，央视国际网络有限公司技术事业群工程师，主要研究方向为视听大数据。

关键词：　央视网融媒体　大数据　数据中台　数据仓库

2016 年，工业和信息化部印发的《大数据产业发展规划》指出，数据是国家基础性战略资源，是 21 世纪的“钻石矿”。党中央、国务院高度重视大数据在经济社会发展中的作用，党的十八届五中全会提出“实施国家大数据战略”，国务院印发《促进大数据发展行动纲要》，全面推进大数据发展，加快建设数据强国。“十三五”时期是我国全面建成小康社会的决胜阶段，是新旧动能接续转换的关键时期——全球新一代信息产业处于加速变革期，大数据技术和应用处于创新突破期，国内市场需求处于爆发期，我国大数据产业面临重要的发展机遇。面对目前互联网高速发展带来的传播格局的颠覆性变化，用户入口端越来越多，业务复杂度越来越高，数据成为企业发展的核心资产。随着数据爆发式增长，如何实现广覆盖、高效率的精准传播成为各家互联网企业在发展中面对的严峻问题。

在深入推进媒体融合发展的道路上，中央电视台新媒体平台央视网，通过“一网一端一平台”，持续打造“中央重点新闻网站 + 移动客户端 + 新媒体集成播控平台（IPTV、手机电视、互联网电视） + 市场端口连接”的融合传播格局。

央视网在早期建设和发展多终端系统技术平台的过程中，随着新业务的开展，建设了很多相对独立的技术平台。这些独立的平台对应着每个终端，有着一套立足自身特色和实际需求的管理规范。虽然有效支撑了各领域业务，但各自作战的新旧技术平台，数据独立、口径千差万别，如同数据孤岛一般，使央视网庞大的数据库无法形成合力，无法发挥集合效应。

遭遇类似问题的，还有许多互联网大型企业。阿里巴巴集团在 2015 年提出了“大中台小前台”战略，将业务共同的工具和技术予以沉淀，成立专门的中台部门。“中台”这个概念相对于前台和后台而生，是前台和后台的连接点，避免“山头林立”和重复功能建设和维护带来的浪费。通过学习阿里巴巴等先进企业数据中台的建设经验，在对数据中台进行研究之后，央视网也给出了自己的理解——围绕技术驱动理念，通过业务数据化、数据采集、数据打通和数据融合四大步骤，实现多终端高效精准的定向传播。即将业务全流程数据化，通过数据采集，形成数据链，再通过数据中台，将生产数据与用户数据需求精准整合。建设数据中台，是打通各条业务线数据孤岛非常有效的手段。以技术驱动业务，构建具有融媒体特色的数据中台，将成为媒体转型的助推器。

2018 年底，央视网大数据平台正式建成，集纳了央视网 PC 网站、央视影音客户端、IPTV、手机电视、互联网电视和中央广播电视总台全部微博、微信公众号。目前，平台日采集用户数据 10 亿 ~20 亿条，日处理数据能力达 100 亿条，在各大主流媒体大数据平台中，数据量最大、计算能力最强。

## 一　融媒体数据中台管理体系

数据中台是实现媒体数据沉淀的重要组成部分，不同媒体基于独特的业务形态，都有独特的数据模型、算法服务和数据管理规则，是独特的能复用的核心资源。如果建立统一的管理体系，利用统一的模型维护，一方面可以减少“烟囱式”重复建设，另一方面可以打通业务相关领域，实现数据互通，达到 1 +1 >2 的汇聚效果，实现差异化竞争优势。在“一切业务数据化”理念的驱动下，央视网打造出“承技术启业务”的创新模式，将数据赋予资产价值，构建了 One Data、One ID 和 One Service 的融媒体数据中台统一管理体系。

### （一）数据采集与清洗

数据挖掘、分析首先要高度重视数据采集，包括数据大小、数据类型、数据质量等，这些都将直接影响最后的分析结果。举个例子，在做传统播放质量监控的时候，通常会使用卡顿率、失败率等定义用户播放质量。日常场景下央视网的国内用户与海外用户比例为 A，海外用户访问影响较小甚至可忽略不计，但到了春晚的时候海外华人会大量使用央视网，由于他们的网络环境与国内存在很大差别，再使用同样的指标计算体系就可能对数据挖掘结果产生较大影响，如果当时分析出来的数据为B，我们来分析A和B的关系，势必会产生偏差结论，需要结合更多的国内地区限制定义A来分析春晚期间用户访问质量和日常的关系。因此数据分析体系的建立除了要依托通用数据定义标准，还要结合多种场景因素来确定数据分析结果的正确性。

因此，数据挖掘分析若要得出正确结果，需要多个维度、多个方面的数据。在数据采集阶段，进行多源立体式采集，保证数据“既多又好”。所谓多源立体采集，就是在处理采集用户使用时间、浏览习惯及操作流程等基础行为数据的基础上，还要同步收集更全面的业务数据、系统运行数据、配置数据等，并将这些数据进行交叉关联，才能对多维度的数据进行更高效、更有针对性的分析挖掘。

数据采集汇总完成后，五花八门、参差不齐的数据，实际“很脏”，无法直接进行分析挖掘。必须对数据进行画像分析、整理校准、统一口径，即进行数据清洗。清洗过程中，可遵循完整性、准确性、一致性三项准则，基本能解决数据清洗中遇到的大部分问题，最后使数据标准、高质量、可应用。

### （二）One Data体系

过去在谈到大数据的时候，所有人都认为数据是企业最重要的资产，但对数据的有效性和单一性关注较少。在传统的业务独立运行与数据孤岛效应中，一份原始数据被不同的业务存储计算，定义出多种口径。一个企业甚至可以找到成千上万个数据指标，标准混乱，规则不明，界定模糊。大数据曾经就经历了这样一个无序的发展阶段。现在，大数据建设非常注重有序的逻辑建构，整体数据研发流程由数据接入、规范定义、计算加工、数据验证、数据稳定性等多个部分合并构成。

One Data体系致力于建立跨终端数据公共层，保障数据口径的规范性和唯一性。从终端数据源头进行数据标准化，对每个元数据进行指标定义，使每一条数据都保持唯一性，以确保数据模型建立时，数据的标准性和存储资源开销也是稳定可靠的。在多终端的内容生产、终端访问、用户行为等各流程追踪上，建立统一业务视角和管理视角，在尊重既有历史的情况下，通过构建信息关联在中台内部完成数据规则清理，提炼最原始的业务指标定义，为所有业务提供同样的服务出口，统一数据口径。

### （三）One ID 体系

央视网大数据可分成用户数据、媒资数据、业务流程数据、运营数据四大类，不同的终端、平台、产品相对独立又密切关联，建立统一的数据管理规则才能从中挖掘更多数据价值。One ID 体系致力于建立跨终端的用户 ID 体系和内容 ID 体系，深入挖掘用户真实感受和内容价值。在用户端，在跨屏多终端时代下，用户不管使用哪台终端设备访问内容，都会对该用户设置唯一标识的对象 ID，同时在通过 ID 进行用户管理、内容管理、终端管理的过程中，对每一个对象 ID 设置相应数据集；在内容端，对于每一个内容我们也会设置唯一的内容 ID 来追踪其全流程的内容价值，通过内容标签定义、用户访问群体标记、区域标记等方法设定相应数据集。定义 One ID 规则，是通过数据模型将对象产生的行为结构化，建立对象与对象之间的关联关系，通过对每一个 ID 进行画像标识以及行为梳理，围绕 ID 再做生产，从而消除用户行为的单终端割裂和内容的孤岛，真正实现跨终端 ID 具象化。通过在采集端定义埋码规范，不同设备的同一个账号用同一个标识打通 ID，对用户通过这个 ID 产生的行为数据进行数据萃取、标签化处理，拟合出该用户 ID 的行为画像。我们或许无法知道每一个用户的真实身份，但是通过标签描述及行为画像，每一个用户都会从一个模糊群体变成一个清晰的个体。同理，对于每一个内容 ID 而言，通过内容标题、简介中提取出的标签信息结合基于人工智能分析出的内容信息以及内容访问的用户群体标签、地区标签、互动评论等关键信息标签，让内容也成为一个属性明确、标签清晰的个体。

### （四）One Service 体系

数据定义清晰、规则统一后，数据最终通过数据可视化的方式为运营管理人员提供服务。在数据中台初始化的过程中，若从管理视角、服务视角、业务视角分别打造多张数据报表，实时监控数据，那么随着业务应用增多和业务关联复杂化，研发压力和数据计算压力将会陡然增大。One Service 体系致力于建立数据服务统一模型，实现业务场景化。传统数据服务的建立往往会因为差异化业务需求而创建多种数据计算服务和多个数据副本，产生大量的资源浪费。One Service 的服务理念就是让数据复用而非复制，用一套数据服务于多个不同的业务场景，共建共享数据价值。

One Data、One ID、One Service 的数据管理体系离不开强大的数据计算、数据模型和智能化数据算法等能力，还需要结合媒体行业实际，通过场景应用使数据业务化，赋能产品，从而实现数据资产价值。

## 二　融媒体数据中台实施

### （一）数据分层次

传统数据库一般将分散零乱的数据，经过抽取、清洗后加载到数据仓库，这种方式简称为 ETL（Extract-Transform-Load）。当下，业务场景愈发多元化，单一的 ETL 代码匹配多个业务场景，显得捉襟见肘，必须重新定义数据仓库建模规范。依照 One Data 体系原则，数据中台数据仓库建模规范，将表数据模型主要分为 ODS（Operational Data Store）即操作数据层、CDM（Common Dimensions Model）即公共维度模型层、ADS（Application Data Store）即应用数据层三个层次，三个层次自下而上逐级递进，又自上而下逻辑下沉。

1. ODS 层

ODS 层属于表模型的最底层，将来源于各终端各个系统最原始的数据，结构化后存放在数据仓库。其直接对接各终端各业务系统产生的结构化数据、非结构化数据、历史留存数据等。数据接入主要使用同步任务和代码任务方式，对于结构化数据（数据库）采用全量或增量方式同步到数据计算平台，而非结构化数据（日志、埋点采集）需要先进行结构化处理后存储到数据计算平台，对于历史留存数据可根据数据结构特点采用相应方式接入数据计算平台。在这一层实时和离线在源头上是统一的，口径也基本一致，在后续数据校验时，可较容易进行实时和离线间的数据对比。

在建设 One Data、One ID 管理体系时，埋点采集方案需要在 ODS 层充分考虑采集元数据定义和存储方式、业务字段的可扩展性、采集接入负载均衡能力等。比如，对于业务扩展字段采集可统一由一组 key-value 字符串存储为一个元数据，在 CDM 层通过 UDF 来选取具体扩展字段信息；而对于不同用户行为的采集，如页面浏览数据、互动数据，应考虑在接收端区分接口标记（URL 后缀），当遇到洪峰流量，可以很容易地隔离分流。

2. CDM 层

COM 层是数据加工逻辑的核心层，也是数据建模业务数据化的体现点。其主要存放三类数据，包括明细事实数据、维表数据及公共指标汇总数据等。在这层以维度模型方法为基础，更多采用一些维度退化手法，减少事实表和维度表的关联，容易维度到事实表，强化明细事实表的易用性；在汇总数据层，加强指标的维度退化，采取更多宽表化的手段构建公共指标数据层，提升公共指标的复用性，减少重复加工。

CDM 层又细分为 DWD 层和 DWS 层，分别是明细宽表层和公共汇总数据层，DWD 层是基于 ODS 层之上，根据业务逻辑建模出来的明细数据宽表。比如，用户观看点播节目行为数据匹配节目内容表，扩充了节目内容、首播频道、节目时长等明细数据，形成一张用户点播行为明细表。而 DWS 层订阅 DWD 层的数据后，会计算各个维度的汇总指标。如果维度是各终端各垂直业务线通用的，则会作为通用的数据模型使用。比如视频播放粒度，只要涉及视频播放，就与这个维度有关；点播维度是各个终端垂直业务的通用维度，汇总指标各终端业务线也是公用的，例如，点播、直播、互动维度汇总表。

3. ADS 层

主要来源于 CDM 层加工生成，主要存放各终端独立业务产品统计指标数据。这一层与其他终端业务线一般没有交集，大多是业务本身才会关注的维度和指标，都是独立存在。如用户留存漏斗模型、视频播放趋势分析等都可以按照不同需求从 CDM 层加工而成。

## （二）定义扣指标

数据分层规划完成后，下一部则需要规范定义。即以维度建模作为理论基础，构建总线矩阵，划分和定义数据域、业务过程、维度、度量/原子指标、修饰类型、修饰词、时间周期、衍生指标等。一般指标组成体系可以划分为原子指标、衍生指标、修饰类型、修饰词、时间周期。在这里结合媒体行业，原子指标主要为 UV、PV、VV、VD 等普遍通用指标；修饰类型和修饰词则结合相关媒体的具体业务形态、产品衍生品方面加以定义。在跨终端多业务的指标体系建立过程中，则应始终遵循 One Data 原则，避免因为个性化业务需求，创建重复或赘余的指标。我们通过数据整理最终定义了“央视网数据指标白皮书”，将全终端统一的数据标准化，从定义方式、业务描述、场景描述上达到统一。

例如，我们希望输出一个衍生指标最近 7 天客户端的视频 VV，则需要使用原子指标：视频播放次数（VV）+时间周期定义（最近 7 天）+修饰词（客户端）。通过这样的规则，我们可以定义出基于 One Data 体系构建命名规范、口径一致和算法统一的统计指标。

我们在数据表管理过程中也需要充分考虑数据表的来源、用途和意义，以便于应用，如：

ODS：ods_［业务库名］_{业务库原始表名}

DWD：dwd_{主题缩写}_{业务过程缩写}_［自定义标签缩写］_{单分区增量全量标识}

## （三）维度建模型

这是专门用于分析型数据库、数据仓库、数据集市建模的方法，从分析决策的需求出发构建模型，构建的数据模型为分析需求服务，重点解决用户如何更快速地完成分析需求，同时还具有较好的大规模复杂查询的响应性能。

数据建模首先需要做好媒体的具体业务需求调研。数据分析师需大量收集业务部门的具体数据需求和痛点，分析根据什么（维度）进行汇总以及汇总什么（指标），从而思考 CDM 层的明细数据和汇总数据该如何设计，还需要考虑表的通用性和独特性，是沉淀到汇总表里面，还是在报表工具中进行汇总。在调研梳理过程中，数据分析师将业务过程和维度进行集合，高度提炼，抽象出相应的数据域。在媒体领域，一般有会员域（注册、登录等）、日志域（曝光、浏览、播放）、互动域（留言、评论、回帖）等。这些数据域抽象出来后，并非一成不变，而是随着业务的需求和优化，持续更新迭代。更新迭代的依据，就是分析数据域下的业务过程和哪些维度有关联，这时就需要创建维度表了。

维度表是对分析主题所属类型的描述，建立一致的数据分析维度表，降低数据计算口径不统一的风险。比如“昨天上午 9 点北京用户 A 在手机端观看 NBA 比赛”，以视频播放为主题进行拆分，可从信息中提取四个维度：时间维度（昨天上午 9 点）、地域维度（北京）、终端维度（手机端）、节目类型维度（NBA 比赛）。维度表数据量一般很小，有些使用枚举类型（性别、终端类型等）即可，有些则需要定期维护达到更精准的关联效果（IP－地域信息库）。维度表是数据建模不可或缺的部分，主要用于 ODS 层数据在 CDM 层根据业务来创建明细宽表层和公共汇总数据，以及在数据可视化过程中用于筛选器模块。

接下来创建事实表，它是数据仓库维度建模的核心。事实表通过获取描述业务过程的度量来表达业务过程，包含引用的维度和与业务过程有关的指标。如同像素颗粒一样，一条记录所反映的业务细节程度叫粒度，不仅能体现业务细节层次，还决定了维度模型的扩展性。因此，在选择模型维度之前，必须先定义好粒度大小，且每个维度和事实与所定义的粒度保持一致。

在设计事实表的过程中，粒度定义得越细越好，建议从最低级别的原子粒度开始，因为原子粒度提供了最大限度的灵活性，可以满足无法预期的各种细节层次的用户需求。在事实表中，通常通过业务描述来表述粒度，但对于聚集性事实表的粒度描述，可采用维度或维度属性组合的方式。

例如，志域-用户观看行为事实表，表中每一行会扩展地域维度（省市信息）、节目内容维度（节目编目信息）、终端维度（终端类型信息）、播放类型维度（播放内容类型）等维度，将此业务扩展性得到最大化且根据后续需求逐步增加维度。

One Data 体系数据建模是一个螺旋式的动态过程，需要不停迭代。可在总体架构设计完成后，结合数据域，进行迭代式模型设计，并引入评审机制，以确保正确实施。

### （四）平台理资产

秉持“一切业务数据化”的理念，当数据成为宝贵的无形资产时，急需平台化的数据管理能力。数据资产管理平台化是数据中台基础核心功能，也是数据管理体系建设中技术平台化的体现。表 1 为数据平台资产管理能力的类型。

**表 1　数据平台资产管理能力的类型**

| 类型 | 内　容 |
|---|---|
| 支持基础信息管理能力 | 表信息、表名、字段、分区、存储空间及数据预览功能 |
| 任务血缘关系管理能力 | 代码任务、同步任务等数据链路可查询、可追踪、可溯源能力 |
| 数据存放生命周期能力 | 建立表结构时指定留存时长，提高平台存储利用率 |
| 类目标签体系管理能力 | 对在平台的表分门别类存放，快速查询 |
| 操作记录管理能力 | 对于表结构新增、变更、删除等操作痕迹有据可查，事故可追根溯源 |
| 用户权限管理能力 | 权限授权，包含权限审批流程，主要作用是保障数据安全性 |
| 脏数据管理能力 | 统一查看和处理平台任务脏数据 |

### （五）规则保质量

数据质量是影响数据资产发挥作用的重要因素，在数据中台建设运行中，数据计算程序没有发出异常警报，并不代表数据必然正确。有时候，源数据异常、代码逻辑修改等都会引发结果数据错误。要保障数据正确性，必须运用到数据质量工具，即数据准确性校验规则、双表校验规则和统计校验规则。

数据准确性校验规则是针对核心的表及字段进行校验的规则，比如表的数据量是不是波动很大、字段是否存在异常值或突增突降现象；双表校验规则，是在处理历史数据迁移、重要业务逻辑变更时，需要保证数据的一致性，在保持原表的同时创建新逻辑表，待两张表验证结果后再执行变更上线；统计校验规则，即按固定周期根据表、字段或业务线核心指标，输出数据校验报表，辅助定位数据质量的问题根源会定期自动执行校验规则，输出校验报告。

## 三　融媒体数据中台应用实景

在构建数据中台及服务媒体业务创新过程中，业务和技术需要充分协助互动，不是一方与另一方的单项关系，当双方达到双向联动时，会有意想不到的火花产生，数据中台才能发挥真实的作用。下面举几个实际的案例。

### （一）智能推荐

在数据中台初见雏形时，技术和业务的首次通力合作体现在智能推荐上，跨终端实现了 One ID 的统一。结合业务方面产品、运营人员推荐设想和设计，技术层面将流程拆解，逐步与专家研究讨论改进推荐算法模型，不断打磨整个推荐的算法体系，通过内容度量（词频 - 逆文件频率）、内容相似度度量（词向量相似度）、用户行为相似度度量（协同过滤）、用户个性化度量等算法方面优化推荐模型，在推荐架构上优化冷处理的用户体验，既包含当下热门内容，又兼顾可控性（视频去重、视频黑白名单）等功能，同时在性能上保证服务高效可用。通过数据中台实时计算及 One Service 的服务能力，在架构上实现跨终端个性化推荐，经过多个版本的迭代，逐步提升用户推荐转化率。

### （二）主题式大屏

最能体现数据赋能的便是数据中台服务前端在全局数据监控大屏的可视

化呈现。利用平台可视化组建服务，目前我们可以在1个小时左右搭建出一张可以应用于实时场景需求的可视化大屏。2019年春晚期间，数据大屏实现了对全局进行跨终端全媒体数据监控，通过实时采集、计算用户访问情况配合春晚节目单的预设，在每个节目播出的过程中都可以将多终端实时数据进行可视化多维度呈现，赋能整个直播播放过程，直观感受新媒体传播效果。通过实时全链路的用户访问体验，我们也可以实时监控各家CDN服务商视频播放质量，随时进行服务支撑调优，给用户带来最好的播放体验。

### （三）数据化运营分析

2019年2月19日，央视网新官网上线，其运营分析平台也同步上线，这是数据中台多样化数据服务的又一力作。运营人员可实时观察到官网内容的准确用户行为数据，从页面到版块再到每一个元素位置（SPM超级位置模型），都可以精准定位用户来源、点击次数、观看内容等信息，高效协助产品和运营人员决策，在产品样式、内容选择上更加贴近用户偏好，实现精准定位。

## 四　数据中台建设的经验与启示

数据中台建设是推进媒体融合发展的重要驱动力。传统媒体的技术人才劣势是媒体融合转型发展中不可回避的问题，如何与先进的技术提供商合作，加快技术升级，是传统媒体必须面对的现实。

推进中台建设的过程中必将面临各种挑战，包括技术、业务、财务以及相关利益团队的挑战等。这既需要传媒管理层的大力支持，自上而下统一思想、统一认识，更需要在推进过程中脚踏实地、胆大心细。如果说平台搭建可以依赖外部的技术力量，相关媒体数据治理和数据规范则需要在内部团结一切可以团结的力量，让越来越多的业务一线部门共同参与，以同样的理念做好同一件事，从而实现共赢。

数据是未经过加工的信息表达载体，因而也是辩证的、客观的。在面对这既美妙又枯燥的表达方式时，我们可能会感受到由每一个功能上线后呈现出的精彩图表可视化应用带来的喜悦，也可能会经历由于规则错误而从头再来的迷惑和沮丧。“不积跬步，无以至千里”，数据中台建设注定是个漫长的过程，其中必将经历各种磨难。痛并快乐着！央视网的数据之路刚刚起步，未来将在平台能力和业务需求的共同驱动下，在媒体融合的数据发展中继续探索，不断前行。

## 参考文献

［1］邓中华：《大数据大创新——阿里巴巴云上数据中台之道》，电子工业出版社，2018。
［2］阿里巴巴数据技术及产品部：《大数据之路——阿里巴巴大数据实践》，电子工业出版社，2018。

# B.17 咪咕：5G新技术、新应用、新机遇

李锦枝*

**摘　要：** 5G时代，超高清视频将成流量主战场。依托中国移动5G先发优势，咪咕公司携手行业伙伴通过5G与超高清双引擎驱动，为用户带来5G超高清视频、5G快游戏、5G视频彩铃三大特色业务，形成“5G+”业务布局。同时，咪咕公司积极在体育、娱乐、文化等领域开展新技术的跨界融合，用技术拓展场景，进行了多个全国乃至全球首次尝试。未来咪咕公司将始终致力于通过“文化+科技”，进一步探索5G超高清实践，让场景更多维，让体验更智慧，为用户带来全新视听感受，打造下一代沉浸体验（NGIE）。

**关键词：** 咪咕公司　5G　4K超高清直播　快游戏　视频彩铃

2019年是5G元年，也是超高清产业发展的重要行动年。从全球范围来看，4G向5G时代的迈进将引爆超高清产业井喷式的增长。网络视频流量占全网流量的比例将从2015年的37.4%提升到2021年的81%。同时，网络视频付费用户规模也在不断扩大，预计2020年将超600亿元。2022年，中国超高清视频产业总体规模有望超过4万亿元。毫无疑问，未来5G时代，超高清视频将成流量主战场。依托中国移动5G先发

* 李锦枝，硕士，咪咕文化科技有限公司战略创新单元战略合作顾问，负责5G多媒体创新联盟（5MII）的建设、运营及管理工作，主要研究方向为5G多媒体创新。

优势，咪咕公司携手行业伙伴通过5G与超高清双引擎驱动，为用户带来全新的视听感受。

2019年3月，中国移动董事长杨杰提出了“5G+”计划，具体包含“5G+4G”“5G+AICDE”“5G+Ecology”三方面。其中“5G+AICDE”是整个计划的核心，它旨在推动5G与人工智能、物联网、云计算、大数据、边缘计算等新信息技术紧密融合，提供更多更丰富的应用。作为中国超高清视频产业联盟副理事长单位、内容组组长单位，中国移动咪咕公司以“创新文化全场景沉浸体验生态的技术公司”为愿景，用技术拓展场景，从2018年开始就一直在积极探索5G超高清与体育、文娱等领域的跨界融合，开创“5G+超高清”“5G+AI”方面的尝试。

## 一 超高清多屏互动，开启顶级赛事直播新场景

2018年，咪咕成为央视世界杯新媒体合作伙伴，在央视大力支持下，咪咕完成了2018年世界杯超高清直播。这是用户意义上的国内首次超高清世界杯直播，用户可以通过手机端、PC端和TV端免费观看世界杯64场赛事直播。2018年世界杯期间，通过咪咕视频观看赛事的用户达到43亿人次。

咪咕面向广大球迷提供了超高清（UHD）、高帧率（50帧/s）和高清动态范围（HDR）画质的赛事直播服务。世界杯期间，基于中国移动及咪咕的技术和平台能力，真4K在国内首次大规模地应用于电视端，而小屏端则独家提供50帧原画直播，无论大小屏都为广大球迷朋友们奉上了一届画面逼真、效果震撼的世界杯。

### （一）AI直播剪辑官让观赛体验更丰富和专业

为了让科技更好地服务于用户，咪咕上线了人工智能“黑科技”——AI直播剪辑官，实现世界杯直播精彩短视频的实时剪辑。这一工具可以精准捕捉射门、犯规、点球等所有关键场景，并能准确识别所有明星球员以及

世界杯32强球队。在90分钟的比赛过程中，系统会主动识别场景，通过人工智能技术实时剪辑和切条，并推送给用户，让用户能第一时间看到精彩的剪辑内容。同时，咪咕还推出了被广大球迷称为“666剪刀手”的20秒精彩回看功能，在直播过程中，用户点击直播视频，可以轻松截取一段20秒的精彩内容，即时回看或者快速分享，这一功能解决了用户对球赛绝佳镜头的回看和分享需求。

### （二）多视角开启个性化的趣味和互动观赛体验

咪咕视频客户端上线了多视角观赛功能。用户在咪咕视频观看世界杯赛事有多个视角可供选择：上帝视角，通过高空俯瞰的角度，可以看到球场的全貌以及阵型、战术和打法，是“骨灰级”球迷的最爱；巨星视角，则会在直播的时候将画面定格在巨星球员身上，用户可以实时跟踪巨星球员的一举一动，这是“小白”球迷的“舔屏”专用视角；饮水机守护者视角是一种趣味视角，可以捕捉到裁判和替补球员的动态，包括球员把裁判推倒在地、球员激情翻滚等有趣场景。咪咕还创新性地开发出了多屏同看功能，可以满足球迷朋友们在手机上同时观看多路比赛画面的需求，增强了观赛的趣味性和互动性。另外，咪咕视频也支持大小屏互动，用户可以随时切换观赛场景。

### （三）全IP矩阵联动满足用户多元化观赛需求

为了给用户营造丰富的体验场景和多元的观赛选择，咪咕在世界杯期间利用自身的全IP优势，打造全IP矩阵联动。咪咕音乐推出世界杯视频彩铃，咪咕阅读针对不便收看视频的用户推出世界杯赛事音频直播，咪咕善跑针对喜欢运动的用户推出趣跑、俄罗斯线上跑活动，咪咕圈圈推出了“圈圈懂个球”和“趣拍世界杯”等活动，这些都极大地丰富了用户的观赛体验和场景。通过多渠道、多维度触达用户，咪咕构建了全方位沉浸式（Immersion）体验场景，有效满足了用户的多元化观赛需求。

## 二 迭代新技术、拓展新版权，持续提升用户观赛体验

### （一）全面拓展体育赛事版权内容，立足成为用户的体育新主场

在体育领域，咪咕公司以央视世界杯为起点，持续深耕体育产业，不断拓展赛事版权内容，与 PP 体育共同对中超和欧洲五大联赛进行合作联运，又与 CBA 签下合作协议，将从直播、自制节目、线下联动等方面进行合作，并将积累的技术与平台能力运用到各个顶尖赛事直播中，大幅度提升用户的观赛体验。目前各种赛事 IP 也都在逐步入驻咪咕平台，已布局足篮排三大球、乒羽等顶级赛事，不同偏好的体育迷都将能在咪咕找到自己的归属，真正成为用户的体育新主场。

### （二）首次实践“5G＋真4K”体育赛事直播，让观看更清晰、流畅、真实

2019 年 1 月 18 日，在 CBA 北京首钢对阵浙江广厦的比赛中，中国移动咪咕公司打造了全球首场“5G＋真 4K”体育赛事直播。2019 年 3 月 24 日，在排超全明星比赛中，咪咕又用“5G＋真 4K”直播刷新了广大排球迷的观看体验。通过中国移动架设的 5G 基站，活动现场搭建起高质量的 5G 网络环境。超高清直播信号实时通过 5G 高清直播切片，发送到咪咕视讯云数据中心进行制作和分发。5G 网络保障下的真 4K 直播，具有三大特点：一是画质更清晰，真 4K 画质将达到 3840×2160 分辨率，相当于市面上常见的 1080P 高清画面分辨率的 4 倍。二是真 4K 画面每一帧都保持在 50 帧/s 的高帧率，大大超过当前市面上 25 帧/s～30 帧/s 的视频直播帧率，使得每一帧画面之间间隔短至 0.02 秒，让直播观看更为流畅。三是真 4K 借助 HDR（高动态范围成像）技术，无限模拟真实世界，拓宽色域，让画面色彩更饱实、更鲜明，实现更接近裸眼观看效果的色彩呈现，让直播镜头中的全明星赛场画面更逼真。

### （三）“5G+真4K+VR”体育赛事直播，实现“原画临境”观赛

VR 等新科技也不断加持5G 超高清。2019 年 5 月 12 日，在中超焦点战上海上港对阵山东鲁能的比赛中，中国移动咪咕公司奉上了中超历史上首场“5G + 真 4K + VR”直播，通过真 4K 画质的 VR 视频实时生成，为中超球迷们带去了 180°全景观赛享受。本场赛事直播，是咪咕公司继 2018 中超赛季成功上线真 4K 直播后的又一次技术飞跃升级，依托 5G 高速网络环境，真 4K 超高清画面及 VR 全方位观赛视角全面刷新了观赛体验，完美实现“原画临境”。用户可通过咪咕视频手机客户端及大屏家庭产品中国移动魔百来观看这场强强对决，感受清晰度、流畅度、逼真度的三重体验升级。赛事期间，国内首辆“真 4K + VR”的 IP 双向传输转播车现身上海体育馆，通过 VR 环境中的在线直播包装，实现真 4K 画质的 VR 视频实时生成。为完美呈现 VR 全景直播的沉浸式观感，现场架设的机位除了覆盖传统的足球场边、教练席、替补席等位置外，还引入了三维索道摄像系统、轨道摄像系统等运动机位进行超广角拍摄，通过现场合成，呈现出覆盖整个视野的 180°全景画面，球迷可根据自身喜好自由切换观赛视角，打破空间限制，畅享 VR 带来的全场景沉浸式参与感。

咪咕公司还将不断完善超高清赛事直播的能力和经验，不断迭代视听技术，丰富观赛场景，引入更多内容，提升用户体验，为用户打造一个懂科技、懂生活也更懂用户的超高清直播平台。

## 三　发挥新技术优势，提升线上娱乐视听体验

### （一）基于“5G+真4K”的音乐盛典直播，让线上观看体验逼近甚至超越现场体验

在娱乐领域，全球首场“5G + 真 4K”直播的音乐盛典——第十二届音乐盛典咪咕汇于 2018 年 12 月 8 日在上海成功举行。数据显示，咪咕汇在线

观看人次超过1.8亿，直播观看人数超过6900万，微博话题总阅读量突破21亿次，创造了微博历史上单场音乐盛典直播的新纪录。这次直播实现了真4K拍摄、4K编转码、5G网络传输等“5G+4K”直播端到端全过程。直播镜头中的咪咕汇舞台，画面更逼真，色彩更饱满，清晰度突破了大屏观感极限。此次咪咕汇直播采用了“端到端5G网络切片”解决方案，打造了一条具备上下行超大带宽、超低时延等网络特征的“直播专用通道”，切实保障了真4K的高清视频播放体验。

### （二）咪咕5G快游戏平台，解锁终端限制，让用户享受任选、畅玩的超高清游戏品质

咪咕全新打造的5G快游戏平台，基于云计算技术，实现游戏云端运行、无须下载、即点即玩，让用户不再受到终端限制，享受到任选、畅玩的超高清游戏品质。5G快游戏平台充分利用了5G网络超大带宽、超高速率的特点，以及独立分组、边缘计算和网络切片等技术能力，确保游戏加载无卡顿、操控无时延感知。用户不必下载安装包，也不再受限于本地硬件算力和内存。同时，用户还可享受多屏合一的跨屏体验，在电视、PC、平板、手机上畅玩各种游戏，实现跨平台无缝连接。此外，咪咕还提供独有的主机游戏跨端畅玩，在手机端就可以玩到高品质主机游戏。

另外，超高清画质也是5G快游戏的核心竞争优势之一。目前在5G测试网络下运行4K 60帧HDR超高清画质游戏，下行速率50～150Mbps，对比4G网络下最高支持1080P 30帧、下行速率3～6Mbps，有明显的体验提升。

## 四　新技术、新应用推动传统文化与高雅艺术更多元、更便捷地传播与普及

### （一）基于“5G+4K”的影院直播，用新技术打造舞台艺术视听新形态

2019年5月11日，国家大剧院原创民族舞剧《天路》“4K+5G”演出

直播活动在首都电影院和中国移动咪咕手机端、电视大屏端等多渠道同步呈现。在影院观众的见证下，全球首次“4K+5G”影院直播在首都电影院Onyx 9号厅取得圆满成功，带来了艺术与科技创新融合的全新直播方式。依托中国移动北京公司的5G网络和咪咕公司的真4K技术，不能亲临现场的观众通过咪咕视频、咪咕直播、咪咕音乐手机客户端和大屏家庭产品中国移动魔百可全程领略舞剧《天路》，感受科技拓展场景与高雅舞台艺术的完美融合，享受到了“原画临境”般的观看体验。短短两小时内，共有超过370万人次通过咪咕大小屏欣赏了高雅舞台艺术。本次直播是全球首次采用“4K+5G”技术在影院直播，从拍摄到传输再到呈现，均采用4K超高清技术，配合鲜艳的色彩、全景声的效果，给观众带来了沉浸式的观影享受。

### （二）5G XR博物馆，通过文化中枢连接文化、连接知识、连接线上和线下

在2019年5月18日国际博物馆日，中国移动咪咕公司作为湖南省博物馆的5G全场景战略合作伙伴，联合中国移动湖南公司共同打造了全球首家5G覆盖的博物馆，并在湖南省博物馆4层打造了一个线下的沉浸式体验空间——咪咕C站，将图书阅读、文创产品、咖啡场景、以及AR、VR等体验融为一体。在博物馆中不仅能享受到全馆5G高速网络，还能在5G XR博物馆体验高清真4K直播、VR漫游、5G全息汉服秀等5G新应用。参观者通过VR漫游兵马俑和金字塔，探索其中奥秘。这种采用虚拟现实和增强现实技术的观展方式，打破了空间与时间的限制，新技术让展品背后的历史场景、文物原貌、文化内涵得以呈现在参观者眼前。基于5G网络的高速传输，博物馆还可以在文化场所内提供实时富媒体化的新型讲解服务，让参观者能够实时欣赏高清真4K的节目转播与视频介绍，随时随地了解国际博物馆日活动详情。未来，咪咕还将在如何连接博物馆、连接文化、连接知识、连接线上线下以及如何服务博物馆和广大用户等方面进行探索，实现博物馆的时空化、知识化、个人化、社交化和智慧化延展。同时，在国家文物局的指导下，由中国博物馆协会与中国移动咪咕公司联合推出的“博物馆在移

动”项目正式启动上线。项目首次汇集130家国家一级博物馆，旨在打造博物馆聚合式平台，以博物馆视频专区的形式，呈现各馆综合介绍、珍贵馆藏、精品展览、特色讲解、社教活动、文创产品、建筑空间等内容，为亿万手机用户提供博物馆视频和各种丰富资源。在“博物馆在移动”视频专区中，用户可以与130家国家一级博物馆“零距离”接触，纵览各博物馆的前世今生；还可以通过用户制作的小视频，感受到他人对博物馆的真切体验。除此之外，还有“国宝档案”带你看遍国宝的前世今生、“文化之旅”尽览中华美景美食、“文博影像”检索更多文化知识等一系列视频内容，从多角度激活大众对中华文明的历史记忆，满足社会公众对优秀传统文化和美好生活的需求与向往。

## 五　发展运营商特色业务，打造短视频新入口

中国移动是全球首家开通视频彩铃的运营商。视频彩铃是彩铃业务的全面升级，实现了彩铃从听到看的飞越。当主叫终端支持并开通了VoLTE功能，拨打视频彩铃用户时将看到对方设置的有趣短视频。目前主流的Android手机均支持视频彩铃播放。

针对5G时代的超高清视频内容，咪咕将推出AI视频智能剪辑能力，在演唱会、体育赛事等超高清直播过程中，系统将以极快的速度自动生成精彩片段，让用户可以快速回味经典的瞬间，同时用户也可以借助AI视频智能剪辑自动添加特效，生成专属的超高清视频内容。同时，咪咕还将持续为用户创造更多有价值的应用场景，用户看到的、创作的超高清内容可以快捷地被设置成为视频彩铃，通过一段视频来代替拨通电话时的回铃音，拨打视频彩铃用户的手机号时，在拨号界面就会播放对方设置的视频，极大地提升了拨打电话的等待体验，帮助用户通过视频彩铃来彰显个性、表达情感。

目前市场上已经有超过400款机型支持视频彩铃，2018年以来，华为、荣耀、小米、OPPO、vivo、三星等主流手机品牌推出的新机型，均全部支持视频彩铃个性化定制。

5G时代下，咪咕将始终秉承新媒体领域国家队的责任与使命，致力于通过“文化+科技”进一步探索5G超高清实践，让场景更多维，让体验更智慧，为用户带来全新视听感受，打造下一代沉浸体验（NGIE）。当5G遇上超高清，下一代沉浸体验已不再遥远，咪咕将继续努力，按照党的十九大精神的要求，推动中华优秀传统文化创造性转化、创新性发展，不断满足人民日益增长的美好生活需要！

## 参考文献

[1]《中国移动咪咕助力舞剧〈天路〉“4K+5G”影院直播》，新华网，http://www.xinhuanet.com/info/2019-05/13/c_138054766.htm。
[2]《5G+4K咪咕汇玩起黑科技》，《人民邮电报》2018年12月15日。

# B.18

# 哔哩哔哩：立足新时代，构建未来传播新型媒体

邓博仁*

**摘　要：** 网络社区从早先单一、封闭的虚拟社区发展到现在的开放型社会网络，在保留社区准入门槛的同时，也保留着以往用户与平台高互动形式的特点，尤其是网生一代用户对于网络社区的归属感，让不少内容传播平台开始注重平台社区化管理。哔哩哔哩作为国内网生一代用户占比最高的互联网文化社区，超年轻的用户属性也让哔哩哔哩建立起有别于传统内容视频网站的传播模式。哔哩哔哩作为细分行业的典型，下一阶段将着力构建未来媒体传播新生态。

**关键词：** 哔哩哔哩　网络社区　新型媒体　社区文化　传播形态

随着移动互联网以及各种社交工具、媒体应用的纷纷涌现，用户可选择的信息范围扩大，自身所需要的产品和服务变得触手可及，并且能够快速寻找到与自己有相同需求的人进行交流，于是互联网社区顺势而生。

借助移动互联网快速沟通等方面的优势，汇聚大批志趣相投网友的社群不再只是一个网络沟通社区，同时也是连接信息、服务、内容和商品的载体。

诞生于2009年的哔哩哔哩（又称bilibili或B站），最早通过动画作品，

---

* 邓博仁，哔哩哔哩高级战略顾问，主要研究方向为网络视听文化社区与交互。

汇集了大批二次元文化爱好者。在接下来的10年时间里，哔哩哔哩经过多次改版升级，打造出以年轻化用户群体为核心的平台，成为国内颇具代表性的互联网社区。

近年来，伴随互联网技术与内容突飞猛进的发展，哔哩哔哩更加注重未来传播生态建设。2018年，哔哩哔哩在向美国证监会递交的招股书文件中，明确将平台定位为年轻人潮流文化娱乐社区，这也意味着哔哩哔哩不再局限于二次元内容，已经成为极具互动分享和二次创造的文化社区。

从目前哔哩哔哩用户参与上传视频与观看互动的情况来看，用户流量较多集中在番剧、动画、游戏、生活、娱乐、影视等分区。哔哩哔哩用户在观看节目作品、关注日常娱乐的需求方面，更偏好年轻化的内容，他（她）们不拘泥于内容形式，更喜欢轻松、有创意的内容，希望用弹幕互动的方式获得更加轻松的娱乐体验。在这种特立独行的社区生态下，哔哩哔哩已经构建起一套年轻化的内容传播生态。

与传统视频平台通过提供的内容与用户建立沟通纽带的模式不同，一开始因兴趣而聚集在一起的哔哩哔哩用户，让哔哩哔哩拥有传统视频平台所不具备的超高用户黏度，这种用户黏度更多源自用户在平台上所获得的归属感与身份认同感。甚至有一部分用户通过兴趣聚集到平台，后又在交流过程中创作产生出新的内容，吸引更多的同道中人进入平台，在这一过程中这部分用户既是内容接收者，同时也是内容创作者。哔哩哔哩将这些内容创作者变成“UP主”，以他们为核心形成平台社区生态根基，通过平台用户喜好优化平台架构，倒推内容生产。而平台也进一步通过情感上的共鸣，在更多用户心中加强了对于平台的认同感与归属感。

哔哩哔哩所服务的对象是未来互联网的主流消费群体。平台用户通过哔哩哔哩的平台运营及内容传播模式，或许可以提前探索未来媒体的发展道路。

## 一　强调参与感的社区文化，探索未来用户新需求

哔哩哔哩最初以ACGN文化为主要内容，受众主要为从小接触互联

网的“90 后”“00 后”群体。他们在成长过程中受互联网影响极大，又被称为“Z 世代”（出生在 1990 年至 2009 年的一代人），也有更加形象的称呼：网生世代。QuestMobile 对 8 款日活用户数大于 500 万的移动应用统计显示，截至 2018 年 10 月，“Z 世代”用户在哔哩哔哩、韩剧 TV、芒果 TV、人人视频等视频平台的占比均超过 50%，尤其哔哩哔哩“Z 世代”用户占比高达 81.4%（见图 1）。他们是哔哩哔哩的主力用户群体。

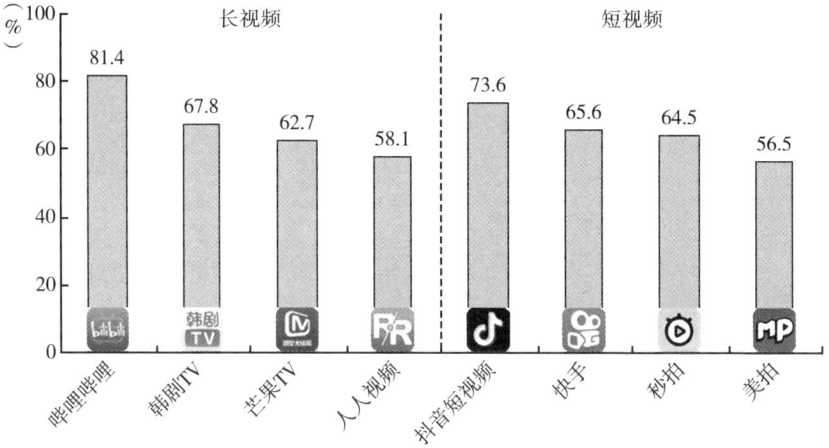


**图 1　移动视频典型 App Z 世代占比**

资料来源：《QuestMobile Z 世代洞察报告》，Quest Mobile，http://www.questmobile.com.cn/research/report-new/54）。

这是一个拥有强烈表达欲望的群体。他们在丰富的物质资源中成长，更加需要实现自身的表达需求和社交需求，而哔哩哔哩的弹幕特性和社区氛围，能够满足其需求。

弹幕具有开放性、即时性和交互性等诸多特征。开放性表现为个体表达不具有高度限制，沟通渠道具有“草根”性，大众的话语权被释放；即时性表现在观看者的表述内容能够实时反馈在相关内容上；交互性则体现在两方面：一方面是在视频弹幕中发送时间不同的弹幕之间的交流，另一方面则使直播间拥有更好的互动性。[①]

另外，哔哩哔哩还拥有罕见的高活跃度用户。2018 年，哔哩哔哩用户活跃度持续增长：第四季度，哔哩哔哩月均活跃用户数为 9280 万，同比增长 29%，日均使用时长 78 分钟，同比增长 5 分钟。而哔哩哔哩用户活跃度之所以能够持续发展，是因为弹幕特性和细分属性，更因为对优势项目给予的重点关注，尤其是对社区边界的扩展和社区氛围的维护。

拥有超过 9000 万活跃用户数的哔哩哔哩，ACGN 及其衍生文化是招牌内容之一，但实际上哔哩哔哩已经不是最初的小众爱好者的网络聚集地了。在近年的发展中，它已将自身定位与形象更改为年轻人文化社区。随着网络社区的逐渐成熟，哔哩哔哩开始拥抱大众用户并发展成为内容质量高、覆盖范围广、社区氛围好的优质平台。

哔哩哔哩的用户参与感，不仅来自乐于互动的年轻观众，而且来自既是观众又是创作者的用户。除动画、纪录片等版权类内容以外，哔哩哔哩鼓励用户创作来源于生活的优质内容。哔哩哔哩是一个充满大量 PUGV（Professional User Generated Video，专业用户生成视频）内容的网站，据哔哩哔哩官方公布的数据，2018 年第四季度 PUGV 内容占据哔哩哔哩整体播放量的 89%。[②] 可以说，UP 主（上传视频内容的用户）在很大程度上“创造”了哔哩哔哩的内容繁盛。UP 主是哔哩哔哩的重要资源，哔哩哔哩在纳斯达克上市之时就邀请八位 UP 主一同敲钟。2019 年 1 月，哔哩哔哩举办“2018 BILIBILI POWER UP 活动”，评选出百大 UP 主，鼓励新人 UP 主的“新星计划”也拉开帷幕。

正是因为对不同领域 UP 主和内容的包容接纳，哔哩哔哩逐渐产生出包罗万象的社区氛围。哔哩哔哩基于“年轻人文化社区”定位，依靠自身对动画、纪录片的持续投入和线下文化活动的鼓励，更多用户成为 UP 主并与

---

① 《论述题：从传播学角度看弹幕文化》，搜狐网，https：//www. sohu. com/a/168460032_775239。

② 《哔哩哔哩发布 2018 财年 Q4 及全年财报　付费用户大增 300%》，腾讯新闻，https：//new. qq. com/omn/20190228/20190228A05QC2. html。

哔哩哔哩形成有机整体，进而持续拓展社区边界，形成多元化的社区氛围。

除通过用户参与感建设文化中心点，健康的弹幕策略也是哔哩哔哩构建社区氛围的重要手段。

哔哩哔哩实行正式会员答题准入制度。哔哩哔哩考核的题目内容中，10 道社区规范题是必考项目，另外 90 道题目则根据题目内容自选。社区规范中的“弹幕礼仪”一直都是考核成为哔哩哔哩正式会员所要面对的第一道门槛与科普要求，这种设置能够展示哔哩哔哩对弹幕礼仪的重视程度。题目还着重强调用户拥有根据关键词使用屏蔽和举报两种手段的权利。入门答题对培养用户自觉维护弹幕的习惯以及构建用户社区荣誉感与参与感是十分重要的。

上述内容均为哔哩哔哩引导用户参与从而打造优质网络文化社区的重要措施。在服务已有用户并探索未来用户需求方面，哔哩哔哩将用户社区体验放在重要位置。哔哩哔哩认为，好的视频观看体验主要体现为在不影响观看视频的基础上又不减少互动，这里需要提到的技术则是智能防挡弹幕。这种功能是为应对弹幕过密挡住画面人物而出现的，这将有效减少弹幕遮挡视频的干扰，可谓哔哩哔哩对自身招牌特色的重点布局之一。

哔哩哔哩会员购同样属于对用户未来需求的探索之一，未来用户将享受更为便利的娱乐模式和消费模式。哔哩哔哩的 ACG① 文化氛围浓厚，对于 ACG 爱好者而言，哔哩哔哩打造便利的一站式平台，观看需求和购物需求都被满足，这同样是针对用户需求的进一步优化举措。

哔哩哔哩以用户参与感为核心，在满足用户现阶段需求的同时积极探索用户未来需求，从而构建国内少有的具有产业理念和运行模式的年轻人文化社区，这将使哔哩哔哩的内容质量和用户的数量持续上升。

## 二　构建多元内容，探索未来内容新形态

就传统性质的网站而言，用户观看受限于平台方提供的内容。但随着互

① ACG 为英文 Animation Comic Game 的缩写，是动画、漫画、游戏的总称。ACG 文化发源于日本，以网络及其他方式传播。

联网的发展，这种单一的用户接受模式开始向平台与用户之间的双向互动转变，这种模式在哔哩哔哩也较为突出，用户在观看优质原创内容后会产生视频创作欲望，从而主动上传自己拍摄制作的原创视频。

目前，哔哩哔哩的内容领域涵盖番剧、国创、纪录片、漫画、直播、音乐、动画、游戏、娱乐、时尚、科技、数码、生活、影视等十几个方面。由此，哔哩哔哩已经形成 200 万个文化标签，7000 个核心文化圈层。百万创作者在这里创作着数以亿计的视频。

哔哩哔哩是一个基于原创的视频社区。哔哩哔哩 2018 年第四季度财报数据显示，第四季度由 UP 主创作的高质量视频（Professional User Generated Video，PUGV）占据哔哩哔哩整体播放量的 89%，同时月均活跃 UP 主数量及其投稿量分别实现了同比 143% 和 148% 的高速增长。

可见，PUGV 内容已成为哔哩哔哩内容布局的基石。而为了更好地支持 UP 主创作，哔哩哔哩自 2018 年以来陆续推出了“创新激励计划”“新星计划”“创作激励计划”等扶持项目，向粉丝数、作品播放量达到一定级别的 UP 主提供官方奖励金，并持续助推优秀新人 UP 主崭露头角。UP 主生产优质原创内容，内容聚集平台人气，人气激励 UP 主创作，一个由 UP 主、内容、平台构成的三角正向循环生态已经在哔哩哔哩形成。

在 2019 年江苏卫视跨年演唱会上，歌手薛之谦和虚拟歌手洛天依共同演唱了歌曲《达拉崩吧》，这首歌曲的作者是哔哩哔哩音乐 UP 主 ilem，原曲是他在哔哩哔哩上投稿的一段音乐视频。目前 ilem 已和音乐人张亚东合作制作了一张音乐专辑，专辑中的歌曲均由哔哩哔哩 UP 主演唱。

这种方式让现实生活中与视频内容相关的人与 UP 主以一种奇妙的方式进行连接。从最初的动画、游戏、音乐、舞蹈再到现在的美妆、古风、Vlog 乃至中外文化交流，纯网络生态下所诞生的内容模式逐渐向现实生活靠近。这种内容创作模式正是未来内容领域一种新的传播趋势：现实生活在网生内容领域被创作开发，之后又借助网络影响力反馈并影响人们的现实生活。

除网友原创作品构建多元内容生态外，哔哩哔哩的纪录片和动画，以更专业的制作水准和更细腻的讲述方式，为观众提供优质体验。

以哔哩哔哩与旗帜传媒联合出品的纪录片《人生一串》为例，这部纪录片在播出后获得了极高的口碑，豆瓣评分达 9.0，首播播放量超过 3000 万。原因就在于，片中所展现的烟火气与接地气的烧烤文化。人们在这部纪录片中看到的是生活气息。此外，《人生一串》还获得了中日韩电视制作人论坛的中国代表作品奖、纪念改革开放 40 周年电视节目展评展播的最佳作品奖、第 24 届中国纪录片最佳网络人气作品奖。在第 26 届世界科学与纪实制作人大会（WCSFP）上，《人生一串》作为唯一国产自制纪录片，获大会特别推荐。可见，真正优秀的作品一定是来源于生活的。

选择何种传播方式对纪录片来说十分关键。哔哩哔哩良好的社区氛围和弹幕互动模式让平台与纪录片产生了化学反应。通过弹幕原本单向的信息传递转变为双向，极大地扩张了内容的边界。在哔哩哔哩的弹幕里，网友不仅共享着知识和感受，还创造了一种特殊的氛围和共鸣。这一点从 2016 年《我在故宫修文物》及 2017 年《国家宝藏》在哔哩哔哩的迅速传播和广泛影响足以见之。

为捕捉到用户对纪录片的喜爱，2018 年底，哔哩哔哩公布了纪录片“寻找计划”，致力于优秀纪录片的创作。除了纪录片，在 OGV（Occupationally Generated Video）内容领域，国产动画一直是哔哩哔哩的重中之重。

基于用户对这类内容的喜爱，哔哩哔哩在国产动画领域进行大力投入。2018 年 12 月 18 日，哔哩哔哩在上海举办了一场国产动画发布会。在发布会现场，哔哩哔哩发布了 24 部动画作品的信息。这 24 部作品中有一部是为了纪念卡尔·马克思诞辰 200 周年推出的动画——《领风者》，讲述了马克思的爱情、友情故事，以此丰富年轻人对马克思的认识，从而更好地理解其哲学思想的演变，展示马克思伟人和常人的两面。许多人在历史书上读到过关于马克思的事迹，然而当它以动画的形式呈现在人们面前，带来的深入人心的震撼力量是远超书中文字的。哔哩哔哩之所以首播这部动画，在于平台捕捉到了年轻用户的爱国情怀。

早在 2016 ~ 2017 年原创动画《那年那兔那些事》播放过程中，用户发送了大量“每一只兔子都有一个大国梦”的弹幕。这些弹幕表明哔哩哔哩的年轻用户在看这部动画时产生一种爱国主义情怀，而且这种情怀不是说教式、被动的，而是发自内心的感受。

通过深入了解用户需求，更有针对性地定制平台内容架构，这种双向互动机制，使平台在内容产出方面有着明确的目标性和指向性，用户对内容接受程度也会更高，这在一定程度上减小了内容创作和传播过程中所需要承担的风险。

现阶段，哔哩哔哩在多元化内容构建方面已经获得了良好的社会效应，技术发展也是哔哩哔哩的始终追求。伴随 VR、AR、MR、AI、5G 技术的兴起与商业化运用，未来，“技术 + 多元内容”将是最热门的商业模式之一，具有划时代的战略意义。哔哩哔哩在不断创造多元内容的同时，将会研发出更多新形态内容，为用户带来不同的体验。

## 三　打造新一代文化符号，布局未来媒体新市场

作为网生一代心目中极具代表性的社区，哔哩哔哩之所以有众多支持者与拥护者，与平台品牌化运营有着密切的联系。从线上线下活动到周边衍生品，哔哩哔哩在加强与用户之间的互动性之余，更拉进了平台与大众之间的距离，丰富的主题内容铸就了用户心中新一代的文化符号。对于未来媒体将迎来的新生用户群，品牌化运营能够让用户迅速融入，并对平台产生足够信任、依赖以及归属感。

哔哩哔哩“拜年祭”是属于用户自己的除夕夜，它是一场线上的盛会。拜年祭由 2010 年哔哩哔哩的第一个春节拜年视频发展而来。2018 年“拜年祭”时长为 4 小时，播放量近 3500 万。这不仅体现了 8 年来哔哩哔哩的成长，而且表明拜年祭已然成了哔哩哔哩所特有的文化活动之一。

2018 年 4 月，共青团中央和哔哩哔哩共同发起了“中国华服日”活动，旨在不忘根本。这项活动的时间为 4 月 18 日至 5 月 18 日，广大网友通过哔哩哔哩上传分享与中华民族传统服饰相关的视频，也在微博上晒出自己身着华服的照片，参与话题讨论。弘扬中华传统文化的线下活动也获得良好反

响。作为主办方之一的哔哩哔哩在古都西安举办了第一届中国华服秀和第一届华服日国风音乐盛典，共青团中央、哔哩哔哩在内的多家单位直播了这场视听盛宴。

2018 年 6 月，BML（Bilibili Macro Link）单场 1.2 万张门票于 48 小时内售罄。BML 包含 BML VR（虚拟歌姬专场）、BML SP（海外嘉宾专场）、BML（UP 主与嘉宾专场）三大子品牌。除此之外，哔哩哔哩大型线下展会活动品牌 BW（BILIBILI WORLD），2018 年的规模增长至 17 万人次，BML 与 BW 也成了上海这座城市的新名片。

2019 年 1 月 26 日，在上海举行的首届“BILIBILI POWER UP 2018 年度 UP 主颁奖”上，哔哩哔哩向站内优秀 UP 主颁发“年度最佳投稿奖”“十周年成就奖”“2018 百大 UP 主”等奖项。此次线下颁奖，主要目的是表彰那些在创作力、影响力、公信力等维度表现突出的 UP 主，进而激发 UP 主高质量、高水平的创作，同时提升了用户对哔哩哔哩的信赖度。

从中国华服日、UP 主奖项、BML，哔哩哔哩全方位探索、多方面尝试，逐渐成为用户信赖的平台。

各种衍生品的开发，在拓宽哔哩哔哩业务范围的同时也拉进了与用户之间的距离，更将哔哩哔哩的丰富形象传递到用户心中。

2018 年 7 月，国内衍生品品牌 52toys 与哔哩哔哩合作，为“BILIBILI WORLD 2018”活动打造专属于二次元用户的“52TOYS × bilibili”特别订制款小恐龙，这款小恐龙在上海世博展览馆举办的“BILIBILI WORLD 2018”活动现场亮相。

同年 12 月，哔哩哔哩与淘宝共同宣布，两家平台将在内容电商以及哔哩哔哩自有 IP 的商业化运营方面达成战略合作。根据协议内容，双方将依托各自资源优势，在 UP 主内容电商以及哔哩哔哩自有 IP 商业化运营等方面开展广泛合作，更好地打造贯穿线上线下的内容、商品、用户的生态体系。这份合作很好地将哔哩哔哩的 IP 产业以及 UP 主文化进行了传播，对于提升平台形象来说无疑是一条优选途径。

2017 年 12 月，哔哩哔哩官方微博账号公布旗下电竞俱乐部 Bilibili

Gaming（BLG）成立，并率先公布了其《英雄联盟》的战队。在宣布组建电竞俱乐部 BLG 的一个月后，哔哩哔哩于 2018 年 1 月再次宣布购得 2018 年英雄联盟职业联赛（LPL）、全球总决赛（S 赛）、洲际赛（RiftRivals）的赛事直播权和点播权。对哔哩哔哩而言，电子竞技作为最受年轻人欢迎的内容品类之一，吸引了大量哔哩哔哩用户的关注。从用户的结构来看，电竞领域的用户与哔哩哔哩自身的用户群体更是高度契合。

通过线上、线下活动联动打造媒体平台品牌，未来媒体传播的竞争在一定程度上会由内容对内容进而转向品牌对品牌，通过线下周边活动拓宽用户与平台之间的互动渠道，增加用户对平台的认同感。除此之外，形成自己独特的品牌文化进而吸引用户，传播内容对于未来媒体传播也同样受用。

现阶段，哔哩哔哩已经初步构建起了一个网络生态社区，力求以数量庞大的多元内容服务用户，从多角度打造出一个鲜明的文化符号，但这远远不够。未来的媒体内容传播会打破现阶段传播环境所塑造的次元壁，真正进入社会期待已久的融媒体时代。届时，网生内容作为传播内容的重要来源之一，将与广播、电视等不同属性的媒体共同实现“资源通融、内容兼容、宣传互融、利益共融”的新型传播形态。

# B.19

# 华数集团：“智慧广电　融合媒体”实践研究

王夏斐*

**摘　要：** 近年来，华数集团按照国家广电总局促进智慧广电建设和浙江实施数字经济“一号工程”的决策部署，紧紧围绕新网络、新媒体、大数据三大战略方向，构建新网络、新媒体、云计算和大数据、原创内容以及智慧应用等业务板块，加快向智慧广电综合运营商和数字经济发展主体转型，全面打造“智慧广电、融合媒体”，取得阶段性成效，走在了全国广电有线网络行业前列。一方面，推动从“看电视”到“用电视”的转变，着力打造智慧广电的数字生活品牌；另一方面，致力于更好地服务智慧城市建设和社会综合治理，推动“城市大脑”与“家庭小脑”连接，着力突出数字经济的智慧广电特色。

**关键词：** 智慧广电　媒体融合　城市大脑　华数集团

2018年12月29日，杭州发布“城市大脑”建设工作百日攻坚大会战的最新成果，围绕唤醒数据、服务民生等，推出9项惠民举措。其中，华数数字电视传媒集团（以下简称“华数集团”）推出基于4K智能终端、覆盖

* 王夏斐，华数数字电视传媒集团总编室主任，主任编辑，主要研究方向为广电有线网络、智慧广电融媒体等。

家庭和酒店两个版本的"城市大脑"频道，提供大数据精准计算的"吃、住、行、游、购、娱"等信息，让用户享受到"城市大脑"带来的生活便利，进一步推动了华数从"看电视"到"用电视"的转变。[①]

近年来，华数集团按照国家广电总局促进智慧广电建设和浙江实施数字经济"一号工程"的决策部署，紧紧围绕新网络、新媒体、大数据三大战略方向，构建新网络、新媒体、云计算和大数据、原创内容以及智慧应用等业务板块，加快向智慧广电综合运营商和数字经济发展主体转型，全面打造"智慧广电、融合媒体"，取得阶段性成效，形成智慧广电的"华数经验"，走在了全国广电网络行业前列。

## 一 华数集团融合发展背景简析

华数集团是一家生在杭州、长在杭州的大型国有传媒产业集团，位居中国新媒体产业发展的第一方阵，也是中国规模最大的跨地域经营的有线网络运营商。[②] 得益于中央和浙江省、杭州市对文化体制改革及文化产业发展的重视，围绕完善广电网络、做大文化产业、推进"一省一网"整合的改革目标，华数着力夯实发展基础，构筑发展优势。

### （一）体制机制改革

2003 年，华数集团率先从事业单位改制为企业，迈出市场化运作关键一步；2012 年，旗下华数传媒上市，正式接轨资本市场；2015 年，华数传媒引入战略投资者云溪投资，开启广电企业混合所有制改革先河。

### （二）经营范围拓展

自 2011 年起，华数集团勇挑浙江省"一省一网"整合重任；2013 年，

---

① 《杭州城市大脑（综合版）发布 九项惠民举措正式上线》，浙江在线，http：//zjnews. zjol. com. cn/zjnews/hznews/201812/t20181229_ 9117196. shtml。

② 《华数集团简介》，华数集团官方网站，https：//www. wasu. com. cn/wasu/jtjj/。

收购中广有线，从地方性企业转变为全国性企业，发展为全国新媒体、新网络产业领域的领军企业，业务覆盖全国近30个省（自治区、直辖市）。

### （三）技术创新突破

2003年，杭州市区在全国率先完成数字电视整体转换；2004年，华数集团创新推出双向互动电视，被国家广电总局誉为“杭州模式”；2016年，华数集团抢先布局4K、VR视听产品，成为国内首批推出4K机顶盒的广电企业。

### （四）媒体融合发展

华数集团获得手机电视和互联网电视牌照，最早从传统广电运营商向新媒体运营商转型，业务覆盖全平台，是融媒体产业的先行者，始终引领着广电行业的发展。

目前，华数集团是全国最大的互动电视、手机电视、互联网电视等综合数字化内容的运营商和提供商之一，拥有近3000万有线电视用户，1亿互联网电视用户，业务覆盖全国近30个省份。①

## 二　“三大战略”：融合发展的新方向

在新技术和相关政策的推动下，行业变革加快，建设智慧广电成为广电行业全面践行习近平总书记提出的“创新、协调、绿色、开放、共享”新发展理念的重要途径。智慧广电既指明了广电行业的发展方向，也阐明了网络企业的未来形态。华数集团紧抓国家推进传统媒体与新兴媒体融合发展的战略契机，2015年底，启动实施了“新网络+应用”“新媒体+内容”“大数据+开发”三大发展战略，以打造“智慧华数、融合媒体”为目标，积极构建新网络、新媒体、云计算和大数据、原创内容以及智慧化等产业板块，全面加快向智慧广电综合运营商和数字经济发展主体转型。

① 《华数集团简介》，华数集团官方网站，https://www.wasu.com.cn/wasu/jtjj/。

## （一）聚焦智慧项目，实施"新网络＋应用"战略

华数集团充分发挥"广电＋互联网"的双重优势，大力推进智慧社区、智慧家庭、智慧医疗、传媒人工智能、智联多屏等多领域业务创新发展。重点推进"云＋根"建设，抢占广电行业下一代互联网发展的制高点，积极部署广电行业 IPv6 根服务器①，为万物互联时代端到端通信提供承载、路径优化等基础性保障，构建高速、智能、安全、泛在的新网络系统。加强国家广电总局 TVOS（智能电视操作系统）应用，推进智慧广电建设，打造基于 TVOS 智能操作系统的智能运营平台，构筑家庭、社区、城市一体化的新型"智慧家庭"服务生态。

## （二）深耕视频产业，实施"新媒体＋内容"战略

注重供给侧内容改革，开展影视剧优质生产企业的战略合作，推进头部影视内容建设；注重满足用户的多样化、个性化需求，加强内容集成与优化，积极布局教育、电竞、健康、宠物等垂直细分市场，打造"爱学习""爱爸妈"等频道，引入吴晓波频道、"二更"等优质内容。凭借广电传输优势，在行业内率先投入使用 4K 智能机顶盒，争取 4K 频道国家试点，稳步推进符合 4K 超高清电视行业标准的内容库、前端平台、传输网络和家庭终端等全系统建设，满足用户高质量的收视消费需求，保持大视频行业优势地位。

## （三）围绕精准分析，实施"大数据＋开发"战略

组建大数据部门和项目小组，加快大数据基础平台建设及平台扩容，着力构建大数据引擎，通过数据超市、内容推荐、业务预测等大数据产品应用，提升数据应用能力，努力实现数据资产化、数据化经分、精准化营销和智能化运营的目标，并向福建等地输出大数据管理模式。加强与优秀大数据

① 《华数集团联手下一代互联网国家工程中心建设运营全球首个行业 IPv6 根服务器系统》，《现代电视技术》2018 年第 2 期，第 161 页。

公司的交流与合作，建立健全符合广电行业特性的数据开发技术体系，深挖数据价值及应用，抢占广电网络及民生领域大数据产业发展的高地。组建华数云公司并开展运作，加快 IDC 等核心技术的掌控。

"三大战略"的深入实施，夯实了智慧广电的基础，使华数集团能够在行业内率先拓展智慧广电的产品应用，普及家庭互动电视、宽带、安防等业务，不断丰富精神文化产品内涵；打造城市信息化主平台，实现电子政务、视频监控、应急指挥、智慧城管、智慧交通、智慧医疗、城市传媒等信息化应用，形成推出数字信息服务的整体一站式解决方案，以杭州为试点打造样板并向全国推广。①

## 三　融合实践：广电有线运营商的守正创新

面对视听娱乐与文化消费方式多元化、内容和渠道产品多样化、通信和互联网企业竞争差异化带来的严峻挑战，华数集团把打造优质内容精品作为坚守意识形态阵地、建设新型主流媒体和智慧广电融媒体的重要途径，已成为全国广电和通信运营企业的重要内容提供商。

### （一）强化融合统一运营

华数集团已完成"中央厨房"的建设，打通六个核心融合环节（版权、媒资、编排、用户、场景、数据）和移动、PC、TV 三大终端，实现新媒体平台媒资统一分发、内容统一编排、用户统一运营，可"一键上下线"。②在大数据方面，统一数据分析平台实现了数据报表的可视化输出，驱动新媒体平台在内容及用户运营上的场景化、数据化、规范化和智能化。2018 年底，华数新媒体平台付费用户数、笔数和收入环比增长均超过 30%。

① 王夏斐：《深耕 TVOS 应用系统　引领智慧广电发展——以华数集团实施三大发展战略转型升级为例》，《电视研究》2018 年第 3 期，第 38～39 页。

② 王夏斐：《深耕 TVOS 应用系统　引领智慧广电发展——以华数集团实施三大发展战略转型升级为例》，《电视研究》2018 年第 3 期，第 38～39 页。

### （二）提高融合传播水平

统一策划、统一实施多屏联动主题宣传，充分整合电视终端、PC 终端、移动终端以及地铁电视等宣传载体，让各平台既可以结合特性，尽显所长，又能够做到主题统一、形成合力。如在党的十九大宣传中，华数集团在互动电视、互联网电视一体机、互联网电视机顶盒（包括天猫魔盒）以及华数 TV 网、手机客户端等全平台、全业务上线专题，形成媒体融合传播强势矩阵。

### （三）发展优质视听产品

近年来，华数集团坚持差异化发展理念，建设"全国媒体云"平台，打造紧跟市场需求、具有华数特色的新媒体品牌。着眼 4K 产业布局，完善 4K 超高清点播专区，筹备求索纪录 4K 超高清频道，加快 4K 超高清终端平移；着眼优质内容聚合，与优酷合作引入其独家或独播的头部内容；着眼垂直领域细分，引进"中国蓝"综艺、吴晓波知识付费频道等；着眼本地内容运营，推出党员远程教育、校园电视台、数字博物馆等特色产品。此外还积极参与新时代文明实践中心建设，在浙江遂昌等地开展了试点工作。

媒体融合保持了基本用户的低流失率，也推动了新业务用户规模不断扩大。实践证明，对于像华数这样的广电有线网络运营商来说，只有以媒体融合为抓手，不断吸收新力量、扩充新领地，打造强势平台、占据传播高地，才能有更加雄厚的资本，守住意识形态阵地，真正实现传播力、影响力、引导力和公信力的"四力统一"。

## 四 跨界融合："慧政""惠民"构筑产业新格局

2018 年，国家广电总局下发《关于促进智慧广电发展的指导意见》，浙江省做出"全面实施数字经济'一号工程'、争创国家数字经济示范省"的决策部署，给广电有线网络运营商带来了新的发展机遇。[①] 华数集团坚持“慧政”“惠民”两条路径，推动从“看电视”到“用电视”转变，推动“城市大脑”与“家庭小脑”连接，构筑了产业发展的新格局。

## （一）从“看电视”到“用电视”的转变

### 1. 推出“4K 智家”机顶盒

2018 年，华数集团在杭州市区试点推进互联网电视内容、应急广播、智慧政务“三进”家庭民生工程。2018 年 11 月，发布“4K 智家”机顶盒产品，在原有 4K 终端的基础上，新增了智慧政务、智慧家居、优酷专区、应急广播、智慧社区等新功能，既可以提供丰富的视听节目内容，又能实现各类快捷的政务信息化应用和智慧应用。比如智慧医养项目，用户可以方便地使用视频问诊、预约挂号、百医讲坛、名医名家、健康之家、健康助理、报告查询等服务项目。

### 2. 研发“校园电视台”产品

整合同步课堂、科学、国学、英语、艺术、安全等教育资源以及求索频道的优质资源，同时，通过互动电视把学校资源延伸至学生家庭，使学生在家就能接收学校通知、点播教学视频、收看公开课堂、查看成长报告、参与学校投票、参加视频会议，拉近学校与家庭的距离，促进数字电视在细分行业的深度运营。通过“校园电视台”，学校还可以形成智慧校园系统，实现高效快捷的校园管理，产品已在全省 30 多所学校上线。

### 3. 助力新时代文明实践中心智慧化

在浙江遂昌、平阳等地建设运营新时代文明实践中心智慧项目，运用“互联网 +”“物联网 +”的模式，把县级实践中心、乡镇级实践所、村级文化礼堂文明理事会、农户实践点进行串联，使文化礼堂覆盖面更广，受众更多。其中，遂昌县新时代文明实践中心覆盖当地 21 个镇级传习所、86 家

---

① 余勤：《全面实施数字经济“一号工程”争创国家数字经济示范省》，浙江在线，http：//zjnews. zjol. com. cn/gaoceng_ developments/yjj/zxbd/201807/t20180724_ 7853618. shtml。

村级文明理事会、180个机关企事业单位、1万家农户。自建成以来，运用智慧化、网络化手段为当地提供了几十场文化服务活动，大大满足了干部群众的精神文化需求。

## （二）推动“城市大脑”与“家庭小脑”连接

### 1. 参与“城市大脑”建设

华数集团作为唯一的企业，与十几家市直单位共同参与“城市大脑”项目，重点建设数据接入、政务服务、终端发布、信息反馈四个功能。同时还与杭州市数据资源管理局联手，围绕城市大数据的开发运营、智慧亚运建设、杭州城市物联网平台建设等深入合作，参与城市治理相关数据的开发和运营；与杭州市城管委合作，共同推进城管系统数字化建设，建设杭州户外电子屏监控应用平台，实现“联网联控联播”功能，既解决播出安全问题，也拓展了宣传意识形态阵地。2018年第14届FINA游泳锦标赛（25米）期间，杭州主城区8块LED户外大屏，对开幕式、闭幕式及重点赛事进行直播，震撼的视觉冲击力取得了很好的宣传效果，也为户外大屏监管提供了新的管理思路和手段。①

### 2. 助力“最多跑一次”改革

针对市民办事过程中的办事难、环节多、时间长、成本高等现象，华数集团研发了具有自主专利、自主软件知识产权、自主品牌的智慧政务综合自助机，并建立了以大数据为支撑的后台运营管理系统。截至2019年3月，杭州的综合自助机实现了30余个部门179个流转事项的“一机受理、一次办结”，具有缴费、办理、查询、打印、投诉、评价等功能，已在全市616个网点设置自助机660余台，总办件量达54.69万件，有效提升了基层政务服务能力。此外还把相关政务服务搬上电视，在数字电视上实现了政务“居家办”功能。

① 吴静、陈世超：《亚洲巨屏直播“世游赛”幕后推手是“华数”》，《杭州日报》2018年12月14日，第27版。

3. 打造城市物联网平台

启动全市低功耗广域物联网（LPWAN）的建设，为智慧城市建立末端感知神经元网络，把覆盖各类行业应用的传感器通过统一标准汇聚并接入“城市大脑”，为“城市大脑”的各类应用提供基础数据支撑。如打造智慧小区云平台，解决政府、街道、物业等不同对象主体的综合管理问题，做到市级、区级、街道和小区物业的精细化治理。政府部门可以通过物联网感知平台，对收集的综合数据进行智能分析，综合运用大数据、云计算、人工智能等技术，判断出问题症结所在，然后迅速“对症下药”，进行分级处置。

正是基于以上努力，2018 年，在行业性下滑的背景下，华数集团的整体营收实现逆势上扬，合并营收 83.46 亿元，同比增长 4.57 亿元；实现合并净利润 7.87 亿元，同比增长 1.96 亿元；实现利税 10.40 亿元，同比增长 1.8 亿元。其中，按广电网络上市企业 2018 年第三季报数据，上市公司华数传媒是唯一实现收入和利润双增长的企业；营收连续三年增幅超过 10%，弥补了 3.6 亿元的亏损，圆满完成扭亏为盈的目标。①

## 五　加快转型发展　谋求新的突破

行业在变、市场在变、消费在变，唯一不会改变的就是变化。华数集团选择的，就是适应环境，拥抱变化，主动把握，紧紧围绕党委、政府中心大局，不断引领新常态，发展新境界。按照《华数集团智慧广电数字经济发展三年规划纲要》，华数集团通过实施系列专项行动，争当智慧广电数字经济建设的主力军，在转型发展中不断谋求新的突破。

### （一）在加快智能基础设施建设上有所突破

重点是继续推动城域物联网平台、华数云计算平台、全省 IPv6 专项建

① 吴静、陈世超：《华数集团争做数字经济“主力军”》，《杭州日报》2019 年 3 月 19 日，第 1 版。

设，推动虚拟运营商业务的商业运营，加快实施骨干网、城域网扩容提速工程和网络智能化改造，推动有线电视接入网建设和升级改造工程，全面推进4K智能机顶盒的升级换代，打造数字电视网、宽带信息网、物联网、融合媒体网“四张网”，建设有线无线一体化的泛在网络，形成华数在“三网融合”中的竞争优势。

### （二）在普及家庭数字化应用上有所突破

着眼于推动从“看电视”到既“看电视”又“用电视”的转变，华数集团在现有智能家居平台的基础上进行开发演进，进一步新增智能设备、开发运营后台、开放相关技能，完善“城市大脑”频道应用，丰富“最多跑一次”的在大屏端的“居家办”功能，建设在线家庭教育云平台和“医养通”平台，打造内容丰富、功能齐全的现代家庭数字生活娱乐新空间。

### （三）在深度参与智慧城市建设上有所突破

继续参与杭州“城市大脑”建设，积极参与大数据经营公司的组建，加快汇聚整合政府数据、互联网数据、企业数据和优质公共服务资源，建立完善大数据融合服务体系，形成“华数经验”。深化与数据资源管理、行政审批、城市管理、公安交警、文化旅游等部门的合作，着力打造一批智慧交通、智慧安防、智慧城市、智慧电梯等方面的试点示范。

### （四）在创新数字文化内容服务上有所突破

加大个性化内容如动漫、纪录片、4K等垂直细分领域引进比例和力度。重视本地内容，尤其是抓住县级融媒体建设的契机，努力成为队友，而不是对手，重点做好智慧政务服务和智慧民生服务。同时加快4K频道试点的推进，抓住杭州举办亚运会的契机，进一步丰富和完善4K内容体系。

过去十多年，华数集团完成了从广播电视传输单位向重要的区域性广电运营商的一级跳，完成了从传统广电运营商到全国性新媒体运营商的二级跳。如今，华数集团将立足本地、放眼全国，在习近平新时代中国特色社会主义思想和党的十九大精神引领下，努力实现华数梦想，加快向智慧广电运营商和数字经济发展主体转型，完成第三次跳跃，再创新的辉煌。

## 参考文献

[1] 邓建国：《媒体融合：基础理论与前沿实践》，复旦大学出版社，2017。

[2] 王夏斐：《深耕 TVOS 应用系统　引领智慧广电发展——以华数集团实施三大发展战略转型升级为例》，《电视研究》2018 年第 3 期。

[3] 邹峰：《智慧广电的建设内容及发展思路》，《中国广播》2018 年第 4 期。

[4] 任晓东：《媒体融合背景下用户跨屏测量的现实》，《新闻传播》2018 年第 7 期。

[5] 陈雪：《互联网 + 背景下智慧广电的构建及发展》，《声屏世界》2018 年第 8 期。

# Abstract

In 2018, the new generation of information technology and the future media continue to integrate in depth, the boundaries of the future media continue to expand, and the future media will continue to maintain an active innovation and development trend in networking, digitization, mobility, socialization, intelligence, scene and platform.

Annual Report on Future Media In China (2019) consists of six parts: "General Report" "Development Report" "Report on Hot Issues" "Report of Global Vision" "Investigation Report" and "Report of Case Studies". The General Report outlines the new highlights of the future development of China's media in the areas of convergence, intelligent innovation, scenario Innovation and supervision in 2018. It focuses on the three challenges of future media security and risk prevention, mobile phone dependence on information overload, digital divide and population aging. Measure the six trends of media development in the future. The development Report focuses on short video, intelligent audio, machine news, mobile news client products, big data applications and "VR/AR + content" industry, etc., and analyses the development status and characteristics of China's future media around 2018. Focusing on "Intelligence", The Report on Hot Issues makes in-depth research on the application of intelligent audio-visual, intelligent radio and television, intelligent cockpit, intelligent prediction model in future media and the construction and exploration of county-level financial media center, which has both practical guidance and theoretical reference significance. Report of Global vision focuses on the development of intelligent media and AI applications in the UK and Japan. Through empirical analysis of a large number of first-hand survey data, Investigation Report studies the basic usage, usage behavior and content type preferences of Xiamen residents' news contacts in the new media environment, and strives to reflect the general situation of Xiamen residents' news contacts objectively and fairly. Report of Case Study selects some typical cases of CCTV. com, Migu, bilibili, Huashu and other, trying to analyze their development experience and path from different aspects and perspectives, in order to bring reference and Enlightenment value.

The report points out that, there will be three major hot spots in the future media development in 2018: first, the development of media convergence will continue to deepen in the future. Media convergence has entered a deep-water area and a critical period, and the phenomenon of merger and separation of media institutions coexists. Media convergence urgently needs to move from "plus" to "integration". Media convergence is advancing in full swing to the grass-roots level of county and district, and "news + government affairs + service" has become the consensus of the construction of financial media center at the county level. The actual construction of county-level financial media centers with different modes is improved; the trend of TMT industry convergence in media convergence is obviously accelerated. Second, the development of media intelligence innovation will be accelerated in the future. The report points out that smart media is the primary stage of future media intellectualization, and intelligent media is the advanced stage of future media intellectualization; smart speakers will continue to grow rapidly in 2018; intelligent technology will present normalized competition in the development of media innovation, and artificial intelligence anchors will compete with each other, showing their skills and intelligence; and the future development of media innovation will gradually change from single intelligent product to production platform and finally intelligent editorial department; AI technology is reconstructing the whole process of news information production and dissemination. Thirdly, in the future, the innovation and development of media scenarios will become more and more abundant. Mobile scenarios are still the biggest scenario applications. In 2018, the output of mobile handsets and microcomputers in China reached 1. 8 billion units and 310 million units respectively, ranking first in the world; mobile broadband users reached 1. 31 billion units, with an increase of 174. 13 million units, and the annual mobile Internet user access flow reached 71. 1 billion GB, an increase of 189. 1% over the previous year. Family Intelligent Networking Ecological Scene is gradually becoming one of the main battlefields of future media applications. It actively participates in the construction of smart villages, smart cities, smart communities and smart families.

This report considers that, under the impetus of artificial intelligence, 5G and media convergence, the future media development will present six major trends: first, the future media convergence development will enter a new stage, and industry convergence will become a key trend; second, the "5G + future media" era will come, and audio-visual industry will usher in a new round of outbreak; third, it is imperative to construct the media ethical governance system in the future; fourthly, the media will gradually be divided into platform-based media and service-oriented vertical media; fifthly, the pursuit of a more natural way of interaction until "man-machine integration" is endless; sixthly, the "zero concept innovation" of future media development will become the pursuit of vision.

The future media is profoundly changing our life, or the future media is our life itself.

Annual Future Media Research Report In China (2019) is jointly compiled by Xiamen university of Technology, Future Media Development Research Center of Fujian Education Department Research Base of Humanities and Social Sciences, Cultural Industry Research Center of Fujian Provincial Social Sciences Research Base, The Academy of Cross-Strait Cultural Creativity of fujian Colleges and UniversitiesLiterary New Characteristic Think Tank.

**Keywords:** Future Media; Smart Media; Media Integration

# Contents

## Ⅰ General Report

B. 1 Annual Report on the Development of Future Media in China (2019) *Lin Xiaoyong*, *Lin Zhaoxia* / 001

**Abstract**: Global information technology has entered a new round of highly active innovation period. In 2018, the new generation of information technology, such as mobile Internet, big data, artificial intelligence, virtual reality, block chain and 5G, will continue to be deeply integrated with the future media. The boundaries of the future media will continue to expand, and the future media will become networked, digital, mobile, social, intelligent, scenario-based and platform and other aspects continue to maintain an active trend of innovation and development. The development of future media will present six major trends: first, the development of future media convergence will enter a new stage and industry convergence will become a key trend; second, the advent of "5G + future media" development era will lead to a new round of outbreak of audio-visual industry; third, doing something but not doing something; It is imperative to construct the future media ethics governance system. Fourthly, the media will gradually be divided into platform-based media and service-oriented vertical media. Fifthly, the pursuit of a more natural way of interaction is endless until "man-machine integration". Sixthly, the "zero concept innovation" of future media development will become the pursuit of vision.

**Keywords**: Future Media; Media Integration; Smart Media

# Ⅱ Development Reports

B. 2 Short Video Industry Development Report (2018 ~ 2019) *Sun Lu* / 037

**Abstract**: In 2018, Short video industry development is still in the tuyere growth period, whether the rapid growth of the industry scale, or the number of users blowout, the industry has injected unlimited vitality and growth engine. The short video industry concentration degree unceasingly enhances, the marketing value unceasingly increases, the legal environment continues to improve. But there are still obstacles for MCN institutions to monetize their content. In the future development, the short video industry chain will be constantly improved, the business model will be constantly updated, and the content will be constantly enriched due to the promotion and traction of information technology, capital and consumer behavior.

**Keywords**: Short Video; Internet; Information Technology; Financing

B. 3 Smart Audio Development Report (2018 ~ 2019)

*Chen Xi, Sun Yu and Gong Chengbo* / 053

**Abstract**: In the context of the advent of 5G era, smart media has gradually developed into shape, and the application of artificial intelligence technology in sound transmission has promoted it to a new stage of smart audio. Now, intelligent audio transmission presents multi-level development characteristics and changes from the aspects of content, equipment and platform, and there are also problems of varying degrees in the aspects of content, technology, security and regulations. Smart audio is an important field of future media development. It needs the joint efforts of multiple parties to formulate the future development strategy of smart audio and create intelligent voice.

**Keywords**: Artificial Intelligence Technology; Smart Audio; Developmental Characteristics; Dilemma

## B. 4 Machine-generated News Development Report (2018 ~ 2019)

*He Ying* / 072

**Abstract**: Machine-generated news is a new type of content production mode driven by cutting-edge science and technology represented by artificial intelligence technology. Its appearance marks a new milestone for China's news industry intelligent development. In 2018, China Machine-generated News generally showed a good development trend. With the active support of national policies, technology upgrades and the diversified development of the audience, machine-generated news has achieved vigorous development. Overall, the development of machine-generated news presents five characteristics: from single field to multi-field application, from stylized application to object-oriented application, from low-infection to high-infection application, from superficial-level to deep-level application, from mechanical communication to human-computer interaction application. In the future, the machine-generated news industry should consider how to ensure data security, identify the authenticity of information as the entry point. Through the establishment and improvement of relevant laws and regulations, systems and mechanisms, we will further promote the innovation of machine-generated news technology, the development of industry and the "integration" effect of human and machine.

**Keywords**: Machine News; Data Security; News Facts Verification; Human Machine Inclusion

## B. 5 Annual Report on the Development of Mobile News App (2018 ~2019)

*Leng Yingying* / 087

**Abstract**: In 2018, the number of users about mobile news app in china almost approached the upper limit. All of the platform paid great attention to the existing users. It still maintained a pattern of two super apps and some popular ones. Between those apps, there formed a wider gap than before. With the development of media convergence, mobile news apps took new measures to upgrade. Also in this year, government regulation became more and more strict and mobile news apps gained new momentum of standards. Platform pay more attention to ecological construction, including content, users and operations that based on the principle of differentiated competition. Returned to user value, held the society value and innovated technological value were the annual characteristics. By the relentless march of artificial intelligence media, it emerged a trend toward deep convergence, 5G video and humanist ideal.

**Keywords**: Mobile News App; Content Platform; Media Convergence

## B. 6 Report on the Application and Development of Future Media Big Data (2018 ~2019)

*Luo Hui* / 102

**Abstract**: In 2018, big data has penetrated the media industry in an all-round way. More and more media organizations begin to lay out the big data industry. At the same time, the future media are also facing the challenges of data security, personal privacy and information cocoon house. As an important factor of production, the combination of big data with artificial intelligence, cloud computing and other technologies is becoming closer and closer, which drives the future media to evolve towards mobile, digitization and intelligent direction.

**Keywords**: Future Media; Big Data; Data Journalism; Data Security

B.7 "VR/AR +Content" Industry Development Report (2018 ~2019) *Yu Haijian* / 119

**Abstract**: At present, China's VR/AR industry is still in its infancy, but the wave of VR/AR is continuing to advance, and the "VR/AR + content" industry has become a national strategy. At present, China's VR/AR industrial ecology has initially formed, mainly involving education, cultural tourism, entertainment, business and other fields. At the same time, with the continuous improvement of WebXR cloud technology, the ecosystem has the support of basic database services, which will promote the rapid development of the entire VR/AR industrial ecology. "VR/AR +industry" application has become a major theme of industry development in 2018. The VR/AR industry should continue to develop vigorously, and training VR/AR talents has become the primary problem to be solved in the development of VR/AR industry.

**Keywords**: VR/AR Industry; Web VR/AR Open Platform; 5G; VR/AR Talents

## Ⅲ Hot Spot Reports

B.8 Intelligent Audio-visual: The Application of AI Technology in the Field of Content Production *Tang Cunchen* / 145

**Abstract**: From the first year of artificial intelligence in 2016 to the extensive application of AI technology in manufacturing, home, retail, transportation, security and other industries in 2018, the arrival of the intelligent era has become the trend of the times. This paper summarizes the application of AI technology in the content production of audio-visual industry, and expounds the transformation from technology to content: from content reshaping to intelligent auditing supervision, from the integration of AI and 5G technology to the precise circle of content operation. The application of AI technology has greatly improved the content production efficiency, improved the communication efficiency, and helped the audience to obtain rich content.

**Keywords**: AI Technology; Intelligent Audio-visual; Content Reshaping; Industry Application

## B. 9 The Development and Tendency of Smart Radio and TV

*Wang Mingxuan* / 168

**Abstract**: Construction of Smart Radio and TV is a system engineering developed top-down and from individual to whole. Requiring no more factories built at different locations like that in the industrialization era, it should be comprised of a physical net, which is pumped by advanced communication techniques including 5G, Cloud Computing as well as Edge Computing, and a virtual net which is based on media operation systems and vertical applications. In such an information transmission system, AI anchors, AI journalists and the smart recommendation system will provide users with more targeted content, life service and governmental information. More importantly, Smart Radio and TV finally will provide user with an account featuring powerful AI capability, which is a "robot servant" available for everyone. Not only is it able to possess preference or features of user him/herself, but provide user with information service and decision reference that involves almost everything of life, among which media information is just a minor part. Also, it is the core of Smart Radio and TV that is the valued highland contended by all media and internet companies, and one of hinges to information security.

**Keywords**: 5G; Media Convergence; AI; Vertical Application; Smart Radio and TV

## B. 10 Intelligent Cockpit: Future Media Application for Unmanned Driving Scenarios

*Li Shan* / 183

**Abstract**: The "intelligent cockpit" has been described as the "second brain" of the car. In the future, the development direction of automotive intelligent cockpit is intelligent human-vehicle interaction, which provides passengers with more efficient and convenient information operation and interaction mode. Cars have became mobile media terminals from means of transportation, and became an important "third space" for people besides work and family. The battlefield between traditional media and new media has shifted from the mobile phone screen and TV screen to the intelligent cockpit. In the future, the screen may disappear from the intelligent cockpit, or even directly realize the integration of human and vehicle in the form of brain waves. In the era of big data, traditional media traffic broadcast one to many traffic information release forms can not achieve personalized "private" services like intelligent cockpit and various traffic apps to meet the needs of different travelers. Too much reliance on third-party platforms makes traditional media face with three major challenges: insufficient audience resources, lack of data platforms, and lack of competitive data products. In the future, the traditional media should continue to maintain credibility, continuously expand the profit model, redefine the connection mode between people, vehicles and information, and strive to create a cross-media Internet ecological platform integrating information, services and entertainment, so as to climb the "highland" of intelligent cockpit as soon as possible.

**Keywords**: Intelligent Cockpit; Human Vehicle Interaction; Media

## B. 11 The Application Mode of Intelligent Prediction Model in Future Media

*Li Jianxun* / 198

**Abstract**: With the continuous upgrading of hardware facilities and the continuous development of artificial intelligence, people's life has gradually stepped into intelligence. In addition to helping us solve some complicated, trivial and time-consuming things, various intelligent devices can even replace thinking about what we want. What's surprising is that this kind of conjecture is often the same as what we really want. This is the so-called prediction ability of artificial intelligence. In the traditional media industry, prediction model is used to make more accurate assistant service scheme for users. In the future, with the continuous improvement of the intelligent predictive product manufacturing process, this development should have an accelerated trend. This paper gives a brief analysis of how artificial intelligence prediction technology can be combined with future media and practical applications in future life scenarios.

**Keywords**: Future Media; Artificial Intelligence; Prediction Model

B. 12 The Construction and Exploration of County Convergence Media Center *Liu Xiaomin* / 213

**Abstract**: At present, the traditional media at the county level has been squeezed by the impact of new media and the changes in the media environment. The communication power and influence have been unprecedented challenged. How to deal with the challenges and solidly construct county convergence media center has become a topic that needs to be studied. To construct and explore county convergence media center, this paper analyzes the construction background, construction purpose, construction principle and construction goal of county convergence media center. From the perspective of top-level design, this paper has carried out detailed reference planning and design for the organizational structure, function section, technology platform, business process and operation management mode of county convergence media center construction. At the same time, this paper provides a good guiding significance for the builders of the county convergence media center project.

**Keywords**: County Convergence Media Center; Convergence Media; Internet public sentiment monitoring; Whole Flow Management

# Ⅳ Global Vision Reports

## B. 13 Report on the Development of Smart Media in UK (2018 ~2019) *Li Ang* / 230

**Abstract**: The development of artificial intelligence in the UK has always been at the forefront of the world. It started early and developed rapidly. The government provides policy support while attaching importance to high-precision talent pool. In the wave of global media digitization and intelligent transformation, the British local media is also actively transforming from traditional media to smart media. Under the premise of keeping the basic policy of the audience as the center, we will seek breakthroughs in the form of news reports and the way of collecting and arranging news, and actively expand the thinking of change. At the same time, the British media also stressed that intelligent reform should be carried out in the ethical framework, and the basic rights and interests of the audience cannot be violated in the process of developing artificial intelligence.

**Keywords**: British; Intelligent Media; BBC; Artificial Intelligence; Digitization

## B. 14 Report on the Application and Development of Artificial Intelligence in Japan (2018 ~2019) *Yang Yang* / 243

**Abstract**: In the process of building a super-intelligent society 5.0, the Japanese government attaches great importance to the development strategy of artificial intelligence, improves the relevant national mechanisms, and vigorously promotes the application of artificial intelligence technology, so as to drive the intelligent development of various industries. In the field of manufacturing industry, artificial intelligence technology is actively used to inspect the appearance of the production objects according to the images, supervise the operation of the factory, prevent the occurrence of errors, analyze the sensor data of the manufacturing equipment, carry out abnormal detection, etc. , so as to realize the automation of the production system and the efficiency of the service industry, which can be said to usher in the era of intelligent factory. In order to realize the super intelligent society 5. 0, Japan will continue to build a linkage mechanism between the three provinces, accelerate the combination of traditional industries and artificial intelligence technology, and actively formulate new talent cultivation programs to promote the development of artificial intelligence technology through talent cultivation.

**Keywords**: Japanese; Artificial Intelligence; Smart Media

# V Investigation Report

B. 15 Investigation Report on News Contact Habits of Xiamen Social Residents in the New Media Environment (2018 ~2019) *Research Group* / 253

**Abstract**: More than 50% of Xiamen residents' preferred news contact is digital reading. From high to low, the rankings are digital reading, television, newspapers, and radio. Xiamen residents' media contacts are ranked from high to low in proportion to mobile phones, television, newspapers and computers. Among them, WeChat is the most installed mobile phone client among Xiamen residents of all ages, followed by Sina Weibo, Tencent News and today's headlines. About 70% of Xiamen residents have contact time with all kinds of news within 1 hour each day, mainly at 6 –9 PM and 9 –12 am. The top three news types that users often listen to are local news, international news, and social livelihood. 36. 22% of Xiamen residents prefer graphic forms when reading news in new media. The main criterion for Xiamen residents to choose this medium is its authority (34. 67% ), followed by large amount of information (17. 7% ), word of mouth (16. 89% ), reading habits (11.53%), and multiple views (11.32%).

**Keywords**: Xiamen Residents; New media; News Contact; Digital Reading

## Ⅵ Case Reports

### B.16 CCTV.COM: The Practice of Data Management Platform in Fusion Media Industry

*Han Yi, Zhan Yimeng and Li Yibiao* / 286

**Abstract**: CCTV.COM officially launched the Big Data strategy in 2017. After a year of exploration and practice, a complete Data Management Platform (DMP) with data collection capability, data computing capability, data integration capability, data exchange capability and algorithm analysis capability has been evolved, and meanwhile the Data Management Scheme of One ID, One Data and One Service has been constructed. Content, Platform and Users were accurately connected through diverse services such as hot spot discovery, guidance scheduling, content production, accurate broadcast, user operation, effect evaluation, brand management, marketing, etc. Hasten the process "all business dataization" to come true. This paper focuses on introducing the data management platform in fusion media industry, the implementation of the scheme and the best practice in the media business.

**Keywords**: CCTV.com; Fusion Media Industry; Big Data; Data Management Platform; Data Warehouse

### B.17 Migu: 5G New Technologies, New Applications, New Opportunities

*Li Jinzhi* / 299

**Abstract**: UHD video is believed to be the vast majority of mobile data traffic in the age of 5G communication. Relying on China Mobile's 5G first-mover advantage, Migu Company cooperates with industry partners through 5G and UHD, bringing users with three characteristic services of 5G UHD video, 5G Instant Game and 5G Video Ringtone, forming the "5G +" business layout. At the same time, Migu company actively carries out cross-border integration of new technologies in sports, entertainment, culture and other fields, expands the scene with technology, and has made many innovative attempts which are the first time in China and even in the whole world. In the future, Migu will always be committed to exploring 5G UHD technology and application, making the scene more dimensional, making the experience more wise, bringing new audio-visual experience to users, and creating the next generation of immersion experience (NGIE).

**Keywords**: Migu; 5G; 4K UHD Live Broadcast; Instant Game; Video Ringtone

B.18 BILIBILI: Based on the New Era, Building New Media for Future Communication *Deng Boren* / 308

**Abstract**: The network community has evolved from a single, closed virtual community to the shareable, open social network. While retaining the community access threshold, it also retains the characteristics of high interaction between users and platforms. Many content online platforms focus on platform-community management for network generation (grow with use network)'s sensed of belonging. BILIBILI has Maximum proportion of network generation as the Internet culture community, the ultra-young user attributes have also established a different communication mode from traditional content video websites. As a typical representation of profession-segmentation, BILIBILI next stage will focus on building a new ecology of future media communication.

**Keywords**: BILIBILI; Network Community; New Media; Virtual Community Culture; Communication pattern

B. 19 Wasu: Practical Research on "Smart Radio and Television Integrated Media" *Wang Xiafei* / 318

**Abstract**: In recent years, Wasu Digital Television Media Group (Wasu) has strategically built various business segments such as new network, new media, cloud computing and big data, original media content and smart applications in the light of the decision and agreement made by SARFT about promoting of the construction of smart radio and television, and implementing Project One of digital economy. Those efforts accelerate the transition of Wasu to an comprehensive operator of smart cable network and digital economy developer. As the work on building "intelligent network and integrated media" has gained a stage achievement, Wasu becomes a flagship stateowned media group in the industry. On one hand, Wasu has always been committed to meeting the the ever-growing needs for a better life, promoting the transformation from "watching TV" to "using TV", and striving to build the brand of digital life of intelligent radio and television. On the other hand, the group has always been committed to city informatization. It has supported informatization of governments and enterprises with intensive resources and laid the foundation for building a smart city, promoted the connection between "city brain" and "family cerebellum", and highlighted the characteristics of digital economy.

**Keywords**: Intelligent TV Services; Media Convergence; City Brain; Wasu Digital Television Media Group

# S 基本子库
# UB DATABASE

## 中国社会发展数据库（下设 12 个子库）

全面整合国内外中国社会发展研究成果，汇聚独家统计数据、深度分析报告，涉及社会、人口、政治、教育、法律等 12 个领域，为了解中国社会发展动态、跟踪社会核心热点、分析社会发展趋势提供一站式资源搜索和数据分析与挖掘服务。

## 中国经济发展数据库（下设 12 个子库）

基于"皮书系列"中涉及中国经济发展的研究资料构建，内容涵盖宏观经济、农业经济、工业经济、产业经济等 12 个重点经济领域，为实时掌控经济运行态势、把握经济发展规律、洞察经济形势、进行经济决策提供参考和依据。

## 中国行业发展数据库（下设 17 个子库）

以中国国民经济行业分类为依据，覆盖金融业、旅游、医疗卫生、交通运输、能源矿产等 100 多个行业，跟踪分析国民经济相关行业市场运行状况和政策导向，汇集行业发展前沿资讯，为投资、从业及各种经济决策提供理论基础和实践指导。

## 中国区域发展数据库（下设 6 个子库）

对中国特定区域内的经济、社会、文化等领域现状与发展情况进行深度分析和预测，研究层级至县及县以下行政区，涉及地区、区域经济体、城市、农村等不同维度。为地方经济社会宏观态势研究、发展经验研究、案例分析提供数据服务。

## 中国文化传媒数据库（下设 18 个子库）

汇聚文化传媒领域专家观点、热点资讯，梳理国内外中国文化发展相关学术研究成果、一手统计数据，涵盖文化产业、新闻传播、电影娱乐、文学艺术、群众文化等 18 个重点研究领域。为文化传媒研究提供相关数据、研究报告和综合分析服务。

## 世界经济与国际关系数据库（下设 6 个子库）

立足"皮书系列"世界经济、国际关系相关学术资源，整合世界经济、国际政治、世界文化与科技、全球性问题、国际组织与国际法、区域研究 6 大领域研究成果，为世界经济与国际关系研究提供全方位数据分析，为决策和形势研判提供参考。

# 法律声明